深圳大学学术著作出版基金资助

Subsidized by Shenzhen University Foundation for the Production of Scholarly Monographs

文化视野下的广告翻译研究

Advertising Translation Studies from the Cultural Perspective

陈东成　著

中国社会科学出版社

图书在版编目(CIP)数据

文化视野下的广告翻译研究/陈东成著.—北京:中国社会科学出版社,
2012.9

ISBN 978 - 7 - 5161 - 1489 - 6

Ⅰ.①文… Ⅱ.①陈… Ⅲ.①广告—翻译—研究 Ⅳ.①F713.8②H059

中国版本图书馆 CIP 数据核字(2012)第 228647 号

出 版 人	赵剑英	
选题策划	刘 艳	
责任编辑	刘 艳	
责任校对	孙洪波	
责任印制	戴 宽	

出 版	中国社会科学出版社	
社 址	北京鼓楼西大街甲 158 号 (邮编 100720)	
网 址	http://www.csspw.cn	
	中文域名:中国社科网 010 - 64070619	
发 行 部	010 - 84083685	
门 市 部	010 - 84029450	
经 销	新华书店及其他书店	

印 刷	北京市大兴区新魏印刷厂	
装 订	廊坊市广阳区广增装订厂	
版 次	2012 年 9 月第 1 版	
印 次	2012 年 9 月第 1 次印刷	

开 本	710×1000 1/16	
印 张	15.5	
插 页	2	
字 数	283 千字	
定 价	48.00 元	

谨以此书献给
我敬爱的父母亲
陈行光先生
余莲宝女士

序

好的广告语（advertising slogan）往往不仅要有文学语言的形式美，还要有文学语言的感染力，甚至还要有政治口号的煽情性和号召力。要同时具有这些功能，离开文化的参与是不可想象的。广告语中运用精当的文化因素，其温柔的触角往往最能深入潜在消费者的心灵深处，撩拨其消费欲望或购买冲动，如本书第三章第十节的两则广告：

1. To bring the wolves out.

   把狼引出来。   ——蜜丝佛陀（Max Factor）化妆品

2. Ask for More.

   多多益善，我要多多。   ——多多（More）香烟

To bring the wolves out 源于著名格林童话《小红帽》（Little Red Riding Hood）；小红帽一身艳装，引来了狼的跟踪。该广告借用此语，意思是 Max Factor 化妆品能让女士充满魅力，吸引"狼"的注意（这里，"狼"亦庄亦谐，同时含有"男人"、"色狼"之意）。Ask for More 来自狄更斯的名著《雾都孤儿》（Oliver Twist）；伦敦孤儿 Oliver Twist 一直都在 ask for more（乞求更多食物）。此广告借用 ask for more，意思是 More 牌香烟很好抽，抽了还想要更多。若能心领神会，这样的广告肯定会给你留下深刻的印象，甚至会勾起你试一试的欲望。与此相反，若文化因素运用失当（尽管这常常是无意造成的），广告效果肯定事与愿违。我们试以几则商标为例（商标是最简短、最直接的广告）：美国 Matador 牌汽车，通常是刚强、有力的象征，在本国很好销，而在波多黎各很难销，因为 Matador 在波多黎各是"杀手"的意思。埃及的一家私人航空公司叫 Misair，其航班在法国不受欢迎，因为 Misair 在法语中听起来很像"悲惨的"意思。中国的"马戏"牌扑克在国内是名牌，很畅销，可在英语国家很

难销，因为其汉语拼音 Maxi Puke 在英语中是"最大限度地呕吐"之意。

　　分析广告中的文化因素是件有趣的事；探讨文化因素的翻译也是件有趣的事。将两件有趣的事放在一起做是本书最大的特色。

　　学兄东成执著淡定，醉心学术，十几年前就有翻译研究专著问世。少壮成就斐然，让我们一帮同道挚友好生艳羡，一时引为榜样。而今，在出色完成教学工作和其它研究之余，又有翻译研究新著行将付梓，再次让我们由衷地钦羡与感叹。东成几十年焚膏继晷，恒恒兀兀，修得博古通今，英汉兼擅。尤其难得的是，他还修读管理学，并获得中国科大管理学硕士学位。勤勉如此，水到渠成。斯新著旁搜远绍，长鲸汲百川，更兼多维透视，不囿一家之言。展卷读之，不仅可感受到广告语言的文化气息扑面而来，亦可领略到多维分析的理论魅力。

　　开卷有益。相信此书会给您带来意想不到的愉悦。

　　是为序。

蒋骁华

于澳门理工学院致远楼

2012 年 8 月 6 日

前　言

《孟子·尽心》中有这样一段话："君子有三乐……父母俱存，兄弟无故，一乐也；仰不愧于天，俯不怍于人，二乐也；得天下英才而教育之，三乐也。"如撇开"君子"不论，而又以"得以在大学任教"代"得天下英才而教育之"，那我也有三乐。此外，我有第四乐——与翻译研究结缘。大学期间修读翻译理论与实践课程时，我就对翻译研究产生浓厚兴趣。学士论文和硕士论文选题时，我关注的始终是翻译研究。参加工作以来，我主要从事翻译教学与研究工作，所写的书和文章大都属翻译研究之列。

2005 年我开始为深圳大学英语专业的研究生讲授翻译理论课，三年后开设广告翻译研究课程，边教边学，对广告翻译研究的兴趣愈来愈浓，于是萌发了写作《文化视野下的广告翻译研究》这本书的念头。经过多年的耕耘，这本书终能付梓，现可聊以自慰了。

《文化视野下的广告翻译研究》分上、中、下三编。

上编：广告的文化阐释　本编简述了广告含义的演变、广告的定义、广告的功能、广告与文化的关系等，将广告的角色定为文化的传播者和创造者；对广告普同性原因进行了探析；较全面深入地探讨了导致广告差异性的十大文化因素：生活环境、思维方式、风俗习惯、宗教信仰、伦理道德、哲学观、价值观、审美观、认知角度和历史典故。

中编：广告翻译研究的文化转向——广告翻译研究与功能翻译理论结缘　本编首先介绍等效翻译理论、翻译类型学、翻译行为理论和目的论，接着论证这些理论对广告翻译的适用性，然后探讨他们在商标名的翻译、广告标题的翻译、广告正文的翻译、广告口号的翻译、幽默广告的翻译和广告复译中的应用问题。

　　下编：广告翻译多维度研究　　本编将广告置于文化这一大框架之下，从互文性理论、模仿说、移情说、关联论、顺应论、模因论、生态翻译学、《周易》等多维度进行分析研究。本编是全书的重点和最有价值的部分。

　　《文化视野下的广告翻译研究》的价值主要表现在如下几个方面：

　　（1）本书是国内第一部专门从文化的视角研究广告翻译的著作；

　　（2）从跨文化交际的角度定义广告翻译，强调广告译者的主体性、广告翻译的交际功能、文化属性和目的性；

　　（3）从十大方面详细探讨了中外广告差异的深层原因，并根据文化差异研究了不同类型广告的翻译原则、策略、方法等；

　　（4）反对传统的文本中心论，强调广告翻译的读者中心论，认为译者必须高度重视其服务对象，不仅要考虑他们的语言和文化审美习惯，还要考虑他们的情感需求；

　　（5）将西方权威性理论，如互文性理论、目的论、模仿说、移情说、关联论、顺应论、模因论等引入广告翻译中，从不同的视角、多维度探讨广告翻译，增加了对广告翻译研究的广度和深度；

　　（6）专题探讨了幽默广告翻译问题，提出了幽默广告翻译的主要原则和方法；

　　（7）专题探讨了广告复译问题，提出了广告复译的主要策略；

　　（8）探讨了由中国学者提出的最新的当代翻译理论——生态翻译学，并从语言、文化和交际三维进行广告翻译实用性研究；

　　（9）在国内首次将广告翻译与《周易》这部哲学宝典相联系，利用《周易》的有关哲学思想研究广告翻译，为广告翻译研究拓展了一个新的视角。

　　笔者注重理论与实践有机结合，既突出学术性又注重实用性，力图使《文化视野下的广告翻译研究》成为受读者欢迎的广告翻译研究专著。该书适合英语专业教师、学生（包括研究生）以及广告翻译研究者、爱好者等作为阅读和参考之用。

　　本书撰写过程中得到香港浸会大学谭载喜教授，深圳大学王辉教授、张吉良教授、张晓红教授等的指点，在此深表谢意。深圳大学向春博士热心联系出版，中国社会科学出版社刘艳女士认真负责编辑，他们的帮助永记心中。很多领导、同事、学生、亲友给了我不少的帮助和支持，恕不一一道姓说名，在此一并衷心致谢。

澳门理工学院蒋骁华教授拨冗为此书作序，特致诚挚谢意。

本书的出版得到深圳大学学术著作出版基金资助，除衷心道谢外，笔者将鼓足干劲，以行动报效深圳大学。

本书的写作是一种尝试，疏漏不妥之处在所难免，诚望广大读者不吝斧正。

V

陈东成

于深圳大学海滨小区

2012 年 9 月 11 日

目　录

上编　广告的文化阐释

中编　广告翻译研究的文化转向

——广告翻译研究与功能翻译理论结缘

下编　广告翻译多维度研究

III

上　编　广告的文化阐释

第一章

广告——文化的传播者和创造者

　　当今社会的一个重大特征是符号。我们生活在一个符号的王国里，而广告是这个符号王国的"国王"。我们的生存环境正在大幅度地广告化，我们被广告包围得越来越紧。无论我们是行路、乘车还是坐船，广告到处闪现；无论我们是读报、上网还是看电视，广告始终追随；无论我们是购物、观光还是看表演，广告随时亮相；无论我们是举办博览会、运动会还是学术会，广告穷追不舍……在我们吃饭、沐浴和静坐时，广告都见缝插针，甚至在我们睡觉时，广告都尽力地挤进我们的梦乡。广告真是无孔不入，犹如急风暴雨般铺天盖地，占据了人们的视野，回响在人们的耳际。似乎整个天空都弥漫着广告的硝烟。难怪法国广告评论家罗贝尔·格兰说："我们呼吸的空气是由氧气、氮气和广告组成的。"（梁婷、夏天，2003：3）著名英国小说家诺曼·道格拉斯（Norman Douglas）对于广告的作用也作过经典的评价："从一国之广告可知其奋斗之目标。"（You can tell the ideals of a nation by its advertisements.）（同上）真难想象，没有广告，我们的生活将是一番什么景象。

一　广告含义的演变

　　广告是人类有目的的信息交流活动的必然产物。原始社会是人类的生产力水平极低的社会发展阶段，人类必须相互协作才能维持生存。在相互协作的过程中，人类产生了信息交流的需要，这种交流一开始是面对面的交流，后来人类开始借助简单的媒介物来传达这一信息，于是广告就在这种原始的信息交流活动中产生了。原始人所传递的信息内容首先是和人类生存、生活密切相关的东西，如捕兽过程中为彼此呼应所发出的有节奏的叫喊声，部落与部落之间为相互识别而设立的标志，为确定据土范围而留下的印记等。随着原始人活动区域扩大，部落内部和部落之间人类交往增多，所传递的信息内容逐渐丰富起来，传递的方式也趋向多样化。这一时期，反映原始人喜怒哀乐的图画文字、象形文字，保存原始人记忆内容的结绳，称为原始人"史书"的贝壳串，以及反映原始艺术的雕刻、绘画、音乐、舞蹈等都可以视为原始广告的形态（杨海军，2000）。

广告活动是随着人类有目的的信息交流的产生、发展而出现、演变的。广告的含义也有一个演变、深化的过程。"广告"一词，据考证是一外来语。它源于拉丁语"advertere"，最初的含义是：大喊大叫、吸引人注意。中古英语时代（约1300—1475年），英语里出现了"advertise"一词，其含义由"某人注意到某事"演变为"引起某人注意到某事"、"通知某人注意到某事"，后来又延伸到"让众人知道某事"。

到17世纪末期，随着英国大规模的海外殖民和商业活动的展开，"广告"一词渐渐融入了传播商业信息的含义，并得到广泛使用，开始在欧美各国流行起来。此时的"广告"，已不是单一的广告作品，而是一系列的广告活动，包括登广告、设计广告的职业或技术等，英语中的"advertise"也因之演变为"advertising"。

19世纪末期到20世纪20年代，资本主义经济已经有了很大的发展，作为商品促销的一种方式，广告方式也相应地有了较大的变化，其特征主要是由向消费者进行告知，演变成为向消费者进行说服。广告通过说服来影响消费者的购买行为而显现其功能。1904年，加拿大籍的美国广告撰稿员约翰·肯尼迪（John E. Kennedy）给予"广告是印在纸上的推销术"（salesmanship in print）的定义，即是这一时期广告基本特征的一种归纳和总结（倪宁，2001：2）。

到20世纪50年代，科技迅速发展，信息传播相对畅通，市场竞争十分激烈，因此说服性沟通便成了广告的重要内容。20世纪70年代以后，随着市场环境与传播环境的巨大变化，广告也为适应环境而与时俱进，不断丰富着自身的内涵，不断改变着自己的存在方式和活动方式。尤其是策划概念的提出，广告与策划互动发展，广告便走向包括市场调研、广告目的的确定、广告诉求的定位、广告创意与表现、广告的媒体调查、媒体的选择与组合、广告效果的测定等一系列广告活动的整体广告运动（张金海、姚曦，2003：4）。现代广告的含义已不同于传统广告的含义，其蕴涵更加丰富。"广告在企业活动中的地位和作用，广告的传播特点和表现方式，广告的经营内容和运作体制都需要用新的视角来审视，需要树立新的观念来认识和理解。"（倪宁，2001：2）

"广告"一词在汉语中出现较晚。在我国较早的《康熙字典》中，"广告"一词未曾出现；在我国以介绍文字源流为主、收词一般截至于鸦片战争的《词源》中，也没有"广告"一词的使用。《词源》中只有"广"或"告"的单独使用。比如，《诗·小雅·六月》中有"四牡脩广"，"脩，长也；广，大也。"《汉书·艺文志》中有"大收篇籍，广开献书之路"，"广"乃"普遍"、"众多"之意。《孟子·公孙丑上》有"子路，人告之以有过则喜"之句，"告"乃"告诉"、"告知"之意。在当时，具有广告性质的文书称之为"告白"、"告示"或"传单"。比如，《后汉书·隗嚣传》中有"因数腾书陇蜀，告示祸福"。可见，当时并无"广告"一词的用法（余明阳、陈先红，2000：2）。

在汉语词汇中，"广告"约20世纪初在我国开始使用和流行。最初，"advertising"多被译成"告白"、"告帖"等，"广告"一词，最早应见之于1907年的《政治官报章程》①。按照汉语字面上的解释，往往是广而告之，广泛劝告，向公众说明、告知某事件的意思。随着我国改革开放的不断深化，社会主义市场经济体制的日益完善，20世纪80年代以来，广告活动在我国更加广泛和普遍，广告的真正含义才越来越被人们所认识（倪宁，2001：3）。

二 广告的定义

在学术界，广告被划分为广义广告和狭义广告。广义的广告是指所有的广告活动，一切为了沟通信息、促进认知的广告形式都包括在内，它又

---

① 《政治官报章程》中有这样一段话："如官办银行、钱局、工艺陈列各所、铁路矿务各公司及经农工商部注册各实业均准送报代登广告，酌照东西各国官报广告办理。"此文公布时，"广告"一词似乎是很成熟的专业化术语，但此前一直未在汉语中出现，想必是"洋务运动"后源自西方的舶来品。

分为商业广告和非商业广告。商业广告是指那些传递有关经济方面的信息、能够带来盈利的广告；非商业广告是指商业广告之外的一切广告，如政党宣言、政府公告、宗教声明、教育启示、救灾动员等。狭义的广告仅指商业广告，即传统的广告学所研究的主要对象。

关于广告的定义，海内外众说纷纭，莫衷一是。自称是广告的莽夫和疯子的美国广告超人乔治·路易斯（George Lois）在回答电视节目主持人时说："广告是一种有毒气体，它能让你流泪，搅乱你的神经系统，再把你弄得神魂颠倒。"（余明阳、陈先红，2000：3）大卫·波特（David Potter）认为广告是一种"丰足的代表"，是"刺激新需要的一种工具，它教会人们如何作为一个消费者，改变人的价值，并诱导他们去求得丰足"（戚云方，2003：2—3）。

现摘录书刊上常引用的几条广告定义，以作参考。

我国 1999 年版《辞海》中的广告定义是：

通过媒体向公众介绍商品、劳务和企业信息等的一种宣传方式。一般指商业广告。从广义上来说，凡是向公众传播社会人事动态、文化娱乐、宣传观念的都属于广告范畴。

1985 年版《简明不列颠百科全书》中的广告定义是：

广告是传递信息的一种方式，其目的在于推销商品、劳务，影响舆论，博得政治支持，推进一种事业或引起刊登广告者所希望的其他反应。广告的信息通过各种宣传工具，其中包括报纸、杂志、电视、无线电广播、张贴广告及直接邮递等，传递给它所想要吸引的观众或听众。广告不同于其他信息传递形式，它必须由登广告者付给传播信息的媒体以一定的报酬。

美国广告代理商协会（AAAA，American Association of Advertising Agencies）给广告下的定义是：

广告是付费的大众传播，其最终目的是传递信息，改变人们对广告商品的态度，诱发其行动而使广告主得到利益。

著名的美国市场营销协会（AMA，American Marketing Association）给广告下的定义是：

广告是一种公众性的信息交流活动，确定的广告主通常以付费的方式通过各种传播媒体向公众介绍产品、服务或观念，本质上通常具有说服力。

从上述各定义中，我们不难看出，广告一般包括下列要素：

1. 广告对象　广告对象即广告受众，是广大消费者，是公众，而不是个人。

2. 广告内容　广告内容即广告信息，它可以是有关商品和服务的，也可以是有关观念的。

3. 广告手段　广告手段是传播媒体，即传播广告信息的中介物，其形式多种多样，包括报纸、杂志、广播、电视、张贴、邮件、互联网等。

4. 广告目的　广告的目的是影响公众的态度、观念和行为。

5. 广告主　广告主即广告客户，广告的发布者。广告主既可以是企业、团体，也可以是个人。

6. 广告费　广告费就是从事广告活动所需付出的费用，通常由广告主负担。

通过分析广告的要素，我们不妨将广告定义为：

广告是一种通常由广告主付费的通过媒体劝说公众的信息交流活动。

三　广告的分类

广告是个庞大复杂的体系，可以按不同的标准，从不同的角度、不同的层次进行分类。

1. 就广告的传播媒体而言，广告一般可分为印刷广告、电子广告、网络广告、户外广告和直邮广告。印刷广告包括报纸广告、杂志广告、书籍广告、画册广告、日历广告以及在明信片、电话簿、交通图、时刻表、包装纸、宣传册等印刷媒体上的广告。此类广告制作和传播成本低，便于携带，保存时间长，可反复阅读，但大都时效性差，受众的选择性很大。电子广告包括广播广告、电视广告、电影广告等。此类广告传播速度快，覆盖范围广，广告主选择余地大，但容易消失，保持时间短，成本较高。网络广告包括所有使用网络技术而发布的广告。这类广告可集图、文、声于一体，存于虚拟空间，传播快捷，渗透广泛，不受现实时空限制，但受众必须具备上网条件才能得到广告信息。户外广告通常指通过路牌、招贴画、霓虹灯等形式在交通要道、旅游胜地、车站、码头等公共场所做的广告以及交通工具（如车、船）上张贴的广告。此类广告成本低，可保留较长时间，但辐射范围小。直邮广告是指通过邮政系统而寄发的广告。此类广告通常是发给某一群固定的受众，针对性强，成本较低，但广告受众范围有限，影响力不大。

2. 就广告覆盖的地区而言，广告可分为国际性广告、全国性广告、区域性广告和地方性广告。国际性广告是指以国际市场为对象，信息传播面对全世界的广告，如在《纽约时报》、英国广播公司国际频道等国际性传播媒体上发布的广告。全国性广告是指信息传播面对全国范围的广告，如在《人民日报》、《光明日报》、中央电视台、中央人民广播电台等全国性的传播媒体上发布的广告。区域性广告是指以特定地区为传播目标的广告，如在《湖南日报》、湖南电视台等省级报刊、广播电台、电视台等区域性的传播媒体上发布的广告。地方性广告是指针对当地或地方商业圈内发布的广告，如在《深圳晚报》、深圳电视台等市、县、镇（乡）等地方性传播媒体上发布的广告。

3. 就广告的目标受众而言，广告可分为消费者广告和企业广告。消费者广告是针对产品的最终消费者或购买者所做的广告，广告主或是产品的制造商或是销售商，如可口可乐广告。企业广告是针对为企业经营活动购买或选定产品的人所做的广告，它通常集中在专门的企业刊物或者职业杂志中，有时也出现在直接邮递品中或贸易展览会上。

4. 就广告主是否以营利为目的而言，广告可分为营利性广告和非营利性广告。营利性广告是指以追求经济效益为目的的广告，其主要内容是推销商品或劳务。非营利性广告是指一切不直接追求经济效益的广告，包括政治宣传广告、社会公益广告、公民服务广告、社会教育广告以及寻人启事、人才招聘、征婚、挂失、找工作等以启事形式发布的广告。

5. 就广告的诉求方式而言，广告可分为理性诉求广告、情感诉求广告和混合诉求广告。理性诉求广告又称"说理广告"，它采取理性的说服手法，对消费者有理有据地说明广告商品的优点和长处，让消费者用理智去权衡利弊，听从劝说，进而采取购买行动。此类广告一般适用于种类繁多、注重实效的高档商品，如生产资料、建筑材料、家用电器、家具、药品等的推销。情感诉求广告又称"暗示广告"、"兴趣广告"，它采取感性诉求的方式，同消费者交流感情并打动消费者的情感，使他们对广告商品产生好感，听从说服，进而采取购买行动。此类广告较多地运用于日常生活消费品（如食品、服装、化妆品等）和时尚小商品的推销。混合诉求广告是把"说理"与"情感"两种方式相结合，即通过说理诉诸消费者的理性思考，再打动消费者的情感，以情理两方面促使消费者采取购买行动。

广告还可以采取其他方式分类，如按广告的诉求目的划分，广告有以推销商品为目的的广告、以树立形象为目的的广告和以建立观念为目的的广告；按商品生命周期划分，广告有开拓期广告、竞争期广告和维持期广告；按广告产生效果的快慢划分，广告有速效性广告和迟效性广告；按广告主划分，广告有工业主广告、商业主广告、农业主广告、外商主广告和合作主广告。

四 广告的功能

（一）广告的经济功能

广告是一种经济行为，广告对于企业犹如水对于鱼，是一种不可或缺的生存条件。它把生产、供应、销售和消费四个环节有机地联系起来，有效地促进了商品的流通。广告的经济功能主要表现在如下几个方面：

1. 传播信息，沟通产销

消费者采取购买行动之前，往往要获取有关商品的信息。获取这些信息的渠道一般有三个：一是亲身观察，二是人际传播，三是媒体发送。广告正是通过传播媒体把有关商品的信息（如商标、性能、质量、用途、特点、使用方法、价格以及销售地点、时间、方式等）发送出去，使广大消费者获取，并得到有关的知识。随着社会经济的发展，广告已成为人们获取消费信息的主要渠道。而广告不是单一的广告发送，它是一个完整、系统、有计划、有组织、有目的、有步骤的过程。广告必须从市场调查入手，把消费者的需求信息首先传递给生产者；而后，再把生产者的有关产品的信息传递给消费者；再后，又把所获得的广告后的市场信息反馈给生产者。自此周而复始，不断循环。广告因此促成供需契合，沟通产销。

2. 鼓励竞争，促进销售

竞争是商品经济的产物。当市场上有不同的企业生产和销售同一类产品时，竞争就不可避免。竞争实际上是一种较量，如何在这种较量中获得有利地位呢？广告是其有效途径之一。广告是一种"非管理的管理"，是其他具体的企业经营与管理的强大驱动力，其具体表现是：（1）能够促进企业不断提高产品质量和开发新产品，以保证、提高市场占有率；（2）能够促进企业不断扩大生产规模，提高生产能力，以培养、加强市场竞争力；（3）能够促进企业改善经营管理，降低生产成本，以坚守、开辟产品市场（刘秀玉，2002：5）。

10

企业要赢得竞争，促进商品销售，获取满意利润，必须持续广泛地进行广告战。著名的宝洁公司负责广告事务的副总裁罗伯特·戈尔斯坦曾说："我们发现效率最高、影响最大的推销办法就是广泛地做广告。"（余明阳、陈先红，2000：20）广告的促销功能通过下列环节实现：（1）引起消费者的注意，诱发其购买欲望，召唤消费；（2）使潜在的消费者成为现实的消费者，促成购买；（3）开辟新的销路，增加产品效益，扩大销售。正因为如此，有人称广告是"运用先进媒体的超级推销巨人"（刘秀玉，2002：6）。

3. 激发欲望，指导消费

根据市场学的观点，人类的基本需要不多，但人类的欲望却很多，并可能被激发。人类的潜在欲望不断被激发，社会的消费就会不断增长。广告正是利用劝说和诱导来不断激发人们的潜在欲望，来刺激消费。

消费者的欲望需要被激发，消费者的消费更需要指导。广告对消费者的消费指导主要表现在三个方面：（1）帮助消费者认识、了解商品或服务；（2）调动消费者的潜在需要，培养消费者的消费兴趣；（3）培养新的消费观念，创造需求（余明阳、陈先红，2000：22）。

4. 树立形象，创造名牌

在当今社会，同类产品在质量、性能、价格等方面日益趋同，竞争十分激烈。要想在竞争中获胜，企业必须树立良好的形象。广告，特别是公关广告，有助于企业形象的树立。广告还可能创造名牌，并引导消费者认牌购买，使选择性需求得到满足。著名美国广告学家大卫·奥格威（David Ogilvy）曾说："广告是神奇的魔术师。它有一种神奇的力量，经过它的点化，不只是能卖出商品，而且能化腐朽为神奇，使被宣传的普通商品蒙上神圣的光环。"（余明阳、陈先红，2000：24）这里所谓"蒙上神圣的光环"即指广告在树立形象、创造品牌方面的重要作用。

（二）广告的社会功能

广告既是一种经济现象，也是一种社会现象。它犹如一面镜子，映照社会生活的方方面面。广告的社会功能主要表现在：

1. 美化环境

广告是一门艺术。一则成功的广告作品就是一件精美的艺术品，是广告创作者智慧的结晶。广告运用绘画、音乐、造型等艺术手法来传递商品或劳务信息，在完成其基本使命——劝说消费者的同时，以其独特的艺术感染力美化了环境。路旁五光十色的广告牌、街边闪烁变幻的霓虹灯、商场陈列精雅的橱窗，等等，构成一道道亮丽的风景，把城市装点得雍容华贵。很难想象，一座现代城市如果撤掉所有的广告物，那将是什么样子。

2. 教育大众

在向消费者大众传播商品和劳务信息的时候，广告本身也在不断地向他们灌输新知识，推广新科技，宣扬新观念，培养新思想。可以说，广告是一种特殊的社会教育形式，能够补充家庭教育和学校教育的不足，其范围、规模、效力等非常巨大，对人们的思想、行动有着一种潜移默化的影响。正如美国历史学家大卫·波特指出的："现代广告的社会影响力可以与具有悠久传统的教会及学校相匹敌。广告主宰着宣传工具，在公众标准形成中起着巨大的作用。"（卢泰宏等，1995：170）广告不仅将各种科技、文化知识渗透到人们的脑海中，而且对人们的精神文明教育和社会良好风气、高尚情操的培养正发挥着重要的作用。

3. 承传文化

以"非为总统，即为广告人"为奋斗目标的美国前总统富兰克林·罗斯福（Franklin Delano Roosevelt）说："若是没有广告来传播高水平的知识，过去半个世纪各阶层人民现代文明水平的普遍提高是不可能的。"（余明阳、陈先红，2000：26）广告既承载文化，又传播文化，是传播新知识、新技术、新思想的主要载体和有效手段。

在现代社会，广告的功能得到极大的发挥，对人们的日常生活影响越来越大。正如富兰克林·罗斯福所言："广告充实了人类的消费功能，也创造了追求较好生活水平的欲望；它为我们及我们的家人建立了一个改善衣食住行的目标，也促进了个人向上奋发的意志和更努力地生产。广告使

这些极丰硕的成果同时实现，没有一种活动能有这样神奇的力量。"（陈定家，2000）

五 广告与文化的关系

12

文化是人类社会性创造活动及其成果的总和，"包括知识、信仰、艺术、道德、法律、风俗以及其他作为社会成员的人所获得的各种能力和习惯"（Tylor，转引自 Katan，2004：16）。广告是一门利用语言文字、形象、色彩、绘画、音乐等形式来表达的创作艺术。广告既然是艺术，那么它就属于文化的范畴。广告、艺术、文化三者的关系，从范围上来说，是由小到大的从属关系。用数学语言来说，如果将文化定为全集，艺术、广告定为子集，那么广告则为文化全集下艺术子集的子集。由此可见，广告是文化的一部分，并且是纷繁复杂的文化大家庭中的重要一员。人们赋予它一个好听的名字——"第八种文化"，因为它被排在小说、散文、诗歌、戏剧、影视、音乐、绘画之后。广告不仅是一种商业促销手段，而且还是具有丰富内涵的文化符号。"迄今为止，广告已经是文化空间最为强大的符号系统之一。"（南帆，2001：207）美国广告界名人迪诺·贝蒂·范德努特也说得分明："如果没有人做广告，谁能创造今天的文化？你又能从哪儿为文化找到比一种广告媒介更生动的宣传方式呢？……我们应该承认我们确实影响了世界文化，因为广告工作是当代文化整体中的一部分，是文化的传播者和创造者。"（朱晓明、李宁，2005）

把广告视为一种文化符号，首先，因为广告活动是一种文化行为，广告凝聚着人类的智慧，体现了人类的进取精神和创造力，是文化创造的成果。考察广告的起源和发展轨迹可以发现，广告的出现与进步始终依赖人类的聪明才智和创造性劳动。一个个创意、一项项设计不断地提升广告的商业价值、文化价值以及审美价值，从而使广告成为人类一笔宝贵的文化财富。就广告的功利作用而言，广告的运用是人类经济活动中的一项伟大创造，是人类在创造了物质文明之后为尽快享受这些丰硕成果而进行的智力劳动。人们用智慧创造了产品，又用智慧让产品走进千家万户，满足人们的消费需求，进而促进社会再生产，推动经济增长。

其次，广告记录着人类历代的伟大创造，是人类文化成果的一种展示，映射着人类所创造的物质文化和精神文化。正如著名报学家戈公振所言："广告为商业发展之史乘，亦即文化进步之记录。"（戈公振，1955：220）广告传递有关商品和劳务的信息，实际上是把人的创造性成果展示出来。人们从广告信息中可以了解社会经济和文化的发展状况，看到人类社会的不断进步。如果从文化反映这个意义来看广告和广告的历史，可以说，一部广告史不仅是记录广告业前进历程的正史，也是一部反映人类创造性成果的别史。它在记述广告发展历程的同时，也记载了许许多多的人类创造性成果，从一个侧面描述了人类文化发展的轨迹。

再次，广告的内容和形象表现中蕴涵着各种知识、价值观念，对受众的价值取向和行为方式产生巨大的影响。广告的这种意识形态性及其文化传播功能是决定广告文化属性的主要因素。在各类广告中，公益广告和意见广告最具意识形态性，文化属性最为明显。公益广告以传播先进文化、塑造美好心灵为宗旨，宣传正确世界观、人生观、价值观和伦理道德，赞扬真善美，批评各种错误观念和败德行为，倡导良好社会风尚……其人伦教化的内容及社会教育的实际效应，充分体现了它的文化性质，清楚说明了其社会意识形态性。意见广告作为公开陈述意见、发表政论、表达观点的一种有效方式，已被党派和团体视为一种政治宣传形式，多用于政治性活动中，具有明显的政治色彩。广告主的政治背景及其发布广告的政治功利性目的、广告中的政治话语言说以及制造或引导舆论的功能实现，同构了意见广告的政治文化性质，使之成为社会政治文化的一种具体表现形态（宋玉书，2005）。

广告离不开文化，广告要从文化中汲取营养。文化是广告赖以生存发展的土壤，是广告表现力的基础，是成功广告的重要价值所在。同时，广告对文化产生深远的影响，其影响不仅表现在经济方面，还表现在社会方面。这点在上述广告的功能一节中已叙述分明，这里不再赘述。

需要指出的是，广告与文化互为依存，相互促进，互相制约，广告因文化而得到发展，但也受到文化的制约。文化受一定的政治环境、政治心理与行为的影响，任何一个国家都要运用法律手段限制和规范广告的范围与方式；一个国家的经济结构与体制会波及广告行为的发展方向及领域，从而影响广告的发展趋势；一定的社会公德、价值准则和行为规范约束着广告行为，使其不得越轨；道德观念也制约广告的发展，某些道德观念不仅影响广告从业人员的行为和作业手段，还影响公众对广告内容的评价和取舍（杨海涛，1996）。

第二章

广告普同性的文化阐释

广告铺天盖地，五彩纷呈，无时不在。但广告是文化的组成部分，是文化这个全集中的子集。广告与文化的关系是部分与整体的关系，具有文化的特性。广告不仅折射文化和传播文化，而且创造文化。正因为广告的创造性，不同文化的广告便有其独特性。但事物总是既相互区别，又相互联系，相互贯通。不同文化的广告除独特性外，它们之间也有相似性，即普同性。这种普同性可从文化的角度得到阐释。

一 文化普同性原因探析

文化的普同性，即文化的共性，是文化共同具有的性质。美国著名翻译理论家奈达（Eugene A. Nida）1995 年 11 月在深圳大学作的题为《语言与文化的关系》（Relationship between Language and Culture）的学术报告中说，"世界的语言和文化惊人地相似"（Languages and cultures all over the world are amazingly similar），并说明相似之处占 90%，不相似之处仅占 10%。不同民族虽分布世界各地，各自创造和发展自己的文化，其文化特质和模式有所差异，但不同民族的文化在很多方面都有着相同之处，究其原因主要在于：

1. 人类居住的星球上拥有许多相同的特质。无论是居住在草原、沙漠或海岛，还是山区、平原或高原，昼夜星辰、风雨雷电、日升日落、月盈月缺、生老病死等自然现象都同样存在。相同的自然现象对每个人的生理影响相差无几，人们对相同自然现象的体验基本相同。因此，人们对宇宙、自然的理解及其想象具有相似之处。

2. 作用于自然的主体和客体都有许多共同之处。"因为人类的体质和生物的驱动力相同,而文化不外是人作用于自然的产物,既然主体和客体都有许多共同之处,那么,主体作用于客体的产物就会有许多共同之处。"(肖川,1990:89—90)

3. 全人类的生活经验彼此极为相似。人都有吃饭、睡觉、穿衣、喝水、洗脸、洗澡、排泄、做梦、听、说、见、闻等行为,人都能做多种动作表情,如微笑、哭泣、皱眉、眨眼、摇头、耸肩、挥手、弯腰等,人都有头疼发烧、面红耳赤、手软脚麻、腰酸腿痛等经历,人都要学习、工作、旅行、与人交往……

4. 人类思维的基本活动形式及一般特征是相同的。人们无论处于何种文化之中,其思维的基本活动形式是分析、综合和概括,任何正常的思维活动都不可能违背这些形式的规范。此外,从思维按规律活动的形式——概念、判断和推理——的逻辑方法来说,不同文化的人也大体相同。比如,"因"与"果"可能由于文化的差异在表达上存在先后之分,但不可能有性质上的差别:中国人心目中的"因"不可能成为美国人心目中的"果";汉文化中"他因中毒而死亡",不可能在其他文化中就成了"他因死亡而中毒"。

5. 基本的人性都是一样的。人都有七情六欲,都有善恶之心与是非之心,都有爱憎、妒忌、怜悯之心,都表现喜怒哀乐,都有好恶,都图生而惧死,都有美好的愿望和理想,如要改善生活、结交朋友、发展科技、吸收知识、提高修养、向往文明等。所以说:人同此心,心同此理。

6. 人类能力在本质上都是相同的。不同种族所创造的文化在深层次意义上都反映着人类共同的能力。

7. 随着人类改造自然、征服自然能力的增强,特别是交通工具和通信工具的日益发达,文化的相互交流和影响不仅不可避免,而且不断扩大。卫星电视使世界变成了"地球村",人类信息沟通的深度、广度、速度发生了根本性的变化,个人与整个人类共同分享信息的愿望成为现实。不同文化层次的人的心理距离日渐模糊,共同点日渐增多,人类文化的融通性大大增强(徐祝林,1997)。

二 文化普同性在语言中的表现

语言是记录文化的符号，是文化的载体。文化的普同性反映在语言上，就表现为不同语言的表达有相似之处，即语义的对应。例如，汉语的"头"与英语的"head"不仅本义相同，而且引申义也很吻合：

（1）"动物身体的最前部分"或"人身体的最上部分"，如：虎头 —— tiger's head；那条蛇把头竖了起来 —— The snake erected the head；石头掉下来砸着他的头 —— The rock fell and hit him on the head；

（2）"植物茎顶端的圆紧部分"，如：花头 —— a flower head；莴苣头 —— the head of lettuce；

（3）"形状或位置类似头的东西"，如：针头 —— the head of a pin；锤头 —— the head of a hammer；斧子头 —— the head of an axe；钉子头 —— the head of a nail；火柴头 —— a match head；

（4）"统治者"、"领导人"，如：国家元首（首即头） —— a head of state；公司的头 —— the head of a company；

（5）"（牛羊等牲畜的）头数"，如：十头母牛 —— ten head of cows；九头羊 —— nine head of sheep；

（6）"一头的长度"，如：她比她妹妹高半个头 —— She is half a head taller than her sister；女王的马以一头之先获胜 —— The Queen's horse won by a head；

（7）"头发"，如：梳头 —— comb one's head；洗头 —— wash one's head；

（8）"在前头的"、"在顶端的"，如：游行队伍的头一组 —— the head group of a parade；名单上的头一个名字 —— the head name of the list；等等。

汉、英两种语言的这种语义对应现象还可以通过"心"与"heart"来说明。汉语"心"与英语"heart"除有相同的所指意义，即指"人体内推动血液循环的器官"外，还有相同的文化意义：

（1）强烈的感情引起心脏跳动，人们一直把感情与心联系在一起。因此，英、汉语都用"心"来指感情、爱情，进而用"心"来指所爱的人。如：

英语：break one's heart（使人伤心），declare one's heart（表白爱慕之心），lose one's heart to（爱上，倾心于），win one's heart（赢得某人的喜爱），wear one's heart on/upon one's sleeve（流露自己的感情），a conflict between heart and head（感情与理智的冲突）。

汉语：爱心、变心、负心、心爱、心肝、一见倾心。

（2）英、汉语都用"心"来指心情。如：

英语：tear one's heart-strings（使人心碎），with a heavy heart（心情沉重地），My heart bleeds for you（我为你感到难过）。

汉语：开心、心急如焚、心平气和、心如刀割。

（3）英、汉语都用"心"来指心地、心肠。如：

英语：black-hearted（黑心的），hard-hearted（硬心肠的），He has a kind heart（他心地善良）。

汉语：狼心狗肺、铁石心肠、心慈手软。

（4）"心"在人体的中心部位，极其重要。因此，英、汉语都用"心"指关键部分或中心地区，也用"心"来描写关系或交往等已达心灵深处。如：

英语：the heart of a city（城市的中心），the heart of a story（故事的核心），the heart of a problem（问题的实质），in one's heart of hearts（在内心深处）。

汉语：中心、重心、心腹。

英、汉语中语义对应的现象很普遍。汉语中还有很多表达法不难在英语中找到对应体，如：

（1）金表 —— gold watch

（2）黑市 —— black market

（3）蓝图 —— blue print

（4）坏蛋 —— bad egg

（5）心音 —— heart sound

（6）生命线 —— life line

（7）酸葡萄 —— sour grape

（8）橄榄枝 —— olive branch

（9）破纪录 —— break the record

（10）捧上天 —— praise to the skies

（11）政治舞台 —— political arena

（12）人才外流 —— brain drain

（13）黄金时代 —— golden age

（14）君子协定 —— gentleman's agreement

（15）时间就是金钱。—— Time is money.

（16）2 加 2 等于 4。—— Two plus two equals four.

（17）战斗到最后一个人 —— fight to the last man

（18）百川归海而海不盈。—— All the rivers run into the sea; yet the sea is not full.

（19）以眼还眼，以牙还牙—— an eye for an eye, a tooth for a tooth

（20）一人为大家，大家为一人。—— One for all, all for one.

同样，英语中也还有大量的表达法可以在汉语中找到对应体，这可从下列谚语中看得分明：

（1）Blood is thicker than water. —— 血浓于水。

（2）A rolling stone gathers no moss. —— 滚石不生苔。

（3）After rain comes fair weather/sunshine. —— 雨过天晴。

（4）It never rains but pours. —— 不雨则已，雨则倾盆。

（5）Spare the rod and spoil the child. —— 孩子不打不成器。

（6）Speech is silver/silvern, silence is golden. —— 雄辩是银，沉默是金。

（7）Many a little/pickle makes a mickle. （或：Every little makes a mickle.）—— 积少成多。

（8）Out of sight, out of mind. —— 眼不见，心不想。

（9）Once a man and twice a child. —— 做人一辈子，两次当孩童。

（10）Many men, many minds. —— 十个人，十条心。/人多心不齐。

（11）When the cat is away, the mice will play. —— 猫儿不在，老鼠玩得自在。

（12）A straw shows which way the wind blows. —— 草动见风向。

（13）All is fish that comes to his/my/your net. —— 抓到网里便是鱼。

（14）Fish begins to stink at the head. /Fish begins to rot from the head. —— 鱼要腐烂头先臭。

（15）A little is better than none. —— 聊胜于无。

（16）The higher up, the greater the fall. —— 登高必跌重。

（17）Lost time never returns. —— 光阴一去不复返。

（18）Harm set, harm get. —— 害人反害己。

（19）Grasp all, lose all. —— 贪多必失。

（20）The tongue is not steel, yet it cuts. —— 舌头非剑，但可伤人。

谚语是群众口头产生的，在群众中间流传的固定语句。谚语的内容多半反映生活中的种种经验和规律，语言中谚语的对应关系从一个侧面证实了文化的普同性。

三　文化普同性在广告中的表现

广告是文化的镜子，文化的普同性在广告中映现得分明。例如，无论中外，人们经常谈论健康，因为人们认识到健康的身体对一个人来说是最重要的。没有健康就谈不上事业有成。因此，为了有一个健康的体魄，人们参加各种健康活动，选购有助健康的食品。这种价值观在下列广告中得到充分体现。

（1）Only one leading coffee is naturally decaffeinated with pure mountain water and nature's sparkling effervescence.

唯一领先的咖啡，除去了咖啡因，纯净山泉水冲调，泛天然晶莹泡沫。

（2）No caffein. Virtually no calories. Just a unique, sparking citrus taste.

不含咖啡因，微量卡路里；

独特柑橘味，心旷又神怡。　　　　　——福瑞斯佳（Fresca）饮料

（3）Sanka, absolutely nothing but pure taste.

爽佳，纯正的咖啡味道，别无他味。

（4）Coca-Cola...a pure drink of natural flavors.

可口可乐……自然风味，纯正饮品。

（5）Poland Spring makes everything...

Refreshing...

Fun. . .

Satisfying. . .

Soothing. . .

Delicious. . .

Pure！

波兰特矿泉水事事为君……

清凉……

欢乐……

满足……

镇静……

可口……

纯净！

（6）Dairy Ease. 100% Real Milk. 100% Real Taste. 0% Lactose.

逸思牛奶：百分之百纯牛奶，百分之百真味道，百分之零的乳糖。

（7）First of all, because now Yoplait is thick. Second of all, because it's creamer. Third of all, because it's still 100% natural and really very good for you. Forth of all, because Yoplait tastes better than all the other yogurts. And fifth of all, because. . . well, just because. . .

友普奶特酸奶：特点之一，浓度更高；特点之二，奶油更多；特点之三，百分之百纯天然，百分之百有益健康；特点之四，味道独一无二；特点之五，难以道完……真是难以道完……

（8）Natural Coco Juice：a world special with an enjoyment beyond all your words.

世界首创，中国一绝。天然椰子汁。　　——海南椰树牌罐装椰汁

（9）The Natural Vinegar

HEINZ

Distilled WHITE VINEGAR

Made from Sun-Ripened Grain

亨氏天然白醋

由优质大米精制而成

（10）Fruits and Vegetables，Healthy and Tasty

水果蔬菜　健康美味　令人赞叹

——香港卫生署（Department of Health）

（11）千山万水，益力至纯！　　　　　　　　——益力矿泉水

（12）矿泉新一族，纯自然风貌！　　　　　——太阳神矿泉水

（13）蒙牛牛奶：源于自然，产于专业。

（14）宝力哲学——自然本色！　　　　　　　——宝力矿泉水

（15）南山奶粉，源自四季常绿草原。

（16）伊利牛奶，来自没有污染的内蒙古大草原的问候。

（17）亲近自然，健康怡爽。　　　　　——怡爽（香港）集团公司

（18）来自"世界最大的天然牧场"——新西兰的纯净草原

——统一灭菌调味乳

（19）奥林饮料，天然骄子，源于自然，回归自然。

（20）古今论名泉，金奖九天观，天然清甘爽，口感信自然。

——九天观矿泉水

上述几则广告中用到"decaffeinated（除去咖啡因的）"、"pure（纯净的）"、"natural（自然的，天然的）"、"healthy（健康的）"、"mountain water（山泉水）"、"real milk（纯牛奶）"、"纯"、"自然"、"天然"、"四季常绿"、"没有污染"、"天然骄子"等词，说明产品有利于健康，揭示了这样一种普遍的文化现象：人们喜欢绿色食品或来自无污染地区的食品。

爱美之心人皆有之，男女老少无不爱美。广告设计者往往抓住人们爱美的心理，着笔于"美"，吸引消费者去实现求美的愿望，中外莫不如此。例如：

（1）Sensational beauty...

... down to the tips.

惊人的美丽……

……到达了顶端。　　　　　　　　　——兰蔻（Lancôme）

（2）Beauty · Charm · Elegance

演绎纯美个人主义　　　　　　　　　——幽兰（Orlane）

（3）GET BETTER-LOOKING LIPS — FAST

快速

使你双唇更诱人　　　　　　——雅诗兰黛（Estee Lauder）

（4）BEAUTIFUL, INVITING LUXURY COMFORTER SETS

美观、豪华诱人的被套　　　　　　　　　——西尔斯（SEARS）

（5）Her swing is a display of skill.

And a thing of beauty.

球技、美，

她一挥杆就引人妒忌。　　　　　　　　——劳力士（Rolex）

（6）Skin Beauty.

绝色美肌，倾国倾城。　　　　　　　　　——茵芙莎（IPSA）

（7）The beauty of flying

美好旅途　　　　　　　　　　　——港龙航空（Dragonair）

（8）Perfect Skin as an Angel

拥有天使般完美肌肤　　　　　　　　　——娇兰（Guerlain）

（9）The secret to beauty is simple — be who you are.

美丽的秘诀非常简单——只要做回自己

——芭比布朗（Bobbi Brown）

（10）Taitai Beauty Essence

Enhances your beauty from within.

太太美容口服液

让女人更出色　　　　　　——太太药业（香港）有限公司（Taitai

Pharmaceutical（H. K.）Co.，Ltd.）

（11）柔美肌肤，由旁氏开始！　　　　　　　——旁氏护肤品

（12）生活本身就是一幕幕美景，"柯达"为你忠实记录。

——柯达公司

（13）华歌尔——超凡的成熟美。　　　　　　　——华歌尔内衣

（14）自然柔和的美感，仿佛戴上神秘的面纱！　　——印度纱质洋装

（15）每一件美人牌内衣里都有一个真正的美人。　——美人内衣公司

（16）新世界——美化您生活的世界！　　　　　——新世界美容院

（17）美容属亚芳，漂亮进万家！　　　　　　　——亚芳美容院

（18）从此开始美的旅程。　　　　　　　　　　——东方面霜

（19）虹雨，把青春的梦想与选择，揉成永恒的美！——虹雨化妆品

（20）至美至真，华美精神！　　　　　　　　　——华美化妆品

"美"在上述每条广告中都得到映射。文化的普同性还可以在表明人

们消费观念的广告中反映出来。例如：

（1）Enjoy Absolute Vodka, enjoy life, it deserves you.

　　　饮绝对伏特加酒，享受生活，应该的。

（2）Give me the luxurious of life and I will gladly do without the necessities.

　　　给予如此豪华的生活，我别无所求。

　　　　　　　　　　　　　　　　　——劳斯莱斯（Rolls-Royce）

24

（3）Because I am with it.

　　　因为我离不开它。　　　　　　　——可口可乐（Coca-Cola）

（4）Just for the taste of it.

　　　只为享受其口味。　　　　　　　——可口可乐（Coca-Cola）

（5）LIVE. LAUGH. LOVE.

　　　SLEEP LATER.

　　　活着。欢笑。爱情。

　　　睡得晚些。　　　　　　　　　　——威魁（Vive Cuervo）酒

（6）Get extra cash to enjoy your trendy lifestyle.

　　　坐享充裕现金，轻松自主潮流。　——万国宝通银行（Citibank）

（7）Noble Lifestyle

　　　贵族享受　　　　　　　　　　　——皇府山（Noble Hill）

（8）For a great taste, head to McDonald's.

　　　麦当劳，享受从来多层次。

（9）It just feels right.

　　　就要这种感觉。　　　　　　　　——马自达（Mazda）汽车

（10）Take time to indulge.

　　　 尽情享受吧！　　　　　　　　　——雀巢冰激凌

（11）一旦拥有，别无所求。　　　　　——飞亚达手表

（12）图的就是好玩。让你乐在其中，尽情炫出真我风采。

　　　　　　　　　　　　　　　　　——爱立信手机

（13）品位数字生活　　　　　——明基 Joyhub La Vie A 台式机

（14）TCL 带给您极速享受！　　　　　——TCL 台式电脑

（15）体验极速之旅，享受自由人生。　——东风乘用车公司

（16）我只要高兴就好。　　　　——旭日集团"高兴就好"饮料

（17）体验"信用"生活，享受消费乐趣。　——广发信用卡

（18）信用卡开户中心，让您尽情享受现代都市生活。

——北京海淀信用卡开户中心

（19）体验真彩视觉，品味数字生活。

——新星光电真彩数字屏车载影音导航系统

（20）享受快乐科技 ——明基电脑

这些广告揭示了目前盛行于中西年轻人中间的一种普遍的消费观念：
追求优裕消费，享受生活乐趣。

25

第三章

广告差异性的文化阐释

广告差异性即广告的个性，是某一广告在其特质和模式上所表现出的独特性。导致广告差异性的原因是多方面的，下面选取十个方面进行探讨。我们的探讨主要集中在文化上，通过文化这面镜子来反映广告。

一 生活环境差异与广告差异

世界地大物博，各地区的地势、地形、气候、物产、居住条件等各异，由此而形成的文化也各具特色。地域跨度越大，文化差异就越大，大到国与国之间，小到村与镇之间。

中国和英国的自然环境大不相同。中国地处亚洲大陆，西部是高原高山，东临太平洋，属于大陆性气候。东风吹来，温暖和煦，草长莺飞，杂花生树，无比舒心。所以，人们常用东风来指春风，象征着春天、温暖和力量。中国自古就有"东风送暖"、"东风报春"之说。下列成语、对联、诗句无不是对东风的赞誉：

成语："东风浩荡"、"东风化雨"、"东风入津"

对联："无边东风花半露，有色春水燕双飞。"

"万条绿柳舞东风，一元复始迎新岁。"

"万里东风摇翠竹，一堤柳浪荡春风。"

"东风吹出千山绿，春雨洒来万象新。"

诗句："等闲识得东风面，万紫千红总是春。"（朱熹《春日》）

"萋萋总是无情物，吹绿东风又一年。"（唐彦谦《春草》）

"东风已绿瀛洲草，紫殿红楼觉春好。"（李白《侍从宜春苑奉

诏赋》)

　　"晓梦初回，一夜东风绽早梅。"(冯延巳《采桑子》)

　　"东风夜放花千树，更吹落、星如雨。"(辛弃疾《青玉案》)

　　"日暮东风春草绿，鹧鸪飞上越王台。"(窦巩《南游感兴》)

　　"一夜东风草剪齐，如丝春雨湿香泥。"(梁绍壬《两般秋语庵随笔·条幅扇头诗》)

　　然而，西风则相反，凛凛然，砭人饥骨。西风常指使万物凋零的寒风，所以，中国人对西风没有好感。下列作品名、网页栏目、诗句就是很好的例证：

作品名：金庸的《白马啸西风》

　　　　萧逸的《西风冷画屏》

　　　　梁凤仪的《西风逐晚霞》

　　　　武陵樵子的《残阳侠影泪西风》

　　　　郑愁予的《当西风走过》(诗)

　　　　王金的《西风古道》(摄影)

网页栏目："帘卷西风"、"独枕西风"、"西风独自凉"、"古道煞西风"、"古道西风侠客行"

诗句："昨夜西风凋碧树，独上高楼，望尽天涯路。"(晏殊《蝶恋花》)

　　　　"飒飒西风满院栽，蕊寒香冷蝶难来。"(黄巢《题菊花》)

　　　　"菡萏香消翠叶寒，西风愁起碧波间。"(李璟《浣溪沙》)

　　　　"枯藤老树昏鸦，小桥流水人家，古道西风瘦马。"(马致远《天净沙·秋思》)

　　　　"正西风落叶下长安，飞鸣镝。"(毛泽东《满江红·和郭沫若同志》)

　　西风还被喻为日趋没落的腐朽势力，这可从成语"东风压倒西风"中略见一斑。

　　英国地处西半球北温带，西临大西洋，东临欧洲大陆，西风从大西洋徐徐吹来，温暖和煦，令人愉悦。英国的西风犹如我国的东风，给英国人送去春天，所以在英国有"西风报春"之说。英国人非常喜爱西风，并有谚说："风从西边来，气候最宜人。"(When the wind is in the west, the weather is at the best.) 弥尔顿 (John Milton) 称赞西风为"带有芳香翅膀的西风"（west winds with musky wing）。梅兹菲尔德（John Mazefield）对西风大加褒奖，说"那是温暖的风——温暖的西风，伴随着百鸟欢唱。"（It's a warm wind, the west wind, full of birds' cries.）英国著名诗人雪莱（P. B. Shelley）更是满怀激情作《西风颂》（Ode to the West Wind），其末尾写道："一把预言的喇叭！呵，西风呀，如果冬天到了，春天还会远吗？"（The trumpet of a prophecy! O wind, if winter comes, can spring be far behind?）这一方面表明了诗人对人类美好未来的乐观态度，另一方面讴歌了预示革命风暴即将到来的西风。

然而，英国的东风是从欧洲大陆吹去的，寒冷袭人，正如中国的西风，令人烦恼不悦。所以，英国人讨厌东风，并反映在谚语中："东风吹寒风到，对人对畜都不好。"（When the wind is in the east, it's good for neither man nor beast.）巴特勒（Samuel Butler）将东风描绘为"刺骨东风"（biting east winds）。狄更斯（Charles Dickens）在他的小说中描写道："在许多冬日我都看见他，鼻子冻得发紫，站在飞雪和东风之中。"（How many winter days have I seen him, standing bluenosed in the snow and east wind.）

"东风"、"西风"在中、英两国蕴涵着如此特殊的文化信息，所以在广告语言运用中就表现极大的差异。例如，中国第一汽车制造厂生产的汽车以"东风"为商标名，此商标名一直为人赞誉。2006年1月10日，中国品牌研究院在广州发布"中国100个最具价值驰名商标"排行榜，中国汽车工业首个驰名商标——"东风"获"中国驰名商标10大标王"称号。曾8次荣获国际金奖，并蝉联历次国家金质奖，被北京人民大会堂列为国家专用黄酒的生产者的名字就是"东风绍兴酒有限公司"。但在英国，不是"东风"，而是"西风"（Zephyr）被用作汽车商标名，并受到特别欢迎和喜爱。

我国自古以来，文化生长发育的整体风貌精神气质就具有一定的地域差异性。古人云："长城饮马，河梁携手，乃北人之气概；江南草长，洞庭始波，乃南人之情怀。"不同的生活环境，形成南柔、北刚不同特质。这种差异性表现在广告的接受心态上便是萝卜青菜各有所爱。新疆的"伊力特曲，英雄本色"电视广告突出了边塞风光和西北男子豪情。契合北方男人豪爽、刚劲个性，被北方受众广泛认可。对此，南方受众则普遍难以接受这份"荒凉、野蛮、落后"（钱林娜，1999）。某冰激凌卖主将广告词定为："领北国之风骚，蕴南疆之温柔！"这正是出于迎合不同地域人的心理的需要。

二　思维方式差异与广告差异

思维是在表象、概念的基础上进行分析、综合、判断、推理等认识活动的过程。思维是人类特有的一种精神活动，是从社会实践中产生的。思维方式是指定型化了的思维形式、思维方法和思维程序的综合和统一。它主要由知识、观念、智力、情感、意志、语言、习惯等组成。这些要素相互联系，相互作用，形成一个动态、有机、复杂的系统。

每个民族生活在特定的自然地理环境之中，具有各自的历史和文化传统，具有独特的考虑问题、认识事物的习惯和方法，因而也形成了各自的思维方式。民族的思维方式，既有民族性，也有区域性、时代性和社会性。中华民族和西方民族的思维方式有着各自明显的特征。连淑能（2002）在《论中西思维方式》中将两者的区别总结为：（1）伦理型和认知型；（2）整体性和分析性；（3）意向性与对象性；（4）直觉性与逻辑性；（5）意象性与实证性；（6）模糊性与精确性；（7）求同性与求异性；（8）后馈性与超前性；（9）内向性与外向性；（10）归纳型与演绎型。他进而指出：

中西思维方式的上述 10 对基本特征，是互相联系、互为因果的。早在 2000 多年前，中西思维就出现两种不同的偏向：中国贤者的思维沿着政治伦理的方向发展，西方智者的思维却沿着科学认知的方向前进。中国思维具有阴柔偏向，含有艺术家的素质，力图求善；西方思维具有阳刚偏向，含有科学家的素质，力图求真。中国政治伦理型的思维方式重伦理道德，重身心修养，重内向自求，重安邦治国，因而带有强烈的主体意向性。政治上追求安邦治国，产生了"大一统"思想，唯圣、唯书、唯上使思维带有后馈性和求同性。注重政治伦理，必然对探索自然失去兴趣，因而热衷于对天地人作比附，进行直觉体悟与整体综合，用以解释政治、社会、伦理、人生的种种问题。内向自求、主体意向与直觉体悟相关，直觉体悟又必须以整体综合为前提，而整体综合是直观经验的结果。重直观经验又引出重意象、重归纳。以直觉体悟、整体综合把握事物，易使思维带有模糊性。西方科学认知型的思维方式重探索自然、重求知、重理性、重外向探求，因而带有强烈的客体对象性。科学上追求知识和理性，必然要借助逻辑，以分析和实证的手段获得对认知对象的精确认识。追求科学认知又促使人们不断求异、创造、超前，采用演绎与归纳的方法，不断推导出新的科学体系。

思维方式对广告内容的编排有着很大的影响，中、英文广告在遣词造句、谋篇布局等方面因此呈现较大差异。请就此比较下列两则广告的差异：

（1）象牙雕是一门古老的艺术，其悠久的历史可以追溯到人类文明初放曙光的史前文化。几千年来，雍容华贵的象牙雕是帝王贵戚、钟鸣鼎食之豪争相收藏的对象。如今，人类虽已进入太空时代，以料实工精为其艺术特征的象牙雕更值得人们青睐！愿美好的艺术匠心、精湛的牙雕技艺使您满堂生辉。

　　愿集财富、吉祥、艺术、智慧于一身的北京牙雕成为您的镇库之宝！

（2）Give him a diamond, the gift he'll never forget. Men's diamond rings and men's diamond wedding bands in bold and masculine designs. Priced from ＄500 to ＄2,000.

　　A Diamond Is Forever.

　　THE MAN'S DIAMOND.

　　When a Woman Loves a Man.

广告（1）词藻华丽，修饰语多，浓墨重彩地介绍象牙雕来做铺垫，最后才点明了广告的要点，充分地体现了中国人螺旋式的思维方式。而广告（2）用词简洁，毫无赘语，在内容编排上使用直截了当、一目了然的方法，短短的几行就点明了购买动机、款式、特点、价格等与商品直接相关的信息，反映了西方人直线思维方式的特点。

我们再看两则中、英文广告：

（3）嘉士利，为你珍藏童贞的滋味……

　　那一年，我和我妹妹去乡下姥姥家，我们在田野上奔跑，在小河里钓鱼，在收割过的麦田里拾麦穗，空气里尽是迷人的清香！现在很难找到那种感觉了。田野变成了厂房，小河也不见了……咦？这是什么？味道真特别，让我想起乡下麦田那迷人的清香。

嘉士利饼干，为你珍藏童贞的滋味！

(4) "Lucky" Brand Chocolates are made of choice materials by the up-to-date scientific method. The product is allowed to leave the factory only after strict examination of its quality. Owing to the influence of tropical climate on raw materials used, white spots may occasionally appear on the surface of the product, but the quality remains unchanged in that event. Please send particulars to our distributors concerned.

广告（3）没有直奔主题，而是首先谈起对童年的回忆。正是这种对过去的回忆触发了中国人的念旧情怀，引起一种感情上的共鸣。广告中语言所描绘的意境似乎与主题无关，但创作者的意图是将其作为以情动人的引子，然后让主题浮现出来。事实上，这个回忆恰恰表明了此种饼干令人回味的独特之处，符合中国人擅长迂回思维的特点。广告（4）开门见山地介绍了商品的名称及制作原料，在强调质量的同时毫不隐瞒食品表面可能因为气候的缘故会有些美中不足，这就很容易以其直言坦诚的特点引起西方人的注意。从整体上看，此则广告语言结构组织紧密，表达直接，没有赘词，符合西方人的直线思维特点。

三　风俗习惯差异与广告差异

按中国社会科学院语言研究所词典编辑室所编《现代汉语词典》（2002 年增补本），风俗是"社会上长期形成的风尚、礼节、习惯等的总和"；习惯是"在长期里逐渐养成的、一时不容易改变的行为、倾向或社会风尚"。可以说，风俗习惯是人们在长期的历史发展过程中相沿久积而形成的一种生活方式。它表现在饮食、服饰、节庆、居住、礼节、婚姻、丧葬等各个方面，是一种没有法律规定，因而也就不受法律约束的行为规范。它更多地体现文化的民族性，而不是阶级性。风俗习惯一般都是传统的、长期存在的。它的作用是在没有外来压力的情况下实现的，主要通过模仿转化为人们的习惯行为（关世杰，1997：196）。

古语说"千里不同风，百里不同俗"，又说"异方异俗"。诚然，世界千姿百态，风俗习惯千差万别，每个民族都有自己的风俗习惯。如中国人进餐用筷子，西方人进餐用刀叉；中国人去庙里烧香拜佛，西方人去教堂做礼拜；中国人佩戴佛像，西方人挂十字架；中国人过春节，西方人过圣诞节；中国人喜欢太极拳，日本人喜欢柔道；中国人穿旗袍，日本人穿和服，阿拉伯人穿长袍；等等。说得详细一点，以婚礼习俗来说，下列国家的情况各异且耐人寻味。

32

法国：白色婚姻　白色是浪漫的法国婚礼的主色调，无论是新娘的服饰，还是布置用的鲜花及其他装饰，全是白色。由此可知，法国人眼中的婚姻是纯洁无瑕的。

意大利：甘与苦的婚姻　意大利的婚礼习俗喜欢以传统塔兰台拉舞（tarantella）接待宾客。此外，他们也同样喜欢分派裹以糖衣的扁桃仁给参加婚礼的嘉宾，因为这些扁桃仁在意大利文化中象征着甘与苦的婚姻。

瑞士和荷兰：环保婚姻　瑞士和荷兰的新人最有环保意识，他们会在新居种一棵松树，寓意好运和百子千孙。

菲律宾：永恒的爱　菲律宾人通常在婚礼会场挂一个装饰鲜花的巨型大钟，里面藏着一对白鸽，完成所有程序之后，新人会拉动系着大钟的丝带，让白鸽自由飞翔以象征永恒的爱。

韩国："两点"红新娘　韩国新郎会穿上大礼服，新娘的嫁衣则是七彩的丝织服，配以长袖子和黑丝顶冠。新娘会在脸颊上点两个红点，有抵抗邪灵的意思。

阿拉伯："恸哭"婚礼　新娘穿着装饰华丽的土耳其长袖袍，手脚上画着红褐色的格子花纹作为装饰。阿拉伯人会将观礼的嘉宾分男女来接待，观礼的女士会依习俗为新娘出嫁而恸哭。

非洲国家：扫帚与婚姻　依非洲习俗，参与婚礼的主持人、嘉宾及观礼者都必须穿上传统的非洲长袍。一对新人要跨过饰满鲜花的扫帚，象征跨进人生的新阶段。在婚礼中，非洲人会以鼓声及库加舞曲助兴，并把酒倒在地上，献给神明（郭震，2004）。

以人们喜爱的风俗习惯为切入点，广告往往收到满意的效果。如"7-UP"饮料在美国非常受欢迎，这与"7-UP"的文化意蕴息息相关。"7"在美国是最吉利的数字，相当于中国的"8"，意味着"发财"、"幸运"。"U"字母像一个马蹄铁，马蹄铁在西方人眼里是辟邪之物，能给人带来好运，路上遇见它是吉兆。"U"还像一弯新月，英美人非常崇拜新月，很多人每月第一次见到新月时往往鞠躬行礼，据说这时如对它默许一个心愿，就一定能实现。"P"念起来犹如象声词，类似于开启汽水瓶的声音。"UP"本身有"积极向上"、"使人奋发"、"处于获胜（或优胜）地位"等含义。如果把饮料引进中国时将其硬译为"七上"，那么就很难被中国受众接受，因为中国受众很容易将其与成语"七上八下"联系起来，喝了这种饮料，心里七上八下，那还了得！所以，生产商将其产品冠以"七喜"这个被中国受众青睐的译名进入中国市场。"七喜"谓"七喜盈门"，且"七"与"妻"谐音，"七喜"意"妻欢喜"，好不讨人欢喜！

不同的风俗习惯引起不同的购买动机。因此，广告宣传必须"入境而问禁，入国而问俗"，"入乡随俗"，针对不同的社会风俗习惯，才能取得良好的效果，否则会徒劳无益。例如，按上所述，法国的婚礼习俗以白色为主色调，倘若广告主在法国做广告推销鲜红的婚纱，又会有何人问津呢？

我国不少地方，特别是北方，有行酒令的习俗。这在下列广告中得到反映：

一心一意，好事成双，桃园结义，四季发财，五福同寿，六六大顺，齐民思！
——齐民思酒

这例广告在中国受众看来是一则别出心裁、富有情趣的广告，它运用酒令的形式，依次包含了"一"、"二"、"三"、"四"、"五"、"六"的数字，投合了中国人在饮酒过程中的行酒令的习俗。但对不了解相关中国文化的外国人来说，这则广告显得乱七八糟，不知所云。

习俗文化对于同源同质文化的亲和力是相当强烈的，而对非同源同质文化的不相容也是很强烈的。习俗文化对非同源同质文化的不相容表现为一种明显的排斥效应，这在世界广告活动的历史上屡见不鲜。例如，德国著名的"科龙"男士香水曾在阿拉伯地区做了这样的一个广告：一条令人喜爱的小狗原来并不喜欢那个经常逗弄它的男士，后来男士使用了"科龙"香水，于是小狗便和他亲昵起来。但是，广告效果极差，无此广告时"科龙"香水尚有部分销量，有此广告后，人们对该香水避之不遑。实际上原因很简单，在阿拉伯穆斯林的习俗中，狗是倒霉的标志，至少也是肮脏的。既然此香水为狗所爱，那么……

再如，有个公司曾试图在港台地区推销其清洁剂。在广告画面上有这样的场景：一个男士由于使用了清洁剂而受到称赞，于是公众纷纷向他赠送帽子以掩饰其明显的秃头。而这位广告中的男士恰恰选了一顶绿色的帽子戴在头上。这在港台地区一时被引为笑柄。显然，该广告设计者根本不明白在中国这个文化圈中"绿帽子"的习俗寓意。当然推销工作的结果是可想而知的（东昌，1999）。

　　广告特别受民间禁忌的制约。禁忌是指犯忌讳的话和行动，属于风俗习惯中一类较为低级的社会自我控制形式。禁忌五花八门、千奇百怪，渗透于民间日常生活的各个方面。例如，匈牙利民族除夕禁吃禽类菜肴，怕"幸福飞走"；台湾恋人忌讳谈恋爱时带扇子，即使是炎热的夏天也不能带扇子赴约，因为扇子送凉风，表示"快凉"的意思；我国壮族人在交谈时忌讳称"我"，在他们看来，直截了当地称"我"，是不尊重他人的行为，需要说"我"时，要把自己的名字说出来；在伊斯兰教地区，鸡只能由阿訇（伊斯兰教主持教仪、讲授经典的人）宰杀，且宰者必须为男人，宰后鸡血得全部清洗干净，不得留下点滴血迹，否则被认为不吉利。所以，广告宣传要特别注意民间禁忌，否则肯定以失败而告终。

四　宗教信仰差异与广告差异

　　宗教是一种社会意识形态，是对客观世界的一种虚幻的反映，要求人们信仰上帝、神道、精灵、因果报应等，把希望寄托于所谓天国或来世。宗教是一种世界性的文化。几乎所有的民族都有自己的宗教。它历史悠久，从原始的灵物崇拜发展成内涵丰富、体系谨严的宗教教义，经历了漫长的历史过程。在这个过程之中，宗教犹如文化的母体，其基因潜移默化渗透到社会生活的各个方面。宗教不仅影响到社会的经济、政治、哲学、文学、艺术、科学，而且积淀在人的深层文化心理结构中，潜在而长久地影响人的思想和行为。

　　广告设计者常常利用人们的宗教信仰极力宣传所推销的产品。但各种宗教都有自己的文化特点，这些文化特点在诸如敬仰之物、禁忌之物、饮食规定、婚丧仪式等方面表现出来，如伊斯兰教忌食猪肉，忌吸烟饮酒；基督教重视圣礼、节日，推崇节俭、勤劳、守时等；佛教不杀生，重素食善行等。所以，广告设计者必须注重宗教的文化差异性，尊重广告受众的宗教信仰。广告只有符合受众所信奉的宗教要求，才能被他们接受；反之，不但会导致失败，还可能引起麻烦、冲突甚至外交纠纷。例如，一家日本料理专门店"割烹樱花"广告的创意是：在三分之一的版面中，以一只日本瓷器为主图，瓷器上面书写了一个大大的"禅"字，右边竖写广告语"禅是一种境界，割烹樱花也是一种境界"。"禅"是佛教用语，意为"静虑"。佛教讲禅定，禅定时须沉思专一，摒除情欲，进入心静无欲的状态。禅定分四个阶段，最高的禅定阶段可达到舍念清静的涅槃境界。此广告取"禅"所体现的那种境界：寂静、超脱、静思，把"禅"的这种境界与日本料理专门店"割烹樱花"联系起来，隐喻"割烹樱花"也能给人带来"禅"的宗教境界，借助人们对日本民族"禅"文化的了解，委婉、含蓄地宣传了"割烹樱花"日本料理专门店恬静、闲适的风格（王纯菲，2005）。此则广告被认为是成功的广告。然而，下则广告的效果却大不相同。

日本索尼公司为打开泰国的收录机市场，曾精心策划了一则电视广告：音乐响起，闭目坐禅的释迦牟尼无法守住方寸，全身随着音乐节拍摆动，末了还睁开了双眼。

这个广告在佛教之国泰国播出时，被当地人们认为是对佛祖的极大侮辱，引起了泰国民众的公愤和泰国政府的外交抗议。索尼公司不得不停播此广告并公开道歉，才算平息了这场风波。我们设想，如果这个广告在非佛教国家播出，可能就不会出现这种局面，或许还会被人们赞赏，评为创意新颖奇特的广告。

西方人多信基督教，基督教宣扬上帝是造物主和世界的主宰者，耶稣基督是上帝的儿子，他降临人间以救赎人类。人类有与生俱来的"原罪"，所以要受苦难。只有信奉上帝，听从耶稣基督的安排，虔诚祈祷忏悔，趋善避恶，死后灵魂才可以升上天堂。天堂是上帝所在之地，是宇宙间最理想最迷人的地方，其他地方无法与之相比。于是，在基督教徒看来，天堂成了幸福美好的生活环境的象征。不少广告设计者也大张旗鼓地将其加以利用。我们来看乔治·路易斯《蔚蓝诡计》一书中有关的一个典型例子。

乔治·路易斯为一家位于曼哈顿南端世界金融中心的奥林匹亚暨约克开发公司代理广告，根据其商业特性，将广告的主题定位为：

World Financial Center — It's heaven on the Hudson.

35

世界金融中心——哈德逊河上的天堂

视觉商标是一个展开双翼的天使，描绘着天堂般的世界金融中心。路易斯还创作了一些标语：

I spent Sunday in heaven.（我在天堂过礼拜天。）（画面是逛街者及观光客）

6 ways to get to heaven（通往天堂的六条路）（以指标为画面）

This bus is going to heaven.（此巴士开往天堂。）（超级巴士海报）

You're only two blocks from heaven.（过两个街口就到了天堂了。）（外景海报）

Look! Who's in heaven?（瞧！谁在天堂?）（零售商倾听的姿态）

Get a better body in heaven!（到天堂找回好身材!）（附一家健美中心的图片）

除以上广告外，他还制作了购物袋、明信片、信封、手册及 60 秒钟的广播广告，曲调采用当时有名的"天堂，我就在天堂"。

然而，这一精彩的创意却遭到了惨败，原因是：忽略了广告主的反应。广告主菲利普·芮奇曼是一个虔诚的犹太教徒，每个礼拜五晚犹太安息日时，都会为了祈祷仪式而歇业，一个信奉天主教的教徒是决不会接受一个出卖天堂的广告创意的（余明阳、陈先红，2000：15—16）。

五　伦理道德差异与广告差异

伦理指人与人相处的各种道德准则。而道德是人们共同生活及其行为的准则和规范。道德通过社会的或一定阶级的舆论对社会生活起约束作用。

中国是礼仪之邦，比较注重人与人之间的关系和情感上的联系。政治上的君臣关系，家庭中父子、夫妻、兄弟关系，社会中的亲朋关系，构成"五伦"。"五伦"有其独特的道德行为规范，如君义臣忠、父慈子孝、夫敬妇从、兄友弟恭等。作为社会中的一员，每个人都处于"五伦"的网络之中，依不同的道德规范，相互联系，相互制约。因此，许多广告以"五伦"为切入点，极力唤起人们强烈的"友情"、"亲情"，激发他们的购买欲望。如香港一家银行"爱的投资——子女婚嫁储蓄"这则广告，就是通过一家人幸福和睦融融的画面，配上一段情感真切的旁白来启发人们，为了健康幸福，为了从长远利益上疼爱子女，购买上述商品。这种风格的广告同时也充满银行对消费者负责的情感，从深刻的道理、情理、事理中引起人们的共鸣和关注，向人们宣传新的消费观念和生活方式，从而达到促销的目的。

又如香港一则推销保健品的广告，在电视屏上先展示出一只酒瓶，接下去一位明星手托酒杯介绍这种酒具有如历史悠久、味道香醇、健身活血等益处。然后画面上出现一位白发苍苍的老翁，望着女儿捎来的酒，疲惫的脸上露出欣慰满足的笑容。接着倒出满满一杯，送到嘴边，一饮而尽。透过这一温馨的色彩背景，舒缓的倒酒动作，抒发了儿女对父亲的关爱和思念之情，营造了一种隽永、惬意、回味的意境，同时也迎合了中国人"孩子孝，爸爸笑"的传统心理，从而深深打动消费者的心，赢得消费者的喜爱（陈晶瑛，2000）。

我们再看济南"三株"口服液围绕"感受母爱，回赠健康"的广告："妈妈您养育了我，现在又来养育我的孩子，您无怨无悔地为儿女操劳一生。母亲节到来之时，女儿最大的心愿，就是您能够健康长寿。"这一广告同样呼唤着一种强烈的亲情，提倡一种尊老爱幼的良好风尚，具有极强的感染力。

王东风（1998）曾指出："中国是一个具有两千多年封建史的社会，千百年封建文化的积淀造就了一个在伦理上相对保守和敏感的社会；相形之下，西方文化经历过旨在解放人性，走向自然的文艺复兴的洗礼，对人性的尊重超过对礼教的膜拜，因此在伦理上具有较大的开放度。"这种文化差异从广告中所体现的性观念开放度上可略见一斑。西方广告对性的利用大都直接、大胆、明了，无须掩饰。例如，在一则航空公司的广告片中，男主人公来到家门口，突发奇想，想给妻子一个意外，于是轻手轻脚脱光衣服，嘴衔一枝玫瑰突然闯进屋，摆出爱神雕像的姿势站定。突然，他发现岳父岳母竟然和妻子都在房间里，男主人公顿时尴尬无比。原来，岳父岳母因为航空公司提供了优惠半价机票而提前一天来看他们！法国"XS"香水为表现"没有超越就没有生活"的品牌内涵，有一则广告是一对裸身男女紧紧相贴融成一体，形成极强的视觉冲击力。弗劳里克香水广告词也毫不含糊："一滴是为了美，两滴是为了情人，三滴足以招致一次风流事。"

中国文化中的性观念一直很保守。中国广告法也规定广告不许含淫秽、色情等内容，并禁止有挑逗或性诱惑的画面和言词。例如，1998 年 10 月初，英国"杰士邦"安全套在中国内地的销售代理商在广州 80 辆公共汽车上发布了安全套宣传广告，但一个月后广东工商局发出了一份"广告监督管理意见书"，要求立即停止发布所有安全套宣传广告。理由是：安全套是与性生活有关的产品，而根据国家有关规定，有关性生活产品的广告是不能刊播的。1999 年 11 月，中国计划生育宣教中心制作了宣传使用安全套的公益广告，并于 11 月 28 日在中央电视台播映，但刚播放一天就被以"安全套系性生活用品，违反了《广告法》中有关禁止性生活用品做广告的规定"的理由而停播。尽管很多专家认为，播放有关安全套使用的公益广告有助于预防性病、艾滋病，但我国目前还会有很多人认为它是性生活用品，在广告上宣传有悖于我国的社会道德观念（王国文，2001：340）。

由于对性观念的相对保守，我国许多香水及化妆品广告讲究含蓄和委婉。例如：

（1）人靠衣装，美靠亮妆。　　　　　　　——亮妆沐浴露

（2）今年二十，明年十八。　　　　　　　——白丽美容香皂

（3）留住青春，留住美。　　　　　　　　——永芳珍珠膏

（4）岁月的小皱纹不知不觉游走了。　　　——美加净护肤霜

（5）只要青春不要痘。　　　　　　　　　——珊拉娜洗面奶

（6）小痘痘不见了。　　　　　　　　　　——珊拉娜祛痘膏

六 哲学观差异与广告差异

哲学是关于世界观的学说，是自然知识和社会知识的概括和总结。不同的时代，不同的阶级和民族有着不同的哲学观念。从历史来考察，中华民族一直坚持一元论——"天人合一"，即天、地、人是自然而和谐的整体。"天人合一"视天道和人道为一体，天具有人格精神，人具有天的品行，天中有人，人中有天，主客互融。孟子曾经提出"上下与天地同流"的哲学思想。他认为"天人相同"，天是有德性和意志的，所谓"道德之天"。"天人之际，合二为一"（《春秋繁露·深察名号》），"人者，天地

之心也"(《礼记·礼运》),"天地与我并生,万物与我为一"(《庄子·齐物论》),"天地人只一道也,才通其一,则余皆通"(《二程遗书》),这是一种物我不分、物我两忘的诗意境界,是天人同体同德、万物有情的宇宙观。这些观点都把自然(天道)化为主体人心(人道),使主客互渗(连淑能,2002)。"天人合一"的观念是我国传统的文化中的一个历史悠久、影响深远的基本哲学观念。与中国文化相反,欧美文化历来坚持多元的观点,注重物质的多样性和变化性,强调自然界的变化和差异,强调个人的自由和发展(郝钦海,2000)。

39

哲学观念差异常常映现于广告中。例如:

(1)天上彩虹,人间长虹。　　　　　　——长虹电视机

(2)天有不测风云,我有人生保险。　　——中国人民保险公司

(3)佳能复印机,复印天地中的精品。

(4)萃取天地灵气,日月精华。　　　　——三清山纯正土蜂蜜

(5)吸收天地之精华,摄取日月之灵气。——天择料封泵

(6)聚天地灵气,吸日月精华。　　　　——博林贡院

(7)天地精华,生命卫士。　　　　　　——保健初乳胶囊

(8)集天地精华,恩泽生命。　　　　　——命理五行锦囊

(9)圣洁人间情,百合天下缘。　　　　——圣百合食品有限公司

(10)天上风月人间菜。　　　　　　　——天上人间酒吧

(11)The new spirit of Dodge.

(12)Carlsberg Beer, probably the best in the world.

(13)ING Bank Financial Solutions Worldwide.

(14)The latest tyre for the latest bikes!

(15)Now see the whole world in a TV.

(16)Born to run.　　　　　　　　　——Mercedes-Benz

(17)Why grow old gradually? Fight it.

(18)Above all in refreshment.　　　　——Salem

(19)Ready to host the world.

(20)We can create a wireless network wherever you're reading this ad.

(21)　　　　　Suzuki Conquers Boredom

Life has always been what you made it. Excitement or just routine.
And the line between freedom and feeling trapped can be as simple as two

wheels. Something like getting on a Suzuki and breaking away.

(22) No limits.

　　There is little you can't be with the Olympus Zoom Lens Reflex series. The all-in-X cameras that won't limit your creative ability.

(23) The age of discovery in an ever-changing world. Seiko finds boundless opportunities for adventurers. Expressing the changing world with a spirit of adventure.

（1）—（10）十则广告利用中华民族天人合一的哲学观念，用迂回曲折的方式，采用移情手法，唤起消费者对商品的好感，使其产生共鸣，从而达到理想的效果。（11）—（23）十三则广告竭力渲染挑战和征服自然的魄力，追求自由和创造未来的信念，使消费者能从更广泛的角度来欣赏产品的性能，从而激起他们的购买欲望。

七　价值观差异与广告差异

　　心理学家默里（Henry Murray）认为，价值观是人的基本需求的心理表现。这些需求通过人所生活的现实加以改造。也就是说，价值观是人们对于所期盼的东西的一种想法（李金英，2001）。罗基希（Milton Rokeach）认为，价值观"是人们在做出抉择和解决争端时作为依据的一种习得的规则体系"（Rokeach，1968：161）。一般来说，价值观是关于价值的一定信念、倾向、主张和态度的观点，起着行为取向、评价标准、评价原则和尺度的作用。罗基希将价值观分为两类：终极价值观和工具型价值观。终极价值观是关于人们所追求的目标或终极状态的信念，比如幸福、归属感等。工具型价值观是有助于人达到终极价值观的行为方式的信念，如诚实、责任感等（李金英，2001）。价值观在人的文化结构中具有最高地位。它表达了人对自我和社会行为的评价标准或一种取向，体现了人对社会事物存在合理性的一种理性观念和认识。价值观因文化不同有所差异。西特郎和科格代尔（Sitaram & Cogdell，1976）在《跨文化传通之基础》（Foundations of Intercultural Communication）中对文化价值系统中一些主要问题在不同文化中的重要性进行了比较。我们现将其比较表引用于此并加以观察。

五种文化的价值程度分类表

价值	非常重要的	重要的	不重要的	可忽略的
个人主义	W	B	E	M
母亲责任	BE	MW	—	—
社会等级	WEMA	B	—	—
男子汉气质	BMEWA	—	—	—
感恩戴德	EA	MB	W	—
和睦	E	B	WA	M
金钱	WAB	M	E	—
谦虚	E	BAM	—	W
守时	W	B	ME	A
灵魂拯救	W	M	—	EBA
天命观	E	—	—	MWBA
争先	W	B	—	EAM
外露性	WB	M	AE	—
集体责任感	EAM	B	—	W
尊重老人	EAM	B	—	W
尊重青年	W	MABE	—	—
殷勤好客	EA	B	MW	—
财产继承	E	—	MWAB	—
环境保护	E	BA	W	M
肤色	EWB	M	—	A
耕地崇拜	E	A	—	BMW
男女平权	W	EB	A	M
人的尊严	WB	EAM	—	—
效率	W	B	EM	—
爱国主义	BMAE	W	—	—
宗教	WBMAE	—	—	—
命令主义	EMA	WB	—	—
教育	WB	EAM	—	—
直率	W	BEMA	—	—

表中 E 代表东方文化，W 代表西方文化，B 代表美国黑人文化，M 代表穆斯林文化，A 代表非洲文化。从表中所列举的 29 种价值观可以看出，东西文化中两者吻合者甚少，只有 4 种，仅占 13%；近似者居中，有 8 种，占 27%；而对立者，多达 17 种，占 58%。东西方文化在价值观上的差异程度在这里呈现分明。

中国传统文化的价值观注重名分，讲究伦理，强调人际关系，上下有别，长幼有序，强调社会、群体对个人的约束，不突出个人和个性，而强调群体的作用。西方的文化价值观则讲究自由，注重个人的独立性，推崇个人的成就和荣誉。表现在消费心理上，中国人喜欢从大众、随大流，认为"大家用的一定是好货"。因此，不少广告撰稿人抓住中国人的从众心理，着重宣传"男女老少皆宜"，极力向消费者传递这样的信息："大家都可以用"，"大家都在用"，"大家都喜欢用"等，说服消费者去购买某一产品。请看下面的一些广告词：

（1）洗了都说好。 ——某洗衣粉

（2）今天你喝了没有？我们都喝×××。

（3）采用上等草本配制，老少咸宜。 ——王老吉凉茶

（4）经常饮用能增进食欲、调和气血、补中固本、健脾温胃。实为男女老幼四季可饮之最理想的保健饮料。 ——状元红酒

（5）太子精品礼盒是精品之组合，是礼品市场之需求，是对各界人士一份诚意的贡献。 ——太子参

但在英语国家里，情况则大不相同，人们特别注重个体与个性。"个性"（individual/individuality）、"个人"（personal/personality）、"独立"（independent/independence）、"隐私"（private/privacy）等常用作对消费者进行说服的主题。例如：

（1）I'm myself with Sprite.
我就是我，晶晶亮。 ——雪碧

（2）That's my way.
踏上个性之路。 ——某鞋

（3）Center the True Self.
真我尽现。 ——天梭（TISSOT）手表

（4）A personal adventure and a way of life.
个人探险，生活之道。 ——某男用香水

（5）My way, this is what I create.

路，由我闯出来。 ——沃尔沃越野（Volvo Cross Country）汽车

（6）It fits your personality like a favorite pair of jeans.

像你心爱的牛仔服一样，它最适合你的个性。 ——丰田汽车

（7）Our personal service will appeal to your individual taste.

个性服务，迎合您的个人品位。 ——汉萨航空公司

（8）What Sort of Man Read Playboy?

He's his own man. An individualist. And he can afford to express himself with style — in everything from the girls he dates to the way he dresses.

何种人阅读《花花公子》?

是自己的主人的人，有个性的人。他能用独特的方式表达每件事——从约会的女孩到穿着的方式。 ——《花花公子》杂志

（9）For the man who makes his own rules

Premier

From Johnnie Walker

Rare Old Scotch whisky, aged to perfection.

The result of over 170 years of expertise.

为自我的主宰者特别奉献

酿自约翰尼·沃克的首位牌威士忌酒

170 余年专业酿造技术的结晶。

稀有的苏格兰陈年老酿，味美至尊。

（10）If you could take the grace of a flight of flamingoes, the sweetness of Beethoven's Für Elise, the delicacy of a dawn sky, and capture all this in a wine, you would come very close to the character of Nederbury Rose.

您若能将火烈鸟凌空飞翔的那份潇洒、贝多芬《献给爱丽丝》乐曲的那份甜蜜、黎明晨空的那份美妙从一种酒中尽数领略，那您就快了解雷德堡红葡萄酒的特色了。 ——雷德堡红葡萄酒

八 审美观差异与广告差异

审美观即人们在领会事物或艺术品的美这方面所怀有的观念。由于社会历史条件、思维方式、价值观念、文化修养等的不同，不同国家、不同民族、不同阶层、不同时代的人们便有着不同的审美观。例如，我国素有"环肥燕瘦"之说，即为不同审美观之例证。在我国封建社会，妇女以脚小，男子以须浓为美；而现代女性则以身材苗条、皮肤白皙、健康活泼为美，近来西方女性更是追求那种清新、自然的健康美，男子则以古铜色的皮肤、健硕的体魄、幽默的性情为美。又如，在形状偏好上，欧洲人偏爱圆形，而美国人、澳大利亚人和新加坡人偏爱椭圆形或六角形，中国人偏爱方形。

在广告的创意上，中西审美观呈现较大的差异。如被喻为"经典作品"的美国温迪（Wendy）快餐店广告：三位年迈的老妇坐在柜台前吃午餐，他们要的是面包夹牛肉，但拿到面包后却未找到面包中应有的牛肉，于是觉得被戏弄而感到气恼。其中一位老妇人便钻到桌子底下去找牛肉，另一位老妇人失声大叫："牛肉在哪里？"此时旁白："如果这三位老妇人去温迪吃午餐，决不会发生找不到牛肉的情况。"广告一推出，就在美国引起轰动。一时间"牛肉在哪里？"成了美国人的口头禅。这和美国人崇尚物质功能、注重幽默感的审美情趣密切相关。同样的广告，在中国播映，就不一定会取得如此轰动的效应。

在广告的语言表达上，与英美人相比，中国人的审美更偏于抒情，重视意境的创构，追求含蓄、典雅，强调主体的感受和体念。试比较下列两则广告：

（1）英国旅游广告：轻轻地踱过历来君王们漫长沉睡的伦敦西敏斯特大教堂中的亨利七世小教堂。历代英皇——亨利七世、伊丽莎白一世和苏格兰的玛丽女皇都下葬于此。历代帝王都曾在此接受加冕典礼。在英国，这样著名的大教堂有30个，每座教堂都是一个独树一帜的艺术珍品。在你访问英国时至少要来参观一所教堂，免得虚此一行。备有介绍英国教堂的彩色导游册，函索即寄。

（2）台湾绿野别墅广告：我怀念着芳草如茵的绿野，美丽的小花撒满了大地，秀石、佳木陈次其间。蜿蜒的小溪伸展手臂，迎向天际飘流的白云，逐风低飞的鸟儿，清脆悦耳地歌唱……庄严肃穆的远山轻轻地挥洒出缕缕云烟，不再是梦中的呼唤！在这里绿野无限，我紧紧地拥向思念的绿野……多么地安详欢乐啊！"绿野别墅"您的家外家！

广告（1）以英国的教堂为诉求点，运用理性的笔调，唤起游客们的梦幻和憧憬，以触发其思古的幽情，符合喜欢冒险的西方人的审美品位。广告（2）则以情感的抒发和畅想为起点，把人们对大自然的向往之情融入优美动人的景色描写之中，营造出一种超然物外的意境美，进而达成某种价值观念的共鸣和感情意义上的亲和，符合深受中国传统文化影响的读者的审美品位（任秀芹，2001）。

九　认知角度差异与广告差异

文化世界是客观世界在人脑中的反映。但文化世界不是客观世界的精确复制。因为人们对同一客观事物的认识因其生活环境、社会风尚、历史传统、科技水平等诸多差异而有所不同。不同文化中成长的人对现实世界的认识也就不同。正如伍铁平所说："在一个特定的语言和文化传统中成长起来的人看世界，跟一个在其他传统影响下成长起来的人看世界，其方法是不同的。"（林宝珠，1999）。例如，汉民族喜欢把事物分为阴阳两性，人、动物、植物的花等，凡雄性为阳，雌性为阴。天为阳，地为阴；日为阳，月为阴；山南为阳，山北为阴；水北为阳，水南为阴。甚至社会等级也用阴阳框之。但是在俄罗斯民族和德意志民族中，人们常把事物分为阳性、阴性和中性。而且某一事物属某一性也有差异。如俄语中"冬天"是阴性，但德语中却是阳性；俄语中"房子"是阳性，而德语中却是中性；俄语中的"钢笔"是中性，德语中却是阴性。更有趣的是，德语中的"妇女"、"少女"都是中性名词，"太阳"是阴性名词。这种对于性的划分，可以看出人们对事物认识的差异。

在英、汉两种语言里，同一意义的表达可能因认知角度不同而差异极大。请对照下列英、汉不同说法。

（1）as thin as a shadow（瘦得像影子）——瘦得像猴子

（2）as poor as a church mouse（穷得像教堂里的耗子）——穷得像叫

化子

（3）as timid as a rabbit（胆小如兔）—— 胆小如鼠

（4）as stupid as a goose（蠢得像鹅）—— 蠢得像猪

（5）as strong as a horse（壮如马）—— 壮如牛

（6）as wet as a drowned rat（湿得像溺水的老鼠）—— 淋得像落汤鸡

（7）like a rat in a hole（如洞中之鼠）—— 如瓮中之鳖

（8）cry up wine and sell vinegar（把醋当酒卖）—— 挂羊头卖狗肉

（9）spend money like water（花钱如水）—— 挥金如土

（10）fish in the air（空中钓鱼）—— 水中捞月

（11）gild/paint the lily（给百合花上色）—— 画蛇添足

（12）lead a dog's life（过着狗的生活）—— 过着牛马生活

（13）look for a needle in the haystack（草垛里寻针）—— 海底捞针

（14）kill the goose that lays the golden eggs（杀鹅取卵）—— 杀鸡取卵

（15）neither fish nor fowl（非鱼非禽）—— 非驴非马

（16）six of one, half a dozen of the other（六个对半打）—— 半斤对八两

（17）There's no smoke without fire.（无火不生烟。）—— 无风不起浪。

（18）Birds of a feather flock together.（鸟以类聚。）—— 物以类聚。

（19）Rats desert/forsake/leave a falling house/a sinking ship.（屋塌/船沉鼠先溜。）—— 树倒猢狲散。

（20）The leopard can't change its spots.（豹改变不了自身的斑点。）—— 是狼改不了吃肉，是狗改不了吃屎。/江山易改，本性难移。

奈达曾讲过这样的一段话：

在大多数西欧语言中，说"用心爱"是很自然的，但在西非，人必须用肝爱，而在墨西哥南部和危地马拉的玛雅语中人通常用肚爱，在马绍尔群岛人必须用喉爱。（In most western European languages it seems perfectly natural to say "to love with the heart", but in West Africa one normally must love with the liver, while in the Mayan languages of Southern Mexico and Guatemala one normally loves with the stomach or ab-

domen, and in the Marshall Islands one must love with the throat.) (Ni-
da, 1984: 13)

由此可见，由于人们对客观事物的认识不同，不同民族可能会在其相
关的文化中表现出迥然差异。

同一客观事物在不同的文化里可以包含不同的价值，引起不同的联
想，具有不同的内涵。例如，对中国人来说，蝙蝠是吉祥健康的象征，
因为"蝠"与"福"同音。但英美人对 bat（蝙蝠）并无好感，常令他
们联想到坏的特征。英语中有"blind as a bat"（瞎得跟蝙蝠一样；眼力
不好，有眼无珠），"crazy as a bat"（疯得像蝙蝠，疯疯癫癫，神经错
乱），"like a bat out of hell"（不顾一切，横冲直撞），"have bats in the /
one's belfry"（行为乖张；想法荒唐；神经失常），"drive sb. batty"（把
某人弄得发疯）等。提到蝙蝠，人们就会想到丑陋、凶恶，吸血动物的
形象，这也许因为吸血蝠的缘故，所以英美人对蝙蝠惧怕又厌恶。试想
如果把中国名称为"蝙蝠牌"的产品介绍到英美市场时，不加变通地
直译，其销路将是什么状况。

又如，莲花在中国是"出淤泥而不染"、圣洁的象征，把它用在中国
市场上宣传婚纱产品是十分自然贴切的 。但在日本，莲花被人们用来祭
奠亡灵，代表着丧事和不吉利，要用它在日本市场上宣传婚纱产品显然会
让人退避三舍。

再如，白兔在中国文化中被视为一种活泼可爱的动物，于是"大白
兔"作为奶糖商标在国内大受欢迎。但如果将其译为"White Rabbit"并
把奶糖销往澳大利亚，销量可能不尽如人意，因为在澳大利亚大量野兔四
处掘洞，破坏草原并与牛羊争食，影响其畜牧业的发展，人们厌恶兔子这
种动物，所以也不会喜欢以此为商标的商品。

十　历史典故差异与广告差异

典故是诗文里引用的古书中的故事或词句。换句话说，典故是古代文
献引用的有来历、有出处、有派生义的特殊语词。所谓来历，指该信息自
身的来龙去脉；所谓出处，指该信息最初的、明确的、唯一的（只有少

数例外）文字载体；所谓派生义，指该典故有引申义、比喻义、借代义等。

东西文化都有着悠久的历史和传统，都产生了许多来自古代神话传说、寓言故事及历史事件的典故。但由于不同文化的渊源和发展轨迹不同，这些典故便呈现鲜明的民族特色，蕴涵着特殊的文化背景知识，因而具有特别的含义。如汉语中的"破釜沉舟"、"纸上谈兵"、"东施效颦"、"叶公好龙"、"朝秦暮楚"、"卧薪尝胆"、"名落孙山"、"身在曹营心在汉"、"鹬蚌相争，渔翁得利"、"螳螂捕蝉，黄雀在后"等，都具有浓厚的民族色彩和特殊含义，英语中没有与之对应的表达语。同样，英语中的"meet one's Waterloo"（遭遇滑铁卢——遭到惨败；遭到毁灭性打击），"Pandora's box"（潘多拉之盒——灾祸之源），"the sword of Damocles"（达摩克利斯剑——临头的危险），"Achilles' heel"（阿喀琉斯的脚踵——致命弱点，唯一的弱点），"Aladdin's lamp"（阿拉廷的神灯——能满足人一切愿望的法宝），"cut the Gordian knot"（斩开戈儿迪打的结——以大刀阔斧的办法解决复杂问题，快刀斩乱麻）等，也都有其独特的历史背景和民族特色，中国文化中不存在其对等体。

历史典故常被用于广告之中，以加强广告的宣传效果。例如：

高山流水觅知音，星河音响成佳友。

这则广告利用了《列子·汤问》中"高山流水"的典故："伯牙善鼓琴，钟子期善听。伯牙鼓琴，志在高山，子期曰：'善哉，峨峨兮若泰山！'志在流水，子期曰：'善哉，洋洋兮若江河！'伯牙所念，子期必得之。"于是，两人欣逢知己，结为兄弟。相约两年后中秋再会。伯牙如期而至，不料，子期染疾而死。该广告借典抒情，令人遐想，触动了不少消费者的心弦，使他们产生了购买动机。

又如，润讯通讯集团公司借用中国古代《西厢记》的故事做了一则较成功的广告。广告画面是一对古代青年男女在"红娘"的帮助下，终于相见，互诉衷肠。巧妙地将"红娘"和"呼机"融为一体，时空交错诙谐自然，古代与现代，传统与时尚，强烈反差，引起消费者的注意，加强了广告的感染力。

西方历史典故被用于广告之中的也很多。例如：

（1）To bring the wolves out.

把狼引出来。

——蜜丝佛陀（Max Factor）化妆品

（2）Ask for More.

多多益善，我要多多。　　　　　　　——多多（More）香烟

（3）As you like it.

如你所愿。　　　——巴斯顿公司（J. R. Baston Co. Inc.）

（4）Bared to its bones, it's still the "beauty".

从表到里，精美到底。　　——大众汽车（General Motors Corp.）

（5）The only "sauce" I dare give Father.

让老爸中意的唯一的调味酱。

例（1）源于著名童话故事《小红帽》（Little Red Riding Hood），例（2）出自狄更斯的《雾都孤儿》（Oliver Twist），例（3）完全引自莎士比亚的戏剧《如你所愿》的剧名，例（4）源于华兹华斯的《作于西敏斯特桥》（Composed upon Westminster Bridge）一诗（"The beauty of the morning; silent, bare"），例（5）则源于美国的"父亲节"。

典故在广告中用得适当可以促进销售，否则难以达到预期的效果。例如，西方某厂商为推销传真机设计了这样的一则广告：一位老板因不能及时得到有关信息而发愁时，穿着有翅膀飞鞋的赫尔墨斯（希腊神话中的商业之神兼神的信使）送来了传真机。当传真机打出所需要的信息时，赫尔墨斯站在天穹上向老板发出微笑……广告词是：××传真机送来了赫尔墨斯的微笑与祝福。广告创意很不错，但这只是对西方受众而言。当这则广告拿到东南亚去播放时，效果却大打折扣，因为那里大多数人不知道赫尔墨斯是何许人也，因此对广告的意义不理解、不清楚。再如，欧洲一个制药公司在美国推销一种速效止痛药，所用广告创意是：古希腊著名神话中英雄阿喀琉斯被敌人在战斗中射中脚踵（脚踵是阿喀琉斯唯一能受伤的位置），于是辗转呻吟濒临死亡，他的妈妈（一位女神）飞来为他涂了广告中强调的药，于是这位英雄又神采奕奕了。广告在美国播出后，公众反应平淡。据咨询专家指出，这种药的消费者主要是爱运动的青少年，而在美国知道一些古希腊神话典故的青少年不足15%（东昌，1999）。

49

中 编 广告翻译研究的文化转向

——广告翻译研究与功能翻译理论结缘

第四章

功能翻译理论及其对广告翻译的适用性

功能翻译理论是对专注于语言功能与翻译的研究所产生的理论的总称。早在两千多年前，罗马著名演说家、政治家、文学家西塞罗（Marcus Tullius Cicero，106—43 BC）就建议译者不要照字直译。他说，译者完全有理由把一个源语文本用"适合罗马人言语习惯"的字眼去翻译，在传达源语文本精神时要避免使用照字直译的方法（Kelly，1979：80）。他的这番见解可谓为翻译的功能观开了先河。但功能翻译理论的正式形成却是 20 世纪中后期的事了。功能翻译理论虽然历史不长，但发展迅猛，在翻译界引起了一场声势浩大的革命，从奈达（Eugene A. Nida）的等效翻译理论到赖斯（Katharina Reiss）、纽马克（Peter Newmark）的翻译类型学，霍尔兹曼塔里（Holz-Mänttäri）的翻译行为理论，再到威密尔（Hans J. Vermeer）、诺德（Christiane Nord）的目的论，其影响越来越大。

一 等效翻译理论

（一）接受美学：等效翻译理论建立的基石

接受美学（reception aesthetics）又称"接受理论"、"接受与效果研究"、"文学的接受与作用论"等。它在 20 世纪 60 年代中后期发端于联邦德国南部博登湖畔的康士坦茨，创始人为五位文学理论家：姚斯（Hans Robert Jauss）、伊塞尔（Wolfgang Iser）、福尔曼（Manfred Fuhrmann）、普莱森丹茨（Wolfgang Preisendanz）和施特利德（Jurij Striedter）。由于他们活动在康士坦茨，人们因地制宜地称他们为"康士坦茨学派"。这五人中，常为人称道的是姚斯与伊塞尔，他们俩被称为接受美学中的"双子星"（Gemini）。

就其方法论而言，接受美学属于一种文学解释学。它是以现象学和阐释学为理论基础，以人的接受实践为依据的独立的理论系统。通过对以往文艺理论的考察与反思，接受美学理论家们认为，传统的文学作品的外部研究（以作家为中心的研究）或内部研究（以作品为中心的研究）割断了文学作品与读者的联系，没有考虑读者的能动参与作用。单纯的作家心灵研究与单纯的作品文本研究都具有明显的片面性，它们都只抓住了文学总体活动中的一个维度，将文学活动这一动态连续的过程（作家—作品—读者）分割成静态封闭、互不相连的领域，忽视了人的活生生的交流和社会接受效果问题（胡经之、王跃川，1994：334）。

接受美学的一个重大突破，就是确立了读者的中心地位。该理论认为，作家—作品—读者所形成的总体关系中，读者不是被动的接受者，而是文学史能动的创立者。姚斯说："读者本身便是一种历史的能动的创造力量。文学作品历史生命如果没有接受者的能动的参与介入是不可想象的。因为只有通过读者的阅读过程，作品才能进入一种连续变化的经验视野之中。"（胡经之、王跃川，1994：338）"文学作品像一部乐谱，要求演奏者将其变成流动的音乐。只有阅读，才能使文本从死的阅读材料中挣脱出来，而拥有现实的生命。"（胡经之、王跃川，1994：339）费什（Stanley Fish）更是明确提出，是"读者制造了他在文本中看到的一切"（斯坦利·费什，1998：4）。他认为，语言和文本的事实是解释的产物，而不是解释的客体。因此，文本的意义、审美价值的阐释和发掘有赖于读者的参与和创造。否则，文本只能是废纸一堆，毫无价值。正如萨特的那句名言所说："只有为了别人，才有艺术，只有通过别人，才有艺术。"（刘虹云，2002）

接受美学的诞生是一件划时代的大事。它以崭新的姿态向世界发表了响彻云霄的宣言，以洪亮的声音震撼了尘封多年的角落。"从马克思主义者到传统批评家，从古世纪学者、中世纪学者到现代专家，每一种方法，每一个文学领域，无不响应了接受理论提出来的新挑战。"（霍拉勃，转引自朱立元，1989：1）可谓一石激起千层浪。接受美学不仅在文学研究领域掀起了巨大波澜，在翻译界也引起了极大反响，为翻译研究开辟新天地提供了卓越指南。美国著名翻译理论家奈达就是从中得到启示，建立了他特具影响的等效翻译理论。

根据接受美学的观点，我们可以推知，译者—译本—读者三维关系中，读者不是被动的接受者，不是单纯做出反应的环节，而是一种重新评估译作的重要力量。阅读译本的过程不是译者与译本单向地向读者灌输形象与意义，不是读者被动地接受的过程，而是读者积极地介入与参与，与译本、译者形成辩证的对话关系。译文读者在接受活动开始前，已具备特定的期待视野（horizon of expectation），即读者原先的各种经验、趣味、素养、理想等综合形成的对文学作品的一种欣赏要求和欣赏水平，在具体阅读中，表现为一种潜在的审美期待。这种阅读前的期待视野，决定了读者对所读译本的内容和形式的取舍标准，决定了读者在阅读中的选择及重点，也决定了读者对译本的基本态度与评价（朱立元，1989：13—15；袁文彬，2004）。

（二）等效翻译理论的基本内容及人们对它的基本评价

接受美学的诞生石破天惊地引导人们的思维模式进行重新调整组合。它不仅拓展了文学研究的空间，也给翻译研究带来了一场深刻的思想革命，为翻译研究提供了一种全新的方法论基础，转变了传统的翻译观，使翻译研究实现了从"作者中心"、"作品中心"到"读者中心"理论的转向。奈达借鉴接受美学强调接受者的主体性、创造性，强调接受者的需求和审美意识对艺术作品的调节机制，从而扬弃了"文本中心论"的主张，创立了等效翻译理论。

等效翻译理论形成于功能翻译理论的初创期，其基本主张是译文在译语读者中所产生的效果应与原文在源语读者中所产生的效果对等。为此，译者要使用一种"最切近的自然对等语"（the closest natural equivalent）使"译文文本的读者能以原文读者理解和欣赏原文的方式来理解和欣赏译文文本"（Nida，1993：118）。该理论强调接受者对译文的反应，强调效果上的对等，即奈达自己所谓的"动态对等"（dynamic equivalence）或"功能对等"（functional equivalence）①。当然，这里的对等是一个相对

---

① 奈达考虑到"动态"这一术语容易被误解为仅指一种影响力（the term "dynamic" has been misunderstood as referring only to something which has impact），从而影响人们对他翻译原则的理解，后来他将"动态对等"改为"功能对等"，因为"功能"二字把翻译视为一种交际形式（a form of communication），着重于翻译的内容和结果（what a translation does or performs），因而比"动态"二字更合理（Nida，1993：124）。

的概念，不是各方面的"绝对等同"，而是两种语言的接受者的感受应大致相同。正如奈达在其所著的《翻译科学探索》（Toward a Science of Translating）一书中所指出的："在动态对等翻译中，译者所关注的并不是源语信息和译语信息的一一对应关系，而是一种动态关系，即接受者和译文信息之间的关系应该与源语接受者和原文信息之间的关系基本相同。"（Nida，2004：159）在《翻译理论与实践》（The Theory and Practice of Translation）中，他解释道："动态对等是指译语中的信息接受者对译文信息的反应与源语接受者对原文的反应基本相同。这种反应决不可能完全相同，因为文化和历史背景大不一样……"（Nida and Taber，1969：24）该理论强调读者的主体地位和能动性，突出读者反应。正如奈达所说："不对信息接受者的作用进行全面的研究，对交际的任何分析将会残缺不全。"（Nida and Reyburn，1981：9）不对译文读者倍加关注，翻译的预期目的就难以达到，翻译也因此失去意义。所以，优秀的译者不仅仅把翻译当作组词成句的程式，他们在进行翻译活动时，头脑中还想象预期接受者（intended audience）对译本的需求及反应，想象他们正在阅读或聆听翻译（Nida，1993：140）。翻译讲究的是"语言外的交际效果的对等"（equivalence of extralinquistic communicative effect），而不是"形式对等"（formal equivalence）。奈达认为，翻译即是交际，这个过程取决于译文听者或读者获得的是什么。判断译文的有效性不在于词汇意义、语法类别、修辞手段的对比，关键在于译文接受者正确理解和欣赏翻译文本的程度（Nida，1993：116）。为此，奈达根据乔姆斯基（Noam Chomsky）的"转换生成语法"（transformational generative grammar）中"表层结构"（surface structure）与"深层结构"（deep structure）的学说，提出翻译应以反映"深层结构"的"功能对等"为主，而不是以反映"表层结构"的"形式对应"（formal correspondence）为主。这就是说，在形式和内容的关系上，翻译应着眼于原文的内在意义或精神实质，而不应拘泥于原文的外在形式，因为不同语言表达形式虽然不同，但却具有同等的表达力，都有彼此相同或相似的语言功能①，译文的效果正

---

①　语言功能是指语言在使用中所发挥的言语作用。在《从一种语言到另一种语言》（From One Language to Another）中，奈达将语言的功能分为九大类，即表达功能（expressive）、认知功能（cognitive）、人际功能（interpersonal）、信息功能（informative）、祈使功能（imperative）、司事功能（performative）、移情功能（emotive）、审美功能（aesthetic）和纯理语言功能（metalingual）（Waard and Nida，1986：25）。

是通过语言功能的发挥得以实现的。难怪奈达断定："保存原作内容，必须改变形式。"至于形式变化到何种程度，那要视语言和文化的差异而定。对此，奈达也作了清楚的表述："保存内容而改变形式，其变动程度的大小，必须视不同语言之间在语言和文化上的距离大小而定。"（谭载喜，1999：5）

为了深化其理论，奈达科学地描述了功能对等的具体内容：（1）采用词类（word classes）取代传统的词性（parts of speech）来描写词之间的语义关系；（2）采用核心句（kernel sentences）的概念以及句子转换的概念克服句法对译者的束缚；（3）采用同构体（isomorphism）理论来克服社会文化差异所造成的障碍（叶子南，2001：164—173）。这些具体内容，对提高翻译活动的质量及其社会功能无疑具有很大的积极作用。

奈达的等效翻译理论也受到诸多质疑。如刘宓庆就在《当代翻译理论》（1999：25—26）中指出，等效翻译理论忽视了语际转换过程中的诸多可变因素。这些因素包括：（1）语言结构（包括语音体系）产生的音乐感和韵律感及文字体系的图像性所承载的意义和语素的配列组合所产生的独创性、谐谑性和幽默感；（2）接受者层次（如教育程度、社会阶层等）的文化、教育背景、审美标准及智能差乃至个人经历与体验等；（3）时空因素，其中包括历时因素和共时因素；（4）民族心理和意识倾向所导致的思维特征、思维方式、思维风格及审美意识系统；（5）语言的模糊性。这些质疑是否有一定的道理或对其做何种解释，我们姑且不说。但有一点是可以肯定的：等效翻译理论以信息论为先导，从语言学、文艺学、交际学切入，对翻译过程和方法做了较为科学的揭示与描述，在评判译品优劣问题上突出读者反应，不失为一种创举，对翻译实践特别是应用翻译实践提供了有效的指导。

二 翻译类型学

（一）布勒的语言功能理论

翻译类型学建立在文本类型学（text typology）的架构之上，而文本类型学的理论基础可以追溯到德国心理学家、语言学家、符号学家布勒

57

（Karl Bühler）的语言功能理论。

布勒 1934 年在他的语言学代表著作《语言理论：语言的再现功能》中通过描述语言及其表现的内容之间的关系，创造了一个新的语言功能工具论模式（organon model）。他将语言的功能分为三类：表达（expression）、再现（representation）和感染（appeal）。早在 1918 年，在回答"人类语言的功能是什么？"这一问题时，他就阐述过这个观点。不过，其时他用的是"告白"（profession）、"再现"（representation）和"触发"（triggering）三个术语（Bühler，1990：35）。布勒借用柏拉图"语言是一人为另一人讲述事物某方面的工具"的说法，将话语行为表示为："一人——对另一人——［讲述］事物"（Bühler，1990：30—31），并用图示对此做了进一步的说明：

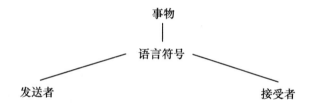

这里语言（"讲述"）活动涉及三个因素：发送者（sender）、事物（objects and states of affairs）和接受者（receiver），语言为三者的中介。布勒的三种语言功能表示语言符号与这三个因素的关系：

（1）再现功能：对事物而言，语言符号客观地描述事物，符号与事物之间是"暗指"（symbol）关系，语言指涉的是事物。

（2）表达功能：对发送者而言，语言符号主观地表达发送者的内心状态，符号与发送者之间是"暗含"（symptom）关系，语言包含的是发送者的感情。

（3）感染功能：对接受者而言，语言符号感染接受者，影响其内心感受或外在行动，符号与接受者之间是"暗示"（signal）关系，语言指示的是接受者的行动（朱志瑜，2004）。

在以上三个功能中，"再现事物"占主导地位，因为发送者与接受者也可能被看作事物；但"事物"并非构成语言符号周旋于发送者与接受者之间的全部内容，"发送者与接受者在话语行为中占有各自的地位。他们不仅是信息的内容，而且是所有话语交流场合的参与者。"（Bühler，

1990：37）语言符号的功能也不是单一的，它可能同时兼有几种功能，但以一种功能为主。

布勒的语言功能理论表明，在"再现"的文本中，"事物"是中心内容，"表达"文本突出的是"发送者"，"感染"的对象是"接受者"。这样，表面上林林总总的文体在三种"功能"类型下统一了起来，为进一步解决我们常说的内容与形式的关系问题打下了基础（朱志瑜，2004）。

59

（二）赖斯的翻译类型学

赖斯是现代功能派翻译理论的先导人物，她的翻译类型学理论在1971 年出版的《翻译批评：潜力与制约》（Translation Criticism：The Potentials and Limitations) 一书中已现雏形。她根据布勒有关语言功能的观点，将语言功能工具论模式移植于翻译，把文本类型、功能和翻译方法联系起来，提出了三大功能文本类型，即"重内容文本（信息文本）"、"重形式文本（表达文本）"和"重感染文本（呼唤文本）"[①]。请看下图：

language function （语言功能）	representation （描述）	expression （表达）	persuasion （劝说）
language dimension （语言维度）	logic （逻辑）	esthetics （美学）	dialogue （对话）
text type （文本类型）	content-focused （informative） （重内容文本）/ （信息文本）	form-focused （expressive） （重形式文本）/ （表达文本）	appeal-focused （operative） （重感染文本）/ （呼唤文本）

（Reiss，2004：26）

赖斯对每种文本类型的特点总结如下：

信息文本：以内容为主，其主要作用是交流信息、知识和意见。传递信息的语言手段是逻辑或指称意义。

---

① 赖斯所用的术语"operative"（呼唤）与布勒所用的术语"appellative"（感染）意义相当（见 Nord，2001：40）。

　　表达文本：创作性写作，作者利用语言的美学意义。信息发出者（作者）和信息的形式均被放在突出位置。其典型代表是虚构性文学作品。

　　呼唤文本：重点是呼吁、说服或欺骗文本读者或接受者采取某种行动。语言形式是对话。

　　赖斯还给出了与三种功能类型相应的文本题材。请看下面的直观表述：

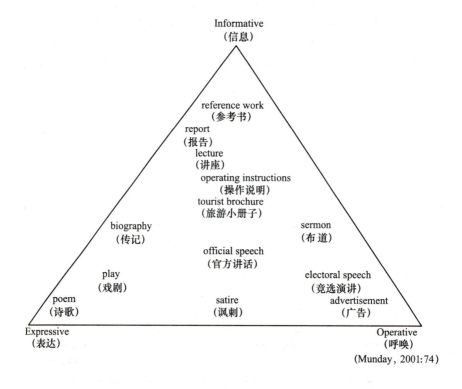

(Munday, 2001:74)

　　根据该图，参考书属于信息功能最强的文本；诗歌属于表达功能最强的文本，最注重形式；而广告则是呼唤功能最强的文本，旨在说服别人采取购买行动。在这三极之间的文本则属于混合文本。比如，传记可能处于信息文本和表达文本之间，因为它既提供有关的题目的信息，又部分具备文学作品的表达功能。同样，布道既提供有关宗教的信息，又具备呼唤功能，因为它企图说服教徒采取某种行为方式（Mundy，2001：73—74；李长栓，2004：64—66）。

除以上三类文本之外，赖斯还分出视听文本（audio-medial text），包括歌曲、戏剧、影视、有声（像）广告等。此类文本写出来不是让读者读的，而是听的，经常伴随有言语之外的音乐或画面等媒介，所以赖斯还称之为"超类型"（hyper-type）（朱志瑜，2004）。

赖斯建议针对不同的文本，采取不同的翻译方法。她把不同文本的翻译方法总结如下：

（1）信息文本的译文应当传递原文的全部指称（referential）内容或概念（conceptual）内容，译文应当是"质朴的散文"（plain prose），没有废话，必要时把原文的意思显化（explication）。

（2）表达文本的译文应当传递原文的美学和艺术形式，翻译应当使用"认同"（identifying）法，即译者采用原文作者的观点（the standpoint of the ST author）进行翻译。

（3）呼唤文本的译文应当使译文接受者产生预期反应，翻译应当使用"归化"（adaptive）法，在译文读者中创造等值效果（equivalent effect）。

（4）视听文本的翻译要首先考虑视听效果，要求使用"补充"（supplementary）法，即用视觉形象和音乐补充书面语言（Mundy，2001：75；李长栓，2004：66）。

由此可知，翻译的时候，译者首先要确定文本类型，文本类型确定后再选取相应的翻译方法，处理内容与形式的主次取舍问题。但赖斯特别强调，翻译本身是个妥协的过程，必要的牺牲在所难免，但是牺牲要经过深思熟虑，要让牺牲的部分"死得其所"（the art of the proper sacrifice）（Reiss，2004：47；朱志瑜，2004：8）。

由此可以看出赖斯清晰的思路和严谨的分析：

语言功能——文本类型^{（决定）}内容与形式^{（决定）}翻译策略

从而也可得知赖斯翻译类型学的最终结论：文本类型决定翻译策略。

（三）纽马克的翻译类型学

赖斯出版《翻译批评：潜力与制约》后，纽马克1973年发表论文《翻译途径》（An Approach to Translation），1981年出版论著《翻译问题

探讨》（Approaches to Translation），1988 年出版论著《翻译教程》（A
Textbook of Translation）。在这些论文、论著中，他系统地阐述了他的翻译
类型学思想。

　　纽马克进一步解释了布勒的三种语言功能。他认为，"暗指"就是信
息，以客体为中心，是描述的，有意图、有指涉的，是"认知"意义的
狭义定义。"暗含"是自我表现，以原文为中心，具主观成分。"暗示"
是劝诱，以接受者为中心，是呼吁、感动、号召（Newmark，1973：3）。
他对语言功能的分类从下表可以看得分明：

Text continuum（文本连续体）

A	B	C
EXPRESSIVE FUNCTION （表达功能） (or self-expressive, （或自我表现型 creative, 原创型 subjective) 主观型）	INFORMATIVE FUNCTION （信息功能） (or cognitive, （或认知型 denotative, 指代型 representational, 再现型 intellectual, 知识型 referential, 所指型 descriptive, 描述型 objective) 客观型）	VOCATIVE FUNCTION （呼唤功能） (or social, （或社会型 injunctive, 训诫型 emotive, 情绪型 rhetorical, 修辞型 affective, 感情型 excitatory, 激动型 conative, 意欲型 dynamic, 动态型 directive, 指示型 connotative, 内涵型 seductive, 引诱型 stimulative, 激发型 operative, 实施型）

续表

EXPRESSIVE FUNCTION （表达功能）	INFORMATIVE FUNCTION （信息功能）	VOCATIVE FUNCTION （呼唤功能） suggestive, 建议型 imperative, 祁使型 persuasive） 劝说型）
（AUSDRUCK）- （表达） （pragmatic） （语用） （stylistic） （文体）	（DARSTELLUNG）- （再现）	（APPELL）- （感染） （pragmatic） （语用） （stylistic） （文体）

63

（Newmark, 2001a: 13）

表里，表达功能 A 是以作者为中心的，是作者对于自己语言的运用；功能 B 是文本的"语言外的"（extralinguistic）信息内容；功能 C 则是以读者为中心的。

纽马克明确指出："语言的主要功能表现为表达型（主观型或'我'型）、描述或信息型（'它'型）以及呼唤、指示或劝说型（'你'型），而语言的应酬、元语和美学功能则为次要功能。所有文本具有表达、信息和呼唤功能某些方面的特点。"（Newmark，2001a：21）据此，他将各种文本分为表达文本（expressive text）、信息文本（informative text）和呼唤文本（vocative text）三大类。

纽马克在《翻译教程》中较详细地列出了常见文本的分类表。他将严肃文学作品、权威言论、自传和私信归于表达文本，将科技、工商、经济等方面的教材、报告、论文、报刊文章、备忘录等归于信息文本，将通告、说明书、宣传品、广告、通俗作品等归于呼唤文本，并分别指明了各自的文本核心和作者身份：

Language functions, text-categories and text-types
（语言功能、文本类型及其归类）

Function （功能）	Expressive （表达型）	Informative （信息型）	Vocative （呼唤型）

Core （核心）	Writer （作者）	'Truth' （真实）		Readership （读者）
Author's status （作者身份）	'Sacred' （神圣）	'Anonymous' （匿名）		'Anonymous' （匿名）
Type （文本类型）		Topic （主题）	Format （类型）	
Serious imaginative literature （严肃文学作品）		Scientific （科学类）	Textbook （教材）	Notices （通告）
Authoritative statements （权威言论）		Technological （技术类）	Report （报告）	Instructions （说明书）
Autobiography （自传）		Commercial （商务类）	Paper （论文）	Propaganda （宣传品）
Personal correspondence （私信）		Industrial （工业类）	Article （报刊文章）	Publicity （广告）
		Economic （经济类）	Memorandum （备忘录）	Popular fiction （通俗作品）
			Minutes （会议记录）	
			Other areas of knowledge or events （其他知识领域或事件）	

（Newmark，2001b：40）

针对不同类型的文本，纽马克提出了不同的翻译策略。他认为，"语义翻译用于表达文本，交际翻译用于信息文本和呼唤文本"（Newmark，2001b：47）。但他又强调，"很少有文本只有单纯的表达、信息或呼唤功能，大部分文本都具有三种功能，而以其中的一种功能为主"（Newmark，2001b：42）。所以，在翻译过程中，译者必须首先确定文本的主要语言功能，或文本中某具体部分的主要语言功能，然后再选择相应的翻译策略和方法，或用"语义翻译"贴近原文，或用"交际翻译"顾及译文读者，注重译文效果。

需要指出的是，纽马克只是对赖斯的理论模式做了些微调，并没有修正其大方向。相对而言，纽马克的翻译策略是动态的，比赖斯的灵活，也复杂得多，包括了选词、频率原则、句法结构、动态对等、文化、机构名称、比喻等他多次强调的具体翻译方法。同时，纽马克认为文学翻译（或"语义翻译"）并不对效果负责（即不要求等效），而赖斯却认为文学翻译要做到"美学上的等效"。在这点上，纽马克的观点比赖斯的观点更符合功能主义的原则。

三　翻译行为理论

20 世纪 80 年代霍尔兹曼塔里（Holz-Mänttäri）根据交际理论和行为理论提出了翻译行为理论（theory of translational action）。该理论把翻译视为实现信息的跨文化、跨语言转换而设计的复杂行为。语际翻译被描述为"源于原文的翻译行为，是一种涉及一系列角色和参与者的交际过程"（Munday，2001：77）：

发起人（the initiator）：需要译文的公司或个人；

委托人（the commissioner）：联系译者的人士；

原文作者（the ST producer）：公司内撰写原文的人士，他/她不一定参与译文的生产；

译文生产者（the TT producer）：译者；

译文使用者（the TT user）：使用译文的人，例如把译文用做教材或把文学译作出版销售的人；

译文接受者（the TT receiver）：译文的最终接受者，例如译文使用者的课堂上的学生或阅读销售的文学译作的顾客。

翻译行为理论认为翻译涉及多个环节和多个参与者，整个翻译过程好比环环相扣的链条，每个环节参与者都有自己的目的，并关联到下一环节。翻译行为理论特别强调译文在译语文化中的交际功能。因此，译文的形式并非照搬原文模式，而是取决于其是否在译语文化中合理地为其功能服务（张美芳，2005：191）。

杰里米·曼迪（Jeremy Munday）认为，"霍尔兹曼塔里的理论的价值在于她把翻译（至少是非文学的专业翻译）放在社会文化语境中来讨论，而且包括了译者与发起机构之间的相互作用"（Munday，2001：78）。克里斯蒂娜·沙伏娜（Christina Schäffner）也称赞"霍尔兹曼塔里的翻译行为概念适应于所有种类的翻译，可指导译者作出所有的决定"（张美芳，2005：82）。

霍尔兹曼塔里在分析翻译的具体操作时指出，分析原文只是为了了解它的"结构与大概的功能"（Munday，2001：78），译文接受者的需要才是译者关心的焦点。也因为这一点，克里斯蒂安·诺德（Christiane Nord）曾批评霍尔兹曼塔里无视原文，视功能高于一切，给予译者太大的权利（Nord，1991：28；张美芳，2005：82）。

有的学者（Munday，2001：78；Newmark，1990：106）批评霍尔兹曼塔里的翻译行为理论有两个缺点：一是术语多；二是在具体的分析中没有真正重视翻译中的文化因素。纽马克更是直截了当地批评霍尔兹曼塔里等人把一般的翻译理论"夸大为翻译行为理论，把目标变为目的，变翻译为译本，机会成为授权，读者成为消费者，译者成为职业专家"（Nord，2001：114；张美芳，2005：82）。

四　目的论

目的论（Skopos theory）是功能派翻译理论中最重要的理论，由著名德国翻译家汉斯·威密尔（Hans Vermeer）在其 1978 年所著的《普通翻译理论概述》（Ein Rahmen für eine allgemeine Translationstheorie）中首先明确提出，在其 1984 年与凯瑟琳娜·赖斯（Katharina Reiss）合著的《普通翻译理论基础》（Grundlegung einer allgemeinen Translationstheorie）中系统论述，后来克里斯蒂安·诺德（Christiane Nord）等人将其发扬光大。该理论认为，翻译（包括口译）是一种交际性言语和非言语符号从一种语言向另一种语言的转换（Nord，2001：11）。翻译意味着"为特定目的和的语环境中的特定受众生产的语背景中的文本"（Vermeer，1987）。"每一文本都为特定的目的而生产并应服务于这一目的。"（Vermeer，转引自 Nord，2001：29）因此，翻译不仅是一种人类的行为活动，而且是一种有目的的行为活动，"一种为实现特定目的的复杂活动"（Holz-Mänttäri and Vermeer，转引自 Nord，2001：13）。翻译的目的大致可分为三种：译者的目的（如赚钱）、译文的交际目的（如启迪读者）以及特定翻译策略或手段所要达到的目的（如直译以显示源语的结构特点）（Nord，2001：27—28）。然而，在翻译过程中起主要作用的是翻译的交际目的，而翻译的交际目的由翻译的发起人或充当发起人角色者（可能是译者）决定（Nord，2001：30）。决定翻译目的的最重要因素之一是译文的预期接受者，即译文的预定读者，他们有着自己特定的文化知识、期望和交际需求（Nord，2001：12）。所以，翻译应以译文读者为导向。翻译时，译者应根据发起人或委托人的要求，结合翻译的目的和译文读者的特殊情况，从原作所提供的多源信息中进行选择性地翻译（Nord，2001：30—32）。该理论还认为，因为行为发生的环境置于文化背景之中，不同文化又具有不同的风俗习惯和价值观，因此翻译不能看成是一对一的语言转换活动（Nord，2001：11）。译文要能被接受者所理解，要在接受者所处的交际环境和文化中有意义，并按译文接受者所期待的方式发生作用。译者在整个翻译过程中的参照系不应是"对等"理论所注重的原文及其功能，而应是译文在译语环境中所预期达到的一种或几种交际功能（王水莲，2003：85）。由于原文语篇和译文语篇受各自交际环境的影响，译文功能与原文功能可能相似或相同，但也可能不同。因此翻译时可根据各语境因素，选择最佳处理方法。总之，"翻译的效果才是最重要的。"（Reiss and Vermeer，转引自刘卫东，2001）

目的论根据翻译的性质（包括目的性、交际性和跨文化性）和翻译时应考虑的诸要素（包括需要译文的原因、译文接受者、使用译文的环境、译文应有的功能等）提出了翻译时应遵循的原则。目的论认为，翻译的首要原则是目的性原则（skopos rule），它是一切翻译都应遵守的原则；然后是连贯性原则（coherence rule）和忠实性原则（fidelity rule）。它们的关系是：忠实性原则服从连贯性原则，连贯性原则又服从目的性原则（Nord，2001：29—33）。目的性原则是第一性的，其他原则处于次要地位，何时运用则应视具体情况而定。

目的论的理论创新是显著的，它对功能译派的贡献至少有两点：（1）从译入者的新视角来诠释翻译活动，赋予了译者更大的决策权——译者可根据译文的预期功能或目的调整翻译策略，灵活选择诸如删减、调整等翻译方法对原文进行处理；（2）为翻译批评提出了多元化的标准，对翻译实践具有更现实的指导意义（沈继诚，2005）。

在谈到翻译类型时，诺德提出了纪实翻译（documentary translation）和工具翻译（instrumental translation）两大译法。前者旨在在的语中记录源语文化的发送者与源语文化的接受者通过源语文化背景下的源语文本交际互动的情景。后者旨在在的语中以源语文本为模型为源语文化的发送者和的语文化的接受者制作新的交际互动的工具（Nord, 2001: 47）。

纪实翻译产生的是主要具有超文本功能（即豪斯的"次级"功能）的文本。这样，的语文本就是有关文本的文本，或是有关文本的特殊方面的文本。纪实翻译有不同的形式，而每一形式又侧重于源语文本的不同方面（Nord, 2001: 47）。请看下表：

Documentary Translation（纪实翻译）

Function of translation （翻译功能）	document of source-culture communicative interaction for target-culture readership （为的语文化的读者记录源语文化交际互动情景）			
Function of target text （的语文本功能）	metatextual function （超文本功能）			
Type of translation （翻译类型）	DOCUMENTARY TRANSLATION （纪实翻译）			
Form of translation （翻译形式）	interlineal translation （逐字翻译）	literal translation （字面翻译）	philological translation （注释翻译）	exoticizing translation （异化翻译）
Purpose of translation （翻译目的）	reproduction of SL system （再现源语语言结构）	reproduction of SL form （再现源语语言形式）	reproduction of SL form + content （再现源语语言形式和内容）	reproduction of SL form, content + situation （再现源语语言形式、内容和背景）
Focus of translation process（翻译重点）	structures of SL lexis + syntax （源语词汇、语法结构）	lexical units of source text （源语文本的词汇单位）	syntactical units of source text （源语文本的语法单位）	textual units of source text （源语文本的语篇单位）
Example （例示）	comparative linguistics （比较语言学）	quotations in news texts （新闻文本的引语）	Greek and Latin classics （希腊、拉丁古典作品）	modern literary prose （现代文学散文）

（Nord, 2001: 48）

工具翻译产生的是功能范围可能与原文相同的文本（Nord, 2001:
50）。诺德也对其进行了分类，并指出各自不同的翻译目的、翻译重点
等，详见下表。

Instrumental Translation （工具翻译）

Function of translation （翻译功能）	instrument for target-culture communicative interaction modelled according to source-culture communicative interaction （以源语文化交际互动为模型的的语文化交际互动工具）		
Function of target text （的语文本功能）	referential/expressive/appellative/phatic function and/or subfunction （所指/表达/呼唤/应酬功能及其子功能）		
Type of translation （翻译类型）	INSTRUMENTAL TRANSLATION （工具翻译）		
Form of translation （翻译形式）	equifunctional translation （等功能翻译）	heterofunctional translation （异功能翻译）	homologous translation （类体裁翻译）
Purpose of translation （翻译目的）	achieve ST functions for target audience （为的语读者再现源语文本功能）	achieve similar functions as source text （取得近似源语文本的功能）	achieve homologous effect to source text （取得类似源语文本的效果）
Focus of translation process （翻译重点）	functional units of source text （源语文本功能）	transferable functions of ST （源语文本的转换功能）	degree of ST originality （源语文本创造性程度）
Example （例示）	instructions for use （使用说明书）	' Gulliver's Travels ' for children （《格利佛游记》）一类的儿童读物	poetry translated by poet （诗人的译诗）

（Nord, 2001: 51）

尽管目的论谈到了纪实翻译，但它基本上还是一种以读者为中心
（reader-centered）或者说以的语文化为导向（target-culture-oriented）的翻
译理论，因而对应用翻译中呼唤文本和信息文本的翻译特别适合，特别是

异功能翻译法对应用文体的翻译具有重大的指导作用。

目的论问世以来，受到不少学者的批评。诺德（2001：109—122）归纳并详细分析了人们提出的十条批评：（1）行为并非都有意图；（2）翻译并非都有目的；（3）功能理论超出了翻译本身的局限；（4）目的论并非独创；（5）功能理论并非基于经验结论；（6）功能理论导致唯利是图译者的产生；（7）功能理论并不尊重原文；（8）功能理论是编译理论；（9）功能理论不能适用于文学翻译；（10）功能翻译理论有文化相对论的特征。目前来自文学翻译领域的批评居多。他们认为，目的论过分强调译语文化和译文功能，从而不可避免地过分强调翻译的归化策略，忽视了不同民族应有的文化权力（culture power）和文学艺术的本质。因而，对于强调不同原创艺术风格、提倡文化多元的文学翻译而言，目的论原则显然不能满足这类翻译的要求，这正是目的论的不足之处（贾文波，2004：52—53）。但是，目的论试图把翻译从原文的奴役中解放出来，从译入者的新视角来诠释翻译活动，给翻译理论界带来了一场新的革命，其积极作用不容忽视。威密尔就声称，目的论的作用至少有三点：（1）明确地提出了一个常常被人否定的概念；（2）增加了翻译的潜在效能以及可用的翻译策略，把翻译从直译这个由别人强加的、没意义的桎梏中解放了出来；（3）增加了翻译者的责任，因为他的翻译必须能够达到既定的目的（张南峰，1995）。

五　功能翻译理论对广告翻译的适用性

广告是一种通过各种传播媒体，如报纸、杂志、广播、电视、招贴、网页等向公众介绍商品、报道服务内容和文娱节目等的一种宣传方式。做广告本身就是一种劝说行为，劝说广告受众接受广告内容并采取购买行动。毫无疑问，广告所用的语言必须具有信息功能和呼唤功能，且后者为主要功能。这样，广告文本自然而然地属于呼唤文本。而对于呼唤文本的翻译，翻译类型学可以提供有效的指导。

广告的呼唤功能源自其明确的目的性。美国广告主协会（the Association of National Advertisers）将广告的目的归纳为"ACCA"（awareness, comprehension, conviction and action），即"认知，理解，说服，行动"

（刘秀玉，2002：4）。在现代信息社会里，能否引起消费者的注意和认识是广告成败的关键。消费者对广告有没有兴趣，愿不愿意购买所宣传的产品一般以其对广告内容的理解为前提。只有让消费者理解明白了所宣传的内容，他们才能产生购买欲望并付诸行动，购买所宣传的产品，这才能达到广告的真正目的。这也是广告翻译的目的，如果译文达不到这样的目的就算不上成功的翻译。

71

广告翻译的目的性本质意味着译文文本必须符合翻译目的性原则，即译文文本必须完成其在译语环境和文化中的预期功能。由此可见，翻译行为理论和目的论非常适用于广告的翻译，对广告翻译具有十分有效的指导作用。

正如广告界的行家所言："精彩的广告犹如漂浮在海上的冰山，人们见到的是它那熠熠生辉的顶尖，但是千万不要忘记它那隐藏在水下的底座。"（许少康、王振华，1994）广告是文化的一部分，反映文化并受文化的制约。自然而然，广告的翻译也受文化因素的制约。当译语文化与源语文化发生摩擦或碰撞时，译者就要尽可能向读者靠拢，创作出易被译语读者理解、认可、接受的译文，以实现广告的预期功能。只顾源语文本而忽视读者反应的译文难以产生良好的预期效果。从这一点来看，将功能翻译理论应用于广告翻译是大有裨益的。

第五章

功能翻译理论在广告翻译中的应用

如前章所述，功能翻译理论在其发展过程中逐渐应用于广告翻译中，广告翻译研究与功能翻译理论结下了不解之缘。实践证明，广告翻译中如能恰当运用功能翻译理论的相关原则、策略、方法等，可以创作优美的译文，收到理想的广告效果。本章拟探讨功能翻译理论有关内容在商标名的翻译、广告标题的翻译、广告正文的翻译、广告口号的翻译、幽默广告的翻译和广告复译中的应用问题。

一　商标名的翻译

《论语·子路》里说："名不正则言不顺，言不顺则事不成。"（陈国庆、何宏，2005：171）《刘子·鄙名》里说："名者，命之形也；言者，命之名也。形有巧拙，名有好丑，言有善恶。名言之善，则悦于人心；名言之恶，则忮于人耳。是以古人制邑名子，必依善名，名之不善，害于实也。"（黄得莲，1998）这里生动地说明了取名的重要性。在商业世界里，商标名是产品的第一"门面"，也是第一则广告语。不少商家为了给自己的产品取个响亮的名字，往往冥思苦想，查古寻今，或不惜重金，兴师动众。商家获一理想的商标名，如获至宝。商标名往往积淀着相关的文化，证明着产品的质量，代表着产品的形象，标志着产品的身价，从而影响产品的销售，决定商家的成败。不少人认为，产品畅销是因为有个好商标名，产品滞销是因为商标名没取好。难怪美国学者艾·里斯说："一个较好的名字在销售成绩上能有千万美元的差异。"（崔薇，2002）由此可见，商标名对商家是何等重要。商标名的翻译是商品在他国或地区的再取名，其重要性不言而喻。所以，提高商标译名的质量问题就值得深入研究。本节拟从目的论的角度探讨商标名的翻译问题。

据前章所述，目的论给应用翻译带来很大的启示，商标名翻译当归其中。商标名即商品的名称，是商品的特殊标记。在现代经济生活中，商标名不仅可以区分不同商品生产者或经营者的商品，树立自己的信誉，使消费者认牌购货，而且是进行广告宣传，开展竞争的有力工具。商标译名同样如此。一个享有盛誉的商标译名，成为一种无形资产，一种宝贵财富。所以，商标翻译是为了使商标给消费者留下深刻而美好的印象，树立品牌形象，形成品牌效应，更好地推销产品，最终为商品生产者赢得更多的利益。由此可见，商标的翻译带有极强的目的性。商标翻译的目的性本质意味着其译文必须符合翻译目的性原则，即译文必须完成其在译语环境和文化中的预期功能。

根据目的论，其翻译原则包括三个次原则：目的性原则、连贯性原则和忠实性原则。下面依次对其在商标名翻译中的应用加以论述。

（一）目的性原则在商标名翻译中的应用

根据目的论，所有翻译遵循的首要原则是"目的性原则"：翻译行为所要达到的目的决定整个翻译行为的过程，即结果决定方法（Nord，2001：29）。目的论突破了传统翻译标准的局限性，摆脱了长期以来"等值"、"等效、"忠实"等标准的束缚，以目的为导向指导翻译。因此，在具体的翻译活动中，原文仅被当作了译者使用的各类信息之一，译者从原文中提取其认为符合译文交际功能的信息，而译文的目的始终处于首要位置。这样，目的论不仅赋予了译者更大的抉择权，译者可根据译文的预期功能或目的调整翻译策略，灵活运用翻译方法和技巧对原文进行处理。有句英语谚语说："只要目的正当，可以不择手段。"（The end justifies the means.）正如我们日常所说："不管白猫黑猫，捉到老鼠就是好猫。"能直译的就直译，保留原文的"洋气"或异国情调，传达原文的形象、比喻和民族特色等；不宜直译的就不拘泥于原文的形式，把握整体，进行适当的变通和调整，或意译，或转译，或仿译，或改写。"只要译出的东西能为读者所知、所好并最终达到促销的目的，那么所选择的方法就是好的合适的方法。"（杨金红，1996）例如：

（1）NEWONE（证券网站）

73

牛网

这是招商证券公司网站名，网上提供证券交易、理财、咨询等一系列服务。这里英文"NEWONE"可令人想到，招商证券比他人领先一步，可为用户提供全新服务，开拓一片新天地。如直译为"新一"，"新"到表现出来了，但不如"牛网"富有神韵，富有煽动性。"牛网"不仅与"NEWONE"谐音，而且非常鲜明地反映了其服务种类和特性。"牛"字特别传神，可引发人们丰富的联想：上"牛网"，买牛股，发大财。

（2）Coca-cola（饮料）

可口可乐

在中文版《简明不列颠百科全书》中，"Coca"译为"古柯"，它是古柯科热带灌木，叶是提取可卡因的原料。非洲、南美洲北部、亚洲东南部、中国台湾均有栽培。而"Cola"，此书中译为"可乐果"（又有人译为"古拉果"），它是梧桐科的一种，原产于热带非洲，坚果含咖啡因，当地人喜欢嚼食，也作为饮料和药物出口。然而奇妙的是，"Coca"和"Cola"一结合起来，被蒋彝译为"可口可乐"，立刻就赋予了商品积极的信息，绝大多数的中国人毫无觉察地接受了这种含有世界上的主要毒品——可卡因的"毒草"。译文"可口可乐"，双声叠韵，读起来朗朗上口，并且含义丰富，爽口之外还赏心。它相当生动地揭示出喝过这种饮料之后的痛快淋漓、酣畅之情，把这种饮品带给人的清爽感、愉悦感全部昭示出来了，真是既"可口"又"可乐"。因此，这一译名本身就足以"吊"起消费者的"胃口"，正如它的广告词一样，确有一种"挡不住的感觉"（王冬梅，2005）。

（3）Benz（汽车）

奔驰

世界名牌汽车 Benz 是根据德国机械工程师、世界第一辆内燃机汽车的设计和制造者的名字命名的。"Benz"在香港最初译为"本茨"，后来被"平治"取代；在台湾译为"朋驰"。无论是"平治"还是"朋驰"，都不如大陆所译的"奔驰"那么音美、意美，那么有助于销售。"奔驰"既与"Benz"语音接近，清脆响亮，又突出了汽车的特性，显得豪迈，让人领略到该车风驰电掣、快捷如飞的雄姿，实属上乘之作。

（4）BMW（汽车）

宝马

汽车品牌 BMW 的全称为 Bayerische Motoren Werke（巴伐利亚汽车制造厂），原商标名在源语里除提供商品来源信息外，没有其他含义。但是根据原语商标名中的"B"和"M"的读音翻译成的"宝马"，使中国消费者产生美好联想：现代的名车好比古代的宝马，而在古代，宝马是极其珍贵的。杜甫在《房兵曹胡马诗》中赞颂的"竹批双耳峻，风入四蹄轻。所向无空阔，真堪托死生。骁腾有如此，万里可横行"，多么令人羡慕！"宝马"也可能令人想起辛弃疾的经典之作《青玉案·元夕》中的名句"宝马雕车香满路"，万俟咏《昭君怨》中的"香车宝马，谢他酒朋诗侣"和《三台》中的"向晚骤、宝马雕鞍，醉襟惹、乱花飞絮"。同时，在厂家的宣传中，"宝马"被说成是"具有速度的飙悍的座驾"。意境美妙绝伦的名称，加上厂家的着力宣传，消费者不动心也难。

（5）Triumph（女性内衣）

黛安芬

Triumph 在英文中是"胜利"、"非凡的成功"、"杰出的成就"等意思。此商标名很大气，显示出商家的高度自信。但为了迎合中国女性消费者的心理，达到促销目的，译者舍弃了原文的字面意思，选择了女士喜好的十分女性化的字眼。加上产品质量优异，"黛安芬"内衣一举成为女性内衣名款。

（6）红豆（服装）

Love Seed

说起"红豆"，人们可能不禁想起唐代诗人王维写下"红豆生南国，春来发几枝。愿君多采撷，此物最相思"的千古绝唱。"红豆"在中国有着丰富而深刻的文化意蕴，多少人以此为题吟诗作对，多少人特赠此物寄托相思。同时，红色是中国文化中的基本崇尚色，它体现了中国人在精神和物质上的追求，象征着吉祥和喜庆。"豆"又指种子，具有极强的生命力。"红豆"和制衣联在一起，提高了产品的文化内涵。译文不用"Red Bean"而用"Love Seed"（爱的种子），以示爱心，以求效果对等。现在，这颗"爱的种子"已经生根发芽，开花结果。"奉献红豆爱意"的独特营销文化，使红豆集团公司大大提高了知名度和美誉度（黄得莲，1998）。

（7）Poison（香水）

　　百爱神

Poison 是法国迪奥（Christian Dior）公司推出的一种香水名，它是为迎合一些女性追求野性、粗鄙的异国风情而设计的。Poison 在英语中的意思是"毒物"、"毒药"、"毒害"。商标名暗示着该香水有非凡之处，能使女性妖艳迷人，成为"红颜祸水"，产品因此受到不少西方国家女性的青睐，销售情况一直较好。但把它引进中国市场，如果照字面意思直译，便很难让受传统文化教育的中国女性接受。所以，在翻译时，译者把这个商标名音译为"百爱神"。"百爱神"，众爱之神也，寓意优雅，魅力无穷。这一翻译顺应了中国人的文化习惯，自然被中国消费者接受。

（8）Anchor（食品）

　　安可

Anchor 是一家英国食品公司的商标名，其原意是船舶抛锚定位后不再漂移，比喻其产品质量稳定可靠。但如果直译为"抛锚"，中国人恐怕难理解商标设计人的良苦用心，因为"抛锚"在中文中也常指汽车等中途发生故障而停止行驶，比喻进行中的事情因故终止。人们反倒可能认为这种食品因某种原因卖不动。"安可"，"安全可靠"之谓，与原文意思非常吻合，既反映出商标设计者的用意，又来得直截明了，无疑会更利于销售。

（9）Unilever（食品制造商）

　　联合利华

Unilever 中的前部分"uni"意译为"联合"，后部分"lever"译为"利华"。商标译名似乎在暗示着国人"中外合作，有利于中华"，从而讨得国人欢心，有利于产品进入中国市场。

（10）TRANSFORMER（玩具）

　　变形金刚

TRANSFORMER 是开发儿童智力的一种智能型玩具，通过不同方式的拼装组合，能把一名战士"变"成战车、战机、战舰、激光枪等，深受少年儿童的喜爱。TRANSFORMER 就是取其会"变形"之意。如果按字面意思直译为"变形器"或"变换器"，就很难刺激中国儿童的购买欲。"变形金刚"则巧妙地利用了中国文化中"金刚"力大无穷、百战不挠、无坚不摧的形象，迎合了中国儿童争强好胜的心理特征，激发了他们的购买欲望，结果该产品顺利地闯进了中国市场，并且销量十分可观。

（二）连贯性原则在商标名翻译中的应用

连贯性原则是指译文要符合"语内连贯"（intratextual coherence）的标准，即译文应该能让接受者理解，在译文被接受的交际环境和文化中有意义。只有接受者认为译文与他们所处的环境充分相容时，互动交际才能算得上是成功的（Nord，2001：32）。这一原则类似于传统翻译标准中的"达"。将连贯性原则应用到商标名翻译中，我们可以确信，商标译名应具有与源语商标名同等的或更强的表现力和感染力，这样的译文才能称得上是成功的译文。按照连贯性原则，一些商标名的翻译取得了很大的成功。例如：

（1）Clean & Clear（护肤品）

可伶可俐

护肤品"可伶可俐"在中国大受欢迎，特别畅销，不能不说这一译名起了不少作用。"伶俐"，"聪明、灵巧"之谓，又含"清晰、干净"之意。译名可传达这样的信息：本护肤品不仅可使你的皮肤变得清透净白，而且能提升你的精神，使你显得聪明灵巧，惹人羡慕。本译名双声叠音，与原文音谐意合，读起来明快上口，想起来意味无穷，大有赶超"可口可乐"这一佳译之势。如将源语商标照字面译为"清洁明净"，有人可能会认为产品是清洁剂之类的产品，销售效果肯定会大打折扣。

（2）Walkman（盒式录放机）

随身听

Walkman 是日本生产的一种带耳机的多功能盒式录放机。商品打入中国市场时，商家并未直接将它直译为"行走人"，而是巧妙地意译为"随身听"。这个译名本身具有明确的连贯意义，商品的性质和功能让人一目了然，而译名本身所含的音韵美和新奇感也为人们喜闻乐见，极大地吸引了广大的消费者。

（3）B&Q（装修器材连锁店）

百安居

装修器材连锁店 B&Q 被翻译为"百安居"，使老百姓安居乐业，这样动听的名字既达到了宣扬产品的目的又使商标名语义上听上去非常连贯且寓意深刻，无疑会打动消费者的心。

（4）Centrum（药品）

善存

Centrum是一种源自美国的进口药，专门用来保存食物中的维生素，有助于身体发育和增进健康。该药品以"善存"为译名，很快打开了中国市场，且销量非常之理想。"善存"取"妥善保存"之意，语义连贯而极其贴切。

（5）Revlon（化妆品）

露华浓

译文源自李白的诗词《清平调》，其中的几句"云想衣裳花想容，春风拂槛露华浓，若非群玉山头现，会向瑶台月下逢"，讲的是唐玄宗与杨贵妃在兴庆池东沉香亭前赏览牡丹时的情景。译文引经据典，音义并重，既女性化，又高雅、艳丽，主题鲜明，感染力强，作为化妆品的名称，令人赞赏。

（6）Dipterex（杀虫剂）

敌百虫

Dipterex是一种有机磷杀虫剂，在中国农村有较大市场。翻译时，译者把外文词前面的音节音译，然后加上一个表示这种产品所作用的对象——"虫"。"敌百虫"三个字合在一起，就能使人"望文生义"，使人们从汉语字面意义上就知道这种产品的作用，而且"敌百虫"这三字就对商品本身进行了赞美，起到了促销作用。

（7）Bosler（口红）

薄施乐

Bosler在英语中无多少意义，译成汉语"薄施乐"就有了积极的含义：这种口红只要薄薄地涂上一层就使人感到无比快乐。译文既保留了原文的发音，又能给消费者留下商品价廉物美的印象。买支试试，何乐而不为呢？

（8）Maidenform（胸衣）

媚登峰

"媚登峰"，顾名思义：妩媚得登峰造极。这种胸衣商标名反映了产品的特点和质量，将女性的曲线美描绘得淋漓尽致。对于爱美的女性来说，她们可能迫不及待地想买件穿上，以展示自己优美的身姿。

（9）Safeguard（香皂）

　　舒肤佳

Safeguard 是宝洁公司生产的一种香皂的商标名，原意是"保安、护卫者"，相应的中文译名为"舒肤佳"，意为让皮肤舒服而且效果佳。译文显然是在音译的同时加上了符合商品特征和关键意义的"肤"字，因而达到了拼读和语义连贯通顺。

（10）Porsche（汽车）

　　保时捷

德国汽车品牌 Porsche 原为人名，译者翻译时并没有完全按照音译翻译为"保时"，而是添加了一个"捷"字。"保时捷"读起来自然流畅，"保时"暗含"保证按时到达"的意思，而"捷"字则更突出了汽车奔跑时的速度。

（三）忠实性原则在商标名翻译中的应用

　　忠实性原则是指译文要符合"语际连贯"（intertextual coherence）的标准，即译文要在一定程度上与原文相关，要忠实于原文，而忠实的程度取决于译者对原文的理解和译文的目的（Nord，2001：32）。这一原则类似于传统翻译标准中的"信"。将忠实性原则应用于商标名翻译中，我们不难推断，商标译名应与源语商标名保持某种关联，应当准确传递源语商标名的信息。在具体的商标名翻译时，译文在保持自然流畅、连贯的同时，也应力争做到准确。例如：

（1）Jaguar（汽车）

　　美洲虎

Jaguar 是英国超豪华跑车，其设计线条感非常强，迸发新的创意，具有独特的文化品位，掳取了无数车迷的心。遗憾的是它在香港最初译为"积架"，这名字就像如今的中国男子足球，太缺乏想象力。现在，香港的"积架"逐渐被大陆的"美洲虎"所代替。"美洲虎"显然属直译，但这个名字形象生动，意境很美，符合美洲虎由内至外所洋溢的对性感、线条、激情以及速度的追求。

（2）Apple（计算机）

　　苹果

有人可能会认为，给计算机取名为"苹果"，想必其创始人偏爱这种水果。事实的确如此。但这位创始人却有更深一层的考虑：计算机是高科技产品，如果再以科学词语命名，未免又增加了其神秘色彩，不利于销售和普及。用一种老幼皆知的水果命名，正是为了冲淡其神秘性，为更多的人接受。当今世界上连小学生都知道有个"苹果机"，足见其创始人之高明。这种商标名直译，完全忠实地传达了原文的意旨，促销效果不亚于原文。

（3）Blue Bird（汽车）

蓝鸟

Blue Bird 典出比利时作家麦特里内克（Maurice Materlinek）1991 年创作的童话剧 Blue Bird（获诺贝尔文学奖）。剧中 Blue Bird 象征"未来幸福"，用作汽车的商标名，很有彩头。在汉语中，它被译为"蓝鸟"，意即"幸福之源"。唐朝李商隐《无题》中有名句："蓬莱此去无多路，青鸟殷勤为探看"。"青鸟"为蓬莱仙境的使者。汉语的"青"与"蓝"都与英语的"blue"对应，"蓝鸟"二字不仅读起来和谐悦耳，文化内涵也与"Blue Bird"很相似，实属佳译。

（4）9 Lives（猫食品）

九命

9 Lives 是外国一种猫食品的商标名，其名源自英语谚语"A cat has nine lives"（猫有九命），而这条谚语暗示着猫有极其强大的生命力。这样的猫食品商标名让人不由自主地想到猫吃了此食品后会变得更加健康，生命力会更加顽强。"猫有九命"这条谚语早在汉语中扎根，甚至一般的人都不知道它是"舶来品"。所以，此商标名直译就完全反映了对原文的本真把握，可达到原文的促销效果。

（5）Crown（汽车）

皇冠

Crown 与中文"皇冠"同义，即"皇帝戴的帽子"，象征着皇位、皇权，即至高无上的地位和权力。日本丰田（Toyota）公司将其轿车杰作命名为 Crown，可谓匠心独运。此名既显得高贵气派，又与产品本身的特性和品位相配，加上具有豪迈气势的广告词"欲达则达"的宣传，消费者不动心也难。此车名如果不直译而求所谓"洋味"译为"克劳恩"之类，则弄巧反拙，效果适得其反。

（6）Land Cruiser（越野车）

陆地巡洋舰

Land Cruiser 这名字能引发英文读者丰富的联想：车子速度快，稳定性强，灵敏性高，驾着它就像驾着巡洋舰在大海上急速飞奔一样，浪漫、刺激而安全可靠；驾着它纵横驰骋，胜券在握，前进路上的泥泞、坎坷、艰难等，都如飞灰般尽付笑谈中……"陆地巡洋舰"在中文读者的脑海里必定引起同样的联想。两者效果相当，车名直译即可，又何必另起炉灶呢？

（7）Good Companion（香烟）

良友

很多人有抽烟的习惯，常常烟不离身，视烟为珍品，视烟为良友。香烟生产者给产品取这个名字，可以说是抓住了卖点，实际上取得了很好的促销效果。译文精简，与原文意义十分吻合。中国抽烟者闻"良友"之名，谁不想与他相识、相遇，打打交道呢？

（8）腾升（烟花）

Rising

"腾升"是我国一家烟花公司的商标名，相应的英文名为"Rising"。该商标译名忠实地传达了原文的意旨，即显示了烟花品质优良，燃放时能在空中升腾的壮丽景观，也道出了希望企业欣欣向荣、日益辉煌的美好意愿。

（9）英雄（自来水笔）

Hero

"英雄"牌自来水笔为中国名牌产品，产销量名列国内前茅，产品出口到二十多个国家，其英文名"Hero"也远播世界，受人青睐。"英雄"牌自来水笔不仅受到消费者的青睐，还成为全国和地方党代会、人代会和政协会议的指定纪念用笔，成为党和国家领导人出访的礼品，成为上海合作组织、香港回归、澳门回归、中国入世、APEC 会议等国家重要历史时刻签署重要文件的用笔。其形象就像真正的英雄形象一样，受人欢迎、受人欣赏。

（10）自由鸟（服饰）

Free Bird

中文"自由鸟"与英文"Free Bird"没有语言意义和文化内涵方面的差异，两者都体现企业崇尚"自由"的文化创意。所以，这里的直译就可以说是其商标名"最好的翻译"。

商标名既是物质的体现，又是文化的体现，其翻译是否得当关系到产品的形象和企业的发展前途。诚如常言道："命名就是名命"（Naming is the life of a name）；"决胜于品牌。"（Name is the game.）成功的商标译名能深入消费者心理，激发购买欲望，促成购买行动。在商业竞争日趋激烈、品牌意识日益增强的今天，商标名的翻译质量极其重要。商标名的翻译不能盲目随意地进行，要全面综合地考虑各种因素，特别是要以目的论为指导，不仅要考虑源语和译语两者的语言差别，还要考虑它们的文化差别及接受者的反应。在具体的翻译活动中，要灵活应用目的论的翻译原则，使用恰当的翻译方法和技巧，使源语商标名所承载信息的多重意义及功能最大限度地在译语商标名中体现出来，充分发挥商标名作为"商品眼睛"的作用。

二　广告标题的翻译

（一）广告标题的功能及特点

广告是一种"语言符号与非语言符号兼用的单向性大众交际形式"（Vestergaard and Shroder, 1985：13）。一则完整的书面广告由标题（headline）、正文（body copy）、口号（slogan）、附文（postscript/supplementary items）、商标（trade mark）、插图（illustration）六个部分组成。前四部分属语言文字（verbal）部分，是广告的主要部分；后两部分属非语言文字（non-verbal）部分，是广告的辅助部分。广告标题，又名"惹句"（catch phrase），是表现广告主题的短文或短句，是广告主题思想的浓缩，被称之为广告的"灵魂"（黎海斌，2003：48），具有独特的魅力。其主要功能是点明广告的主题，引起读者的注意，诱导读者阅读广告正文，激发读者的购买欲望并促使其采取购买行动。一则好的广告标题具有简洁明了、生动形象、新颖独特、针对性和诱导性强的特点。许多广告标题精雕细刻，用词精辟独到，句法洗练而内容丰富，读后往往令人拍案叫绝，回味无穷。例如：

（1）"I'd move mountains for her, but today I'll start

　　 with one extraordinary stone."

　　"我愿为她搬掉大山，但今天我却要从

一块特殊的石头开始。"

(2) "I was in love with a girl named Cathy. I killed her. "

"我爱上一个叫凯茜的女孩，但我却杀了她。"

(3) NIKE AIR

THERE IS AIR IN OUR WALKING SHOES

BECAUSE THERE IS NONE IN YOUR FEET

耐克旋风

耐克鞋令您脚下生风

(4) READ THIS AD STANDING UP.

请您站着读这则广告。

(5) Dancin',

Singin', Music

Swingin'!

跳舞、唱歌、音乐、摇滚！

(6) "In the past 15 years, I've had

5 husbands, 104 alimony checks and

one refrigerator. A Frigidaire. "

"在过去的 15 年中，我嫁过

5 个丈夫，领到 104 张赡养费的支票，

但只有一台冰箱。一台福瑞吉德冰箱。"

(7) TOYOTA LAND CRUISER

When there's no road, it makes its own.

丰田陆地巡洋舰

在没有路的地方开出一条路来。

(8) The Length You Go to for Pleasure.

通往快乐的长度。

(9) Darling, I'm having the most

extraordinary experience...

I'm head over heels in DOVE!

亲爱的，我现在体验的是最不寻常的感受……

我全身都沉浸在"多芬"里！

(10) "At 60 miles an hour the loudest noise in this

new Rolls-Royce comes from the electric clock. "

"在时速达 60 英里时，这款新的劳斯莱斯

汽车内最大的声响来自电子钟。"

　　例（1）是德比尔斯（De Beers）钻戒广告标题。撰稿人匠心独运，一句话就点明了主题，相信读到它的人都会有所触动，哪个女士不希望所爱的人为自己排山倒海，在所不辞呢？既然动了心弦，必然会接着往下看广告正文。例（2）是一则劝告人们不要酒后开车的广告标题。读者一看到这个标题就会内心一颤，接着好奇心就会把他/她的眼光带往正文，以便了解为何发生这种悲剧。例（3）点出品牌，指明商品，又从商品的优异功能着笔，给人以无限的想象空间，使人欲了解其中详情。例（4）初读起来令人费解。人们一般习惯于坐着读书看报，为什么这则广告标题却叫人站着读呢？读完全文，方才知晓这是马克慈善基金会（the Mark Benevolent Fund）号召人们募捐的广告，基金会得到募捐款项后进行小儿麻痹症的研究，以帮助小儿麻痹症患者重新站起来。这则广告标题新颖独特，吸引力强，能促使读者读完正文，并受到强烈的震撼，从而心甘情愿地慷慨解囊。例（5）清晰、简练，撰稿人使用了省略号（apostrophe）吸人眼球，促使人们去阅读正文。原来这是一则既有美国风味的海鲜、烧烤，又有娱乐，还有购物的场所的广告。例（6）利用对照手法，充分说明了福瑞吉德冰箱已用了 15 年，依然如新。可见其牢固耐用的性能。真可谓妙趣横生，说服力强。例（7）用了正副两个标题，正标题用大号字介绍车的牌子，副标题起"画龙点睛"的作用，突出车子的巨大威力：在没有路的地方开出一条路来。这则广告标题具有极大的诱导性和号召力，其效果是不言而喻的。例（8）让人一看便使其心生疑问，什么才是"通往快乐的长度"呢？这一悬念吸引人们关注广告正文。原来这是一则美国奔赫牌（Benson & Hedges）加长香烟的广告。例（9）广告标题出现在一位一边在浴盆里沐浴一边与她爱人通电话的模特儿的画面下，借模特儿极其高兴的言词展出。可谓别开生面，"触目惊心"，极具挑起人的感情、使人产生购买欲的效果。例（10）不正面夸奖汽车的质量，而是用行驶中最小声响的电子钟作为"最大声响"的反衬来表明它的质量。人们不难想象，汽车高速行驶时，只有在任何零部件都十分牢固，性能也都很好的情况下，它们才可能静悄悄，不发出任何声响。车内唯一能听见的是电子钟的声响，写得出神入化。这是其作者著名美国广告学家大卫·奥

格威（David Ogilvy）最引以为豪的广告标题，堪称广告中的经典之作。劳斯莱斯汽车也因此名声大增，其公司受益多多。

大卫·奥格威曾说过："读标题的人平均为读正文的人的 5 倍。换句话说，标题代表着为一则广告所花费用的 80%。""标题是大多数平面广告最重要的部分。它是决定读者是不是读正文的关键。"（大卫·奥格威，2003：121）事实表明，有 80%—90% 的读者只看标题。如果标题没有强烈地吸引他们，他们也就不再读下文了。由此可见，广告标题决定了广告最终所能取得的效果及能否为广告主带来效益。由此可以推断，广告标题的译文在译语文化中发挥着同样的作用。所以，有关广告标题的翻译问题就特别值得研究。

（二）广告标题翻译的原则和方法

美国广告主协会（the Association of National Advertisers）将广告的目的归纳为 "ACCA"（awareness, comprehension, conviction and action），即 "认知，理解，说服，行动"（刘秀玉，2002：4）。作为广告极为重要部分的标题的目的也大致如此。在现代信息社会里，能否引起消费者的注意和认识是广告标题成败的关键。消费者对标题有没有兴趣，愿不愿意再阅读下文一般以其对标题的理解为前提。只有让消费者理解明白了所宣传的内容，他们才能产生购买欲望并付诸行动，购买所宣传的产品，这才达到了广告标题的真正目的。这也是广告标题翻译的目的，如果译文达不到这样的目的就算不上成功的翻译。

根据目的论的观点，所有翻译遵循的首要原则就是 "目的性原则"：翻译行为所要达到的目的决定整个翻译行为的过程，即结果决定方法（Reiss and Vermeer，转引自 Nord, 2001：29）。除了目的性原则外，目的论还包含两个原则：强调译文适于接受者环境的 "连贯性原则"（coherence rule）和强调译文忠实于原文的 "忠实性原则"（fidelity rule）。在具体的实施过程中，忠实性原则服从连贯性原则，连贯性原则又服从目的性原则（Nord, 2001：29—33）。目的性原则是第一性的，其他原则处于次要地位，何时运用则应视具体情况而定。将目的论的观点引入广告标题的翻译，我们可以推断：广告标题翻译时必须将译文预期的目的和功能置于首位，即目的性原则至上，而后考虑译文的接受者环境和译文的忠实程度，即连贯性原则和忠实性原则随后。在不影响目的性原则实施的情况下，最大可能地发挥连贯性原则和忠实性原则的作用。

广告标题的创作是一门极其复杂的艺术，它集文学、美学、社会学、语言学、心理学、经济学、营销学等为一体，没有固定的模式，但广告标题的翻译有明确的目的。这就要求译者在翻译时以目的性原则为指导，恰当运用翻译方法，有效地实现其预期目标。广告标题翻译时究竟使用何种方法则因具体情况而定。现举几个成功译例供读者欣赏。

（1）As soft as Mother's hands.

像母亲的手一样柔软。

这是美国凯滋（KEDS）牌童鞋广告标题。它巧妙地以母亲的手作比喻，强烈地突出了孩子心中母亲的温柔体贴，既点明了产品的特点，又倾注了关爱之情。译文保留了原文的基本结构，再现了原文的外延和内涵，对受众具有极大的感染力和诱惑力。当童鞋随着广告语的指示幻化为"母亲的手"，可以给孩子情深似海的关爱时，年轻的母亲能不产生极大的心灵震撼吗？

（2）Tide's in. Dirt's out.

汰渍到，污垢逃。

汰渍洗衣粉的这则广告标题结构对仗，in 和 out 这对反义词形成内容上的对比，体现出其去除污垢的特效。译文保持三字对仗风格，动词"到"和"逃"不仅押韵，而且表明两种截然不同的状况，强化了产品的质量。整个标题简洁、明快，让译文读者感到汰渍洗衣粉除垢毫不留情，干脆利落，叫人十分满意。

（3）岁月的小皱纹不知不觉游走了。

Maxam erases years from your skin.

"美加净"能让"岁月的小皱纹不知不觉游走"，有如此之妙用，真叫人称心。原文构思精巧，令人赞叹不已，译文也毫不逊色。译者抓住原文精神，转换角度，创造性地表达了广告的主题。译文里全然不见"皱纹"、"游走"，但"抹去"（erase）、"年纪"（years）如神来之笔。"抹去"了"年纪"，看起来当然会显得更年轻。这不正是很多人梦寐以求的吗？由此可见，广告的诱惑力跃然纸上。

（4）Come to where the flavor is.

Come to Marlboro Country.

西部牛仔展风度，

风度源自万宝路。

分析译文，译者最少把握了这么两点：① flavor 既指万宝路香烟的独特品味，又指抽这种香烟的人特有的风度，这风度在牛仔的身上体现出来：他骑着高头大马，身着牛仔服装，嘴里叼着香烟，满脸刚毅，英姿勃发；② Marlboro Country 是指抽这种烟的人所驰骋的天地，即美国西部。广告中展现出来的是广袤的荒原，蔚蓝的天空，飞奔的骏马，粗犷的牛仔，它们构成一幅极富阳刚之美的画面。"这一切象征着潇洒、豪放、自由、'酷'味儿十足，是许多青年男性所追求的东西。"（丁衡祁，2004）译者从整体把握，将各相关要素有机地联系起来，并利用汉语对偶、顶真、押韵等修辞手法，充分展现广告标题的"潜台词"：抽万宝路香烟的人就是与众不同，有着美国西部牛仔的独特风度。

广告标题所用的语言是一种别树一帜的语言，具有独特的魅力。它的最终目的是争取消费者，促成其购买行为，这也是广告标题翻译的主要目的。而广告标题翻译涉及的面广，是一项极其复杂的工程，虽然目的论为广告标题翻译原则的确立和翻译方法的选用提供了理论依据，但翻译中究竟如何具体操作则是仁者见仁，智者见智。但无论如何，译者必须注重：（1）译语文化可接受性；（2）译语语言规范；（3）译文读者的情感需求。力求以简洁、生动、明快、和谐和富有想象力与创造力的表达方式传达原文的信息，以达到广告标题翻译的预期效果。

三　广告正文的翻译

据前章所述，目的论为翻译批评提出了多元化的标准，对翻译，特别是广告翻译具有更现实的指导意义。广告翻译的目的是争取消费者，促成其购买行为，最终使广告主受益。所以说，广告翻译带有极强的目的性。广告翻译的目的性本质决定了目的论对广告翻译的适用性。我们从中最少可以得到三点有益的启示：（1）对广告译文质量的评判应以译文是否实现广告预期目的为标准，或者说以译文是否能完成其在译语环境和文化中的预期功能为标准；（2）对广告原文信息的选择，一定要根据翻译目的和译语读者的需要来决定，不可盲目照搬；（3）译者可根据广告译文的

87

预期功能或目的调整广告翻译策略，灵活选择诸如增删补改，不拘一格的调整手段对原文进行处理。

广告是一种特殊的文体，其语言别具一格，具有匿名性、信息性和诱导性三大显著特点。但因文化的差异，汉、英广告在语言表达形式上不太一样，读者的期待视野、审美标准、接受心理等也不尽相同。因此，广告翻译要达到传递信息、感染受众的目的，就不能将原文形式机械地照搬于译文，而要根据翻译要求，在文本形式和信息内容上作必要的调整和改动。克里斯蒂安·诺德明确指出："文化知识的差异要求对原文明示的信息和暗含的信息进行调整；特有文化类型对文本的不同期待要求译文形式按的语文化语境和文体规范进行改写。"（Nord，2001：63）本节拟从三个主要方面对广告正文翻译中的篇章调整策略进行探讨。

（一）遵循译语通用文体规范

根据目的论，原文文本在很大程度上只是"提供信息"，"具体翻译要求的可行性取决于的语文化环境，而不是源语文化"（Nord，2001：31），这就要求译文的行文布局和语言表达方式符合的语的通用文体规范（general style convention）（Nord，2001：55）。汉、英语广告在语汇和体裁规约上存在明显差异。一般来说，汉语广告大多用词夸张，修饰语多，喜用四言格式，篇章布局讲究起承转合；英语广告大多语言简洁精练，客观通俗，表达方式直截了当，就事论事，信息明确，逻辑条理清楚。为了迎合译文读者的心理，取得广告的预期功能和效果，译者就应对汉、英两种语言的行文风格和文体规范有着极其清醒的认识，不斤斤于字比句次，敢于打破原文的束缚，做到虚实互化，扬长避短。例如：

（1）崂山，林木苍翠，繁花似锦，到处生机盎然，春天绿芽红花，夏天浓荫蔽日，秋天遍谷金黄，严冬则玉树琼花。其中，更不乏古树名木。景区间，古树名木有近 300 株，50% 以上为国家一类保护植物，著名的有银杏、桧柏等。

Laoshan Scenic Area is thickly covered with trees of many species, which add credit for its scenery. Among them over 300 are considered rare and precious, half of which are plants under state-top-level protection. The most famous species include gingko and cypress.

此例部分内容融入了浓郁的人文色彩，对于景物的描写具有一种超越现实、虚实不定的朦胧美。此类描写普遍用于汉语旅游景点宣传资料中，有"锦上添花"、增强宣传效果的作用。但如果依葫芦画瓢地生搬硬套，译文就会显得空洞笼统，虚夸不实，读者无法欣赏。所以，译者翻译此文时便采取了化虚为实的方法，除去了那些虚华溢美之词，抽象概括出实际内容，使译文表达流畅通达，符合译语读者习惯。

（2）中山大学三个校区分别坐落在珠江之伴、南海之滨，总面积达5.04 平方公里。广州南校区树木葱茏，绿草如茵；广州北校区林路蔓蔓，曲径通幽；珠海校区依山面海，景色宜人，均是不可多得的读书治学的胜境。

Zhongshan University has three campuses which cover a total area of 5.04 square kilometers. Guangzhou South Campus and Guangzhou North Campus are located south and north of the Pearl River, while Zhuhai Campus lies to the west of the South China Sea. All three are beautiful campuses with avenues of green trees and patches of lush grass, providing pleasant environments for study and research.

此例源自中山大学的网页资料。为了增强感染力，原文用了一连串的赞美之词，如"树木葱茏，绿草如茵"、"林路蔓蔓，曲径通幽"、"依山面海，景色宜人"、"不可多得"、"胜境"。如按汉语的行文风格，不加变通地硬译，译文势必显得拖沓啰唆，不符合英语广告的通用文体规范和读者的阅读习惯。因此，译者采用了省略和重组的方法，首先必须要介绍中山大学三个校园的总面积与位置，然后在评价方面做精当的概括："漂亮"的校园有一条条的"林荫道"和一片片的"草坪"，是学习和研究的"怡人"之地。这样的简化处理，清楚明白，重点突出，表达了原文的实际内涵，符合网页介绍性资料的特点和要求。

（3）Although the state（Hawaii）is located in the tropical zone, its climate is comfortable because of the ocean currents that pass its shores and winds that blow across the land from the northeast. The temperature usually remains close to the annual average of 24 degrees Centigrade.

夏威夷地处热带，气候却温和宜人，年均温度常年在摄氏 24 度左右。岛上时时刮过的东北风，伴着太平洋吹来的阵阵海风，让人倍感凉爽舒适。

原文结构紧凑，逻辑明确，体现了英语表达的长处。但如果按原文文字编排顺序亦步亦趋地翻译，译文就会显得生硬拙劣，缺乏感染力，也就达不到移情和呼唤的效果。所以，译者依从汉语的表达习惯，将原文第一句递送的立体结构转换为汉语常用的多分句铺排句式，并按汉语的事理顺序调整原文排序，使表达更加流畅，意义更加清楚。

（4）满树金花、芳香四溢的金桂；花白如雪、香气扑鼻的银桂；红里透黄、花多味浓的紫砂桂；花色似银、季季有花的四季桂；竞相开放，争妍媲美。进入桂林公园，阵阵桂香扑鼻而来。

The Park of Sweet Osmanthus is noted for its profusion of osmanthus trees. Flowers from these trees in different colours are in full bloom which pervade the whole garden with the fragrance of their blossoms.

此例源自一篇介绍上海桂花节的宣传文章，原文充满修饰各种各样桂花的形容词，如直译，译文肯定显得累赘啰唆。译者采用了删减和重组法，把大多形容词删略，用平实的语言把中文的实用信息（"各种颜色的桂花"、"竞相开放"、"香气满园"等）传达出来。另外，由于前来参观的中国人一般都知道公园的名称，因而原文把"桂林公园"放在很不显著的地方；但是，对外国旅游者作介绍时，旅游点的名称应属首要的信息。因此，译文先介绍公园的名称和由来应属情理之中。

（5）"烟水苍茫月色夜，渔舟晚泊栈桥西。乘凉每至黄昏后，人依栏杆水拍堤。"这是古人赞美青岛海滨的诗句。青岛是一座风光秀丽的海滨城市，夏无酷暑，冬无严寒。西起胶州湾入海处的团岛，东至崂山风景区的下清宫绵延80多华里的海滨组成了一幅绚丽多姿的长轴画卷。

Qingdao is a charming coastal city, whose beauty often appears in poetry. It is not hot in summer or cold in winter. Its 40-km-long scenic line begins from Tuandao at the west end to Xiaqing Temple of Laoshan Mountain at the east end.

上述原文中夹有古诗词，这是汉语旅游广告语篇的特色，中国读者读了会加深印象并从中得到艺术享受和美的熏陶。而一般外国读者就难以欣赏，他们会感到烦琐，不够简明。况且，旅游广告语篇往往附有彩色照片，外国读者可一目了然。因此译者翻译时对古诗词进行了淡化处理，一带而过，想必这样做的效果比全数译出要好。

（二）发挥译语语言优势

我国著名翻译家许渊冲在论述他的"优势竞赛论"时说："英国诗人 Coleridge 说过：文学作品是 the best words in the best order（最好的文字，最好的排列）。但最好的原文变成对等的译文，并不一定是最好的译文。因为西方文字比较接近，对等的译文容易取得最好的效果。中西文字距离较大，各有优势，对等的译文往往不能取得最好的效果，这时就要发挥译语的优势。"（王秉钦，2004：283）在广告翻译中如何发挥译语的优势？笔者认为，使用诗化语言是发挥译语优势的有效途径之一。诗化语言无外乎音美、形美、意美的语言。广告译文中，语言音美，可悦读者之耳；语言形美，可悦读者之目；语言意美，可悦读者之心。广告译文如能达到悦耳、悦目、悦心，其促销效果必为上乘。例如：

（1）The youngest of the Rocky Mountains, the Teton Range is a spectacular sight. Enhanced by glaciers, deep canyons, snowfields, and lakes, the range shoots up suddenly, with no foothills around it.

　　虽为落基山脉中的小字辈，特顿山却气势恢弘。它拔地而起，绝壁凌空，冰川映雪地，高峡出平湖，风景绮丽，景色壮观！

阅读广告原文，仿佛一个个镜头展现眼前，且静中见动，美妙异常。为传达原文意旨，译者利用汉语对偶平行结构、连珠四字词组等优势，使译文行文工整，节奏和谐，意蕴活现。读者读到这音形意皆美的广告，定会遐思悠悠，心往神驰。

（2）In order to elaborate your body figure, attacking the persistent fat in adipose tissue is a must. This product helps to get rid of the fat deposit on the thighs, belly, arms, and buttocks. There are over 10,000 men and women around the world who have succeeded in body shape up after failing to reduce weight by traditional treatments. Take action now to eliminate the excess fat before it becomes a serious issue.

　　要一分一时地去雕琢自己的身形，非要直捣脂肪底层，直接打散顽固的脂肪组织不可。此产品能赶走大象腿、猪腩肉、麒麟臂、巨趸。全球已逾万名男女在尝试传统减肥方法失败后，使用本产品成功地修身。请别坐视不理，脂肪要及早消除，以免一发不可收拾。

此例是一则减肥产品广告，译文用于澳门。广告原文依英语的通用文体规范写作，语言地道，感染力强是不言而喻的。但译者没有拘泥于原文的措辞形式，而是根据粤语读者的心理特点和粤语的语言优势，创造性地诠释原文，调整文体，使译文比原文更具感染力。例如，第一句增加了"一分一吋"、"直捣脂肪底层"等减肥方面的词汇；第二句译成"此产品能赶走大象腿、猪腩肉、麒麟臂、巨腿"，带有浓郁的粤语语言文化特点，用词生动夸张；末尾一句译成"请别坐视不理，脂肪要及早消除，以免一发不可收拾"，语气的规劝性几乎到了极限。

（3）The fanciful names at Arches National Park like Fiery Furnace, Three Gossips, Marching Men, Dark Angels, etc. do justice to the otherworldly rock formations they denote.

拱石门国家公园内各景点的名称可谓千奇百怪、极富想象力。其中有"烈焰熔炉"、"三怨妇"、"游行者"、"黑天使"等。这些名字用来形容那些梦幻般的山石可谓名副其实，惟妙惟肖。

原文结构紧凑，主次分明，体现了英语的逻辑美和写实的特点。如果不加变通直译，句子就会显得冗长拖沓，缺乏美感。此处译者化解原文后，将其拆分为小句，利用汉语的优势（特别是利用汉语四字结构的优势）将原文的气势和声色充分表现出来，大大增强了广告的感染力。

（4）当你走进沟中，便可见林中碧海澹荡生辉，瀑布舒洒碧玉。一到金秋，满山枫叶绛红。盛夏，湖山幽翠。仲春，树绿花艳……四时都呈现出它的天然原始，宁静幽深。

Mystic lakes and sparkling waterfalls captivate your eyes as you enter the ravine. The trees are in their greenest in spring when intensified by colorful flowers. In summer, warm tints spread over the hills and lakelands. As summer merges into autumn, the maple trees turn fiery-red. Splashing color through the thick forest hills... Tranquility pervades primitive Jiuzhaigou throughout the year.

原文辞藻华丽，文采飞扬，充满诗情画意。文中"澹荡生辉"、"舒洒碧玉"、"幽翠"、"幽深"等模糊之词，洋溢着意会之美、朦胧之美。译文利用英语优势，调整了原文的语序，寓情景于上下文中，尤其是变原文的人称主语句为非人称主语句，淡化了主观体验，犹如将一幅优美的山水画展现在读者眼前，任其欣赏。译文通过句法体现原文词汇中所蕴涵的朦胧美感，达到了奈达所谓的"动态对等"。

（三）通观全局，把握整体

目的论强调的是译文的整体效果，而不是个别词句的对等。正如尤金·奈达所说："译者翻译的是语篇而不是语言。"（Translators do not translate languages but texts.）（Nida，2001：129）著名的波兰翻译理论家泽农·克列曼塞维奇（Zenon Klemensiewicz）说得更为透彻："应该把原作理解为一个系统，而不是部件的堆积，理解为一个有机的整体，而不是机械的组合。翻译的任务不在于再现、更不在于反映原作的部件和结构，而在于理解它们的功能，把它们引入到自己的结构中去，使它们尽可能地成为与原作中的部件和结构同样合适、具有同样功效的对应体。"（李文革，2004：35）斯内尔霍恩比（Mary Snell-Hornby）明确指出："译者应该以按文化和情景来识别文本作为语篇分析的开端，把文本视为世界统一体的一部分。"（Snell-Hornby，2001：69）她还建议，翻译时译者应按一种"情景—结构"步骤（scenes-and-frames approach）来进行操作，即译者从原文的"结构"，也就是"文本及其语言成分"（text and its linguistic components）出发，根据自己的经验水准和对相关素材的主观认识来形成自己"创设的情景"（the scenes he has activated）。基于此"情景"之上，译者此时"必须确定恰当的的语结构，这就会伴随着一个持续的决策过程，这一过程中他完全倚仗自己对的语的熟练程度……来形成新的文本"（Snell-Hornby，2001：81），而这种"情景—结构"步骤"并非单纯在词语和结构层面上进行，还必须更多地按整体原则对相互关联的语篇成分、经验、感觉和背景状况等做通盘考虑"（同上）。在广告翻译中，译者不妨按斯内尔霍恩比提出的"情景—结构"步骤，对原文和译文按"整体原则"进行处理，以形成鲜明的语篇整体图示和符合译文规约的完整译文形式（贾文波，2004：186—187）。例如：

（1）You'll notice how kind new Sanara is to your hair. See it. Feel it. Sanara's naturally derived formulations bring out the shine and smoothness in your hair, leaving it manageable and healthy. You won't actually see how kind Sanara is to the environment, but it's nice to know that the whole range is biodegradable. So it doesn't pollute water or soil. And naturally, packaging is recyclable.

柔情四季，莎拉娜，呵护您的秀发，爱护您的健康。天然配方，令秀发光泽柔顺，情有独钟，莎拉娜。生物降解，不伤水土，爱护自然，数她第一，莎拉娜。

译文是中央电视台推出的一则名为"莎拉娜"洗发香波的广告词，其成功之处在于它对原文抽象概括予以整合，从整体上再现了原文的意旨。译者不囿于原文的句式结构和编排顺序，一方面通过添加、删减手段突出广告的主要信息"莎拉娜"；另一方面利用简单句改写，使译文节奏鲜明，明快活泼，简洁有力，易读易记易诵，具有极强的鼓动性。

（2）接联世界，着想中国。

　　Legend：Linking China with the World.

原文使用镶嵌的修辞手法将品牌名"联想"巧妙地融入广告词中，表达了"联想人"以民族振兴为己任，力创国际品牌的豪情壮志。如果不加变通，机械地按字面意思译为"Linking the world, Considering China"，英语读者就会迷惑不解，广告的意图就自然不能实现了。译者摆脱原文的羁绊，透彻理解其真实含义后，从整体出发，大胆变通。最终译文既保留了广告的主要信息（"接联世界"），又体现了内外有别的要求（略去"想着中国"），在突出品牌的同时，能有效地实现了广告的信息功能和呼唤功能。

（3）SILENCE　HOSPITAL

　　医院阵地　保持肃静

这是一则医院的告示，原文为两个单词句构成的篇章。译者没有按原文编排生搬硬套，而是采用整体替代（entire substitution）的译法，选用了一对语用功能相应的四字格词组。译文语序虽然与原文不同，字数也有所增加，但表达更清楚地道，更为译文读者所接受，美学效果也更好。

广告是典型的呼唤文本，广告翻译以目的性原则为首要原则。在具体的翻译过程中，为实现广告的预期目的，译者可根据需要对原文篇章进行适当调整，即可以对源语广告文本做逻辑上的改进，做修辞上的变通，做句法上的替换，做用词上的增减，等等。但需要指出的是，对广告篇章的调整不意味着可以不尊重原文，可以胡作非为，对原文进行"乱砍滥伐"。广告翻译必须以原文为依傍，在原文所提供的信息的基础上做创造性的发挥。这就如珠走玉盘，灵动而不越法度之外，也如孔子所说"从心所欲不逾矩"。只有这样，译者才能创作出高水平的、受人欢迎的译作，从而有效地实现广告的功能和目的。

四　广告口号的翻译

（一）广告口号的功能和特点

所谓口号（slogan），我国《辞海》的定义是"为达到一定目的，为实现某项任务而提出的，有鼓动作用的，简练明确的语句"。口号因其众多的优点被人们所喜爱，便逐渐被引入到广告中来，并形成了一种特定的文稿形式，称之为"广告口号"。广告口号，又名广告标语、广告词、广告警句，是广告主从长远销售利益出发，在一段较长的时期内反复使用的特定商业用语，是表现其相对定型的广告宣传的基本概念或主题的短句。

广告口号的功能在于维持广告宣传的连续性，促使消费者加强商品印象，增强记忆，以便取得消费者对商品的认同感，引导和指导消费者有目的地进行选择购买，同时也使商品与其他同类竞争商品有所区别，即广告口号具有标志作用（黎海斌，2003：57）。可以说，广告口号是一种吸引消费者注意，强调广告主题或经营宗旨的"语言标志"与"文章的商标"，是商品的"第二商标"，可成为消费者心目中的识别符号。

广告口号被视为广告的"精髓"，是别树一帜的语言。广告口号撰稿人往往标新立异而挖空心思，可谓是"语不惊人死不休"。一则优秀的广告口号一般具有简洁明了，新颖独特，亲切感人，顺应时尚，鼓动性强等特点。

1. 简洁明了

一般消费者读或听广告并无明确的目的，是在无意中形成记忆的。这就要求广告口号尽量减少记忆性材料，浓缩广告信息，并将其明白清晰地表达出来。"话须通俗方传远。"广告口号语言越是简洁明了，越能使人记忆深刻，过目不忘，耳听能详。冗长晦涩的广告口号不可能让人接受起来用时短、认知快、印象深。此外，从广告预算方面考虑，广告口号也要求做到简洁凝练，高度浓缩，语约意丰。以下广告口号就个个简洁明了，易识易记。

（1）Rising

腾飞　　　　　　　　　　　　——美国联合航空公司（United Airlines）

（2）Renew

重塑　　　　　　　　——地中海俱乐部（Club Mediterranee SA.）

（3）Business Elite

商务精灵　　　　　　——美国德尔塔航空公司（Delta Airlines）

（4）City of Culture

文化小都会

——澳门行政特区政府旅游局（Macau Government Tourist Office）

（5）Britain, It's Time.

英国之游，正是时候。　　　——英国旅游局（VISITBRITAIN）

（6）I'm lovin' it!

我就喜欢！　　　　　　　　——麦当劳（McDonalds'）

（7）Are You Drinking Enough?

喝够了吗？　　　　——佛罗里达橙汁（Florida Orange Juice）

（8）It's the taste.

味道好极了。　　　　　　　——雀巢咖啡（Nescafe）

（9）A Passion for Perfection

追求完美　　　　　　——德国汉莎航空公司（Lufthansa）

（10）Just Do It.

只管去做　　　　　　　——耐克（Nike）运动鞋

（11）Enjoy It.

尽情享受。　　——新加坡樟宜机场（Singapore Changi Airport）

（12）Fresh up with Seven-up.

君饮七喜，提神醒脑。

（13）Coca-Cola is it.

这就是可口可乐。

（14）ABOVE ALL IN REFRESHMENT

心旷神怡的极品　　　　　　——雪乐门（Salem）香烟

2. 新颖独特

广告口号要能充分展示商品的特点和企业形象，避免一般化，追求与众不同，以诱发消费者的购买欲望。消费者对平淡无奇的广告口号往往视而不见，充耳不闻。只有别出心裁的广告口号，才能吸人眼球，让人回味，产生美感，具备较强的竞争力。以下广告口号无不以其独创性和艺术性而让人过目不忘，回味无穷，堪称精品。

（1）A Taste of Paradise

感受天域 ——斯里兰卡航空公司（Sri Lankan Airlines）

（2）The Jewel of Asia

亚洲瑰宝 ——韩亚航空（Asiana Airlines）

（3）The Spirit of Korea Is in the Air.

韩国的精神在空中。 ——大韩航空（Korean Air）

（4）The world market is our strength.

世界市场就是我们的力量。 ——西门子公司（Siemens）

（5）Think Small.

想想还是小的好。 ——大众（Volkswagen）甲壳虫汽车

（6）Creating a New Dynasty in the Air.

再造一个空中王朝。 ——中华航空公司（China Airlines）

（7）Business in a Class of Its Own

商务独尊 ——新加坡航空公司（Singapore Airlines）

（8）Poetry in motion, dancing close to me.

动态的诗，向我舞近。 ——丰田（Toyota）汽车

（9）We can't gorge ahead by sticking to existing roads.

开拓进取，来源于勇于创新。 ——奥迪（Audi）汽车

（10）The Milk Chocolate Melts in Your Mouth — Not in Your Hands.

只溶在口，不溶在手。 ——玛氏（M&M's）巧克力

（11）Kids can't wait.

不尝不知道，苹果真奇妙。 ——苹果（Apple）电脑

（12）Our big bird can be fed even at night.

即使是夜晚，我们也给"巨鸟"喂食。

——法国航空公司（Air France）

（13）The Only Palace in the World Where the Queen Stands Guard

世界唯一由女王站岗的殿堂 ——赫姆斯利（Helmsley）酒店

（14）Welivetodeliver.

使命必达。 ——联邦快递（FedEx）

3. 亲切感人

消费者心理的一个重要构成要素是情感。有效的情感沟通有利于缩短

消费者与广告主的距离，所以优秀的广告口号总是以轻松活泼的表达形式和浓郁的人情味吸引和感召消费者，以达到有效情感沟通的目的。以下例句读起来令人倍感亲切。

（1）The World of Comfort

　　充满温馨与舒适的世界　　　　——日本航空公司（Japan Airlines）

（2）For home and hospitality

　　好客与家的选择　　　　　　　　　　　　　　——可口可乐

（3）Cheerful life of Coke

　　可口可乐的欢欣人生

（4）Coke…goes with the good times.

　　可口可乐……伴随美好时光。

（5）Preferred Partner

　　中意的侣伴　　　　　　——美国赫兹（Hertz）出租汽车公司

（6）Fly the Spirit of Dedication.

　　真诚投入，展翅长空。　　　　——大韩航空（Korean Air）

（7）Make yourself heard.

　　理解就是沟通。　　　　　　　　　　——爱立信（Ericsson）

（8）You're better off under the umbrella.

　　保护伞下，万事无忧，尽情畅游。　　　　——旅行保险公司

（9）Arrive in Better Shape.

　　安适抵达。　　——香港国泰航空公司（Cathay Pacific Airways）

（10）The Homewatchers.

　　　We have a growing concern for you.

　　家庭的守护神

　　始终关心您　　——农夫保险公司（Farmers Insurance Group）

（11）Metropolitan really stands by you.

　　大都市保险公司永远在您身边。

（12）You Get More Than a Car.

　　您得到的不只是一部车。　　　　——美国赫兹出租汽车公司

（13）You Don't Just Rent a Car. You Rent a Company.

　　您不仅租用了一部车，您还租用了一家公司。

　　　　　　　　　　　　　　　　——美国赫兹出租汽车公司

（14）Always listening. Always understanding.

用心聆听　更知你心　　　　　　　——英国保诚保险（Prudential）

4. 顺应时尚

服饰有时尚，广告口号的创作风格也讲时尚。符合时代语言文化时尚的广告口号创作更能有效地展现广告主的现实的市场形象战略和促销活动意图，与目标市场消费者实现有效沟通（文珍、荣菲，2000）。以下广告口号就是顺应时代审美时尚潮流的产物，个个特具魅力，入耳入心。

（1）Passion for Life

激情人生　　　　　　　　　　　　　　——西班牙旅游局

（2）The Airline with a Vision

别具慧眼　　　　　　　——马来西亚航空公司（Malaysia Airlines）

（3）Feel the Hyatt Touch.

领略凯悦风采。　　　　　　　　　　　　——凯悦饭店集团

（4）Feel the New Space.

感受新境界。　　　　　　　　　　　——三星（Sumsung）

（5）The Heart of Asia

亚洲脉搏亚洲心　　　　　——香港国泰航空（Cathay Pacific）

（6）Be Yourself.

自在自我。　　　　　　　　　　　——北京丽都假日酒店

（7）A New Perspective

全新感受　　　　　　　　　——芬兰航空公司（FINNAIR）

（8）Reeboks Let UBU.

锐步迈出您的新一步。　　　　　　　　——锐步运动鞋

（9）The Pulse of Business

感受商业脉搏的跳动

　　　　　　　——敦豪环球速递（DHL Worldwide Express）

（10）The Antidote Civilization

重塑自我　　　　　　　　　　　　——地中海俱乐部

（11）The New Digital Era

数码新时代　　　　　　　　——索尼（Sony）影碟机

（12）The Choice of a New Generation

新一代的选择　　　　　　　——百事可乐（Pepsi-Cola）

（13）Romantic Glamour

　　浪漫风采 　　　　　　　　　　　　——资生堂（Shiseido）

（14）The New Glamour

　　华丽再生 　　　　　　　　　　——香港 2000 年秋冬时装汇演

　　　　　　　　　　　　　　　　　（2000 Fall/Winter Fashion Show）

（15）Elegance is an attitude.

　　优雅态度，真我性格。 　　　　　　　——浪琴表（Longines）

5. 鼓动性强

列宁说过："有力量的口号胜过百万大军。"（杨金红，1996）在商业战场上，一则优秀的广告口号也不亚于百万大军。为了发挥号召鼓动作用，广告口号多用祈使语气和催促性口吻礼貌地"命令"和"煽动"顾客。例如：

（1）Stay with Someone You Know.

　　与您熟识的伴侣同处。 　　　　　　——假日酒店（Holiday Inn）

（2）Take time to indulge.

　　尽情享受吧！ 　　　　　　　　　　　　——雀巢冰激凌

（3）Discover Bermuda's "Beautiful Little Secret".

　　发现百慕大"美妙的小秘密"。 　　　　——百慕大白沙岛

（4）Go well, use Shell.

　　行万里路，用壳牌。/使用壳牌汽油，保您一路不愁。

（5）Ask the World of Us.

　　法航问不倒。 　　　　　　　——法国航空公司（Air France）

（6）Ask Irish Ferries First.

　　先问问爱尔兰轮渡公司。

（7）Look to Us.

　　瞧我们的！ 　　　　　——美国西北航空公司（Northwest Airlines）

（8）Follow the Leader into the 21st Century.

　　跟随领袖们，进入新世纪。

　　　　　　　　　　　　——巴哈马（Bahamas）檀香温泉度假区

（9）Can't beat the feeling.

　　挡不住的感觉。 　　　　　　　　　　　　——可口可乐

（10）Have a Coke and a Smile.

一杯可乐，一个微笑。

（11）Things go better with Coke.

君饮可乐，万事吉庆。

（12）Taste that beats the other cold.

百事可乐，冷饮之王。

（13）Paradise found

世外桃源　梦幻成真

——香格里拉酒店集团（Shangri-La Hotels and Resorts）

（14）Nobody Ever Goes Just Once.

无人来此仅一次。

——塞浦路斯旅游组织（Cyprus Tourism Organization）

（15）It just feels right.

就要这种感觉。　　　　　　　　　——马自达（Mazda）汽车

（16）A "Must" Photo to Take Home

不可错过的开心照片　　　　　——香港海洋公园海洋馆留影站

（二）对广告口号译文读者的关注

广告口号翻译是一项目的性极强的行为活动，其主要目的是引起消费者注意，促使他们对所宣传的产品发生兴趣，产生消费欲望并采取购买行动。广告口号翻译的目的能否达到那就主要看译文接受者对译文的反应，看译文产生的实际效果。因此，广告口号翻译时译者必须充分考虑译文所服务的对象，高度关注译文读者。

据前章所述，接受美学的诞生石破天惊地引导人们的思维模式进行重新调整组合。它不仅拓展了文学研究的空间，也给翻译研究带来了一场深刻的思想革命，为翻译研究提供了一种全新的方法论基础，转变了传统的翻译观，使翻译研究实现了从"作者中心"、"作品中心"到"读者中心"理论的转向。将接受美学理论应用于广告口号翻译中，我们可以得出结论：译文读者居于主体地位，具有能动性，其阅读活动是实现译文价值、评估译者工作的关键环节，所以译者必须对译文读者倍加关注。

1. 对广告口号译文读者语言审美习惯的关注

接受美学认为，读者对文本的接受不是单向的、被动的。读者的阅读是一种创造性的审美活动。在广告口号翻译中，译语读者对译语文本的接

受是继译者接受、解构、重构源语文本之后，又一次具有创造性的审美行为，因此译语读者与译语文本之间的关系也是一种审美的互动关系。这种审美关系的建立要求译者在再创作过程中把握译语的语言规律和特征，以适应译语读者审美接受的需要。

然而，不同的民族有着不同的思维方式，由此构成了不同的审美定式。中国人受脱胎于象形文字的方块字的影响，擅长形象思维，而西方人则受高度形式化的语言的制约，习惯于逻辑思维。两种思维定式很自然地就派生出了语言的两种审美形态和取向：语言的形象美、对称美和语言的逻辑美。这种深深植根于民族文化的语言审美取向常常会作用于译者对词汇、句法和篇章的选择（曹英华，2003）。现以英语广告口号汉译常用的表达方法为例加以说明。

1）词、词组、句子互换

英语广告口号中，有时一个词就能表达一个完整的概念、形象和意境，但汉语中难以找到其对应词，译者往往按照汉语读者的语言审美习惯将其转换成词组或句子。有时为了简洁起见，译者也可能将英语句子转换成汉语词组或词，将英语词组转换成汉语词，等等。例如：

（1）Exactly

就是他！ ——美国赫兹（Hertz）出租汽车公司

（2）A Kodak Moment

就在柯达一刻。

（3）Intelligence Everywhere

智慧演绎，无处不在。 ——摩托罗拉（Motorola）

（4）The World Next Door

别有洞天在近邻。

——加拿大旅游局（Canadian Tourism Commission）

（5）The Relentless Pursuit of Perfection

追求完美永无止境。 ——凌志（Lexus）汽车

（6）Heaven on earth

天堂就在地上。 ——宝马（BMW）

（7）The Coffee-er Coffee

咖啡千杯好，此品味更浓。

——肖布朗公司（S. A. Schonbrunn & Co. Inc.）

（8）Exclusively Fine Champagne Cognac

人头马一开，好事自然来。　　　　——人头马（Remy Martin XO）

（9）Sophisticated Sweet-to-drink Pink Lady.

红粉佳人甜露酒，特造精酿醇悠悠。

（10）We Are Good, Not Fancy.

卓而不俗　　　　——新世界酒店（New Century Hotel）集团

（11）We've Thought of Everything.

无微不至　　　　　　——凯悦饭店（Hyatt Regency Hotels）

（12）Someday all watchs will be made this way.

未来手表之楷模　　　　　　——精工表（Seiko Kinetic）

2）多用四字格（four-character phraseology）

四字格是汉语里最平衡的词组结构，它言简意赅，抑扬顿挫，用得恰当，往往会产生特好的美感效应。例如：

（1）Smooth as Silk

柔顺如丝　　　　——泰国航空公司（Thai Airways International）

（2）The Art of Hospitality

待客有道　　　　　　——日光（Nikko）酒店集团

（3）The Wonder Down Under

天下奇观　　　　——澳大利亚旅游局（Tourism Australia）

（4）The Sign of Excellence

凝聚典雅　　　　　　——欧米加（OMEGA）手表

（5）The "in" idea in business travel

宾至如归　　　　——希尔顿酒店（Hilton Hotels Corporation）

（6）A Great Way to Fly

非常之旅　　　　　　　　——新加坡航空公司

（7）Like No Other Place in the Orient

东方独秀　　　　　　——马尼拉酒店（Manila Hotel）

（8）Empowered by Innovation

锐意进取，开拓创新　　　　　——日本电气公司（NEC）

（9）Cooking Without Looking.

转眼就熟。　　　　　　——迷你米（Minute Rice）

（10）BEYOND PERFECTION

完美无缺　　　　　　　　——玻美－莫西尔公司（Baume & Mercier）日内瓦表（GENEVE）

（11）It's finger-licking good.

吮指回味，其乐无穷。　　　　　　——肯德基炸鸡（KFC）

（12）Agreeable Taste That Refreshes.

怡情开怀，爽心可口。　——怡爽（Yee Song）蜜炼川贝枇杷糖（Psichuan Fritillaria Loquat Honey）

（13）From Sharp Minds

Come Sharp Products!

智慧结晶，夏普产品。

（14）What a good time for a good taste of Kent!

健牌香烟，其味无穷，其乐无穷!

（15）Links Places. Brings People Closer.

连接四海，沟通八方。　　　　——巴基斯坦航空公司（Pakistan International Airlines）

（16）We care to provide service above and beyond the call of duty.

殷勤有加，风雨不改。　　　　　　　　——UPS 快递

（17）Savor the Past　Seize the Moment

品味过去　把握当前　　　　　　　——苏格兰旅游局

（18）A taste of refinement

精酿至醇　品味非凡　　　　　　　——马爹利（Martell）

（19）The Future of the Automobile

领导时代　驾驭未来　　　　——奔驰（Mercedes-Benz）

（20）Only a few can tell

独具慧眼　领悟非凡　　　　　——马爹利（Martell）

3）变换句式

由于英语语法是显性的、刚性的，而汉语语法是隐性的、柔性的，所以英语重时体，重形合，词序比较灵活，汉语则轻时体，重意合，词序相对固定。英语广告口号汉译时，为了照顾汉语读者的语言审美习惯，译者常常求助于句式变换手段。例如：

（1）Delta Ready When You Are.

德尔塔随时恭候您。　　　　　　——美国德尔塔航空公司

（2）We Are Aiming Even Higher.

志向更高远。　　　　　　　　——法国航空公司（Air France）

（3）Don't Leave Home Without It!

出门在外，随身携带。　　　　——美国运通（American Express）

（4）Cleans your breath while it cleans your teeth.

洁齿清气。　　　　　　　　　——高露洁（Colgate）牙膏

（5）Quality never goes out of style.

质量永与款式为伴。　　　　　——莱维斯（Levi's）牛仔装

（6）When it rains, it pours.

你下你的雨，我撒我的盐。　　——莫顿食盐（Morto Salt）

（7）As You Sow, So You Shall Reap.

种瓜得瓜。　　　　　　　　　——宇宙（Cosmos）旅行社

（8）We Fly the World the World Wants to Fly.

飞达五洲，世界以求。

——泛美航空公司（Pan American Airways）

（9）Let's make things better.

没有最佳，但求更好。　　　　——飞利浦公司（Philips）

（10）We're not in the computer business. We're in the results business.

唯我电脑，成效更高。　　　　　　　　　　——IBM 电脑

（11）You're Not Just Flying. You're Flying the Friendly Skies.

翱翔长空，感受温馨。　　　　——美国联合航空公司

（12）Why our special teas make your precious moments even more precious?

非凡立顿，异样人生。　　　　——立顿茶（Lipton Tea）

（13）Would you like sunset or sunrise delivery?

日出日落，照送不误。　　　　——TNT 快递（TNT Express）

4）巧用修辞

修辞是使语言表达准确、鲜明而生动有力的一种文字运用手法，也是使文字表达的内容给人以深刻印象的有效手段。修辞用得恰当，往往能取得事半功倍的效果。为了增强广告口号的审美功能和劝说功能，译者常尽力使用修辞手法，或将原文的修辞格移植过来，或以一种修辞格替换另一种修辞格，或将无修辞格的原文以一种带修辞格的译文表现出来。例如：

（1）Unlike me, my Rolex never needs a rest. （拟人）
那像我，劳力士从不休息。 （拟人）

（2）No business too small. No problem too big. （对照，排比）
没有放着不做的小生意，没有解决不了的大问题。（对照，排比）

——IBM 公司

（3）Pity the pickpockets！ （暗喻）
可怜那三只手啊！ （暗喻）

——蒂利永久衫（Tilley Endurables）

（4）Take TOSHIBA, take the world. （首语反复）
拥有东芝，拥有世界。 （首语反复）

（5）Thirst come, thirst served. （首语反复）
渴望无限。 （双关）

——百事可乐

（6）The label of achievements.
Black Label commands more respects. （双关）
酒是功成名就的标志。黑色标志使您更显尊贵。 （双关）

——黑色标志酒

（7）Better late than the late. （仿拟）
晚到总比完蛋好。 （叠韵）

——底特律（Detroit）机场至安娜堡
（Ann Arbor）高速公路上警示牌

（8）Tomorrow Technology at Your Touch （头韵）
明天科技，您手可及。 （尾韵）

——史密斯·科伦娜（Smith Corona）打字机

（9）Think different. （拟人）
不同凡"想"。 （仿词）

——苹果电脑

（10）Start ahead.
成功之路，从头开始。 （双关）

——飘柔（Rejoice）洗发水

2. 对广告口号译文读者文化审美习惯的关注

拉多（Lado, 1957）在其所著的《跨文化语言学》一书中指出："我们把生活经验变成语言，并给语言加上意思，是受了文化约束的影响的，各种语言则由于文化的不同而互为区别。"（谢建平，2001：62）由此可见，语言打上了文化的烙印，不同的语言映射着不同的文化。

107

广告口号是一种面对大众的宣传手段，是语言在人们生活中的具体运用，必定受到特定文化的制约。广告口号的翻译也因此打上文化的烙印。可以说，广告口号的翻译是广告口号文化信息的跨语转换，是一种文化的比较。因此，广告口号翻译不能看成是一对一的语言转换活动。译者应高度重视广告口号中所蕴涵的文化因素。这就要求译者从接受美学观出发，强调译文读者的地位和作用，充分考虑他们的期待视野和文化审美习惯。译者应极大地发挥想象力和创造力，挖掘广告口号中的文化内涵，采取"文化迎合法（投其所好）"、"文化避让法（避之所忌）"等翻译策略，施以灵活的翻译技巧，流畅清晰地传达原文的有效信息，以实现广告的预期功能。现用几则广告口号的翻译加以具体说明。

（1）Time is what you make of it.

天长地久。　　　　　　　　　　——斯沃奇（Swatch）手表

这则广告口号构思巧妙，令人玩味。但由于中英文化差异，中文读者往往感到只可意会不可言传。译者用"天长地久"，恰到好处。"天长地久"是一个在中国千古流传的名言，意即"跟天和地存在的时间一样长"，形容永久不变。用在这里既对手表的质量作了肯定，又赋予它一定的含义：无论是爱情天长地久还是亲情天长地久，你都会认为这只手表不失为送给你亲爱的人的好礼物。如果不考虑译文读者的文化审美特征，照字面意思译为"时间就是由你来创造的"，也许大家不知所云，要想消费者接受其产品并采取购买行动，恐怕是难上加难。

（2）蚊子杀杀杀。

Mosquito Bye Bye Bye.　　　　　　——雷达（Radar）驱蚊剂

该广告口号译文，妙就妙在采用了改译法，"杀杀杀"译成了"Bye Bye Bye"，而没有硬译为"Kill Kill Kill"。这样译既是为了语音效果的需要，也是出于对文化因素的考虑。"Bye Bye Bye"为常用口语，让人不由自主地联想到轻轻松松地一挥手便可告别蚊虫，而"Kill Kill Kill"却使人联想到劳神费力才能消灭蚊虫。显然，前者突出了该产品质量之高，效果之佳的特性，更有利于宣传产品的形象，扩大销售。

（3）长城电扇，电扇长城。

A fan is no comparison to the Great Wall,

but the Great Wall Fan is just as cool.

原文兼具双关和回环两种修辞格，意指长城牌电扇犹如长城一样强大、坚固、势不可当。由于文化的差异，英语读者不一定能了解长城的象征意义，因此，直译成英语势必造成读者不知所云，不能很好地实现译文的预期功能。为此，译者应考虑意译，并以适当的修辞手段进行补偿。上述译文承袭了原文的双关风格，以"cool"一词的双层含义（"凉的"和"棒的"）寓指长城电扇不仅为消费者带来凉爽世界，而且其质量也像长城一样众口皆碑。双关手段的补偿使译文尽管流失了回环的修辞特色，但也较好地再现了原文的语言特色，很好地实现了译文的功能。

（4）宁可食无肉，不可居无竹叶青。

Better is a dinner where Zhuyeqing spirit is

Than a stalled ox and Zhuyeqing spirit without. ——竹叶青酒

原广告口号仿拟了谚语"宁可食无肉，不可居无竹"，该句表达了人们追求谦虚、正直的美德，广为中国人所熟悉、推崇。而译文则仿拟了夏洛特·勃朗蒂（Charlotte Bronte）的一句名言"Better is a dinner of herbs where love is than a stalled ox and hatred therewith（同爱人一道吃草，胜于同仇人一道吃肉/吃素菜，彼此相爱，强于吃肥牛，彼此相恨）"，为英文读者理解和乐意接受，广告的效果亦随之而出。

3. 对广告口号译文读者情感需求的关注

世界上没有什么比情更能震撼人心的了。古人云："感人心者，莫先乎情。"接受理论家诺曼·霍兰德认为，读者是以自己的情感去体味作品、释读作品的（Holland，1968：172）。川胜久在其所著的《广告心理学》中说："使用情感性的传播，而且传播又符合事实，再将宣传性质与公共关系性质折衷其中，则属于上乘的广告。"（马芝兰，2000：68）情感诉求越来越被广告口号创作者所关注。因为随着社会经济的发展，消费者的需求层次不断提高，除了讲究商品的性能和特点外，他们更追求一种与自己内心深处的情绪和情感相一致的"感情消费"。将广告口号要宣传的内容融入一定的情感之中，消费者就会在受到感染的同时，潜移默化地接受某种信息。注入了浓浓情感因素的广告口号，往往可以吸引人、感动人、驾驭人。

广告口号的翻译不同于一般的文学翻译，它不仅要供人欣赏，更重要的是吸引消费者，刺激他们的购买欲望，促使他们采取购买行动。要做到这一点，单靠强调译文与原文"语义对等"显然不够，更须注重译文读者的情感需求，突出"以情传意"的原则。这是因为，前者只能再现原文的语义，而后者则强化广告口号译文的功能以达到有效促销的目的。因此，从这个意义上来说，广告口号译文的情感色彩对其宣传的效果好坏起到至关重要的作用。消费者接受广告口号译文信息刺激后通过感知产生联想、形成情感与购买动机，最后促成购买行为。这就表明，情感是顺利完成人们心理变化过程中的一个必然而关键的环节。广告口号译文情感传递不到位，就不能激发消费者的购买动机和行为。因此，广告口号译文的措辞必须要考虑到读者的需要、情绪、兴趣等，创造一种适合感情交流的气氛，以唤起读者心底的美感共鸣（王辞、陈宁，2002：64）。广告口号翻译中，关注译文读者的情感需求可从以下几方面入手。

1）突出消费者的地位

我们常说"顾客就是上帝"。强调顾客至上的原则，突出消费者的地位，是企业营销策略，也是广告口号翻译所必须考虑的重要因素之一。因为它可使广告口号有的放矢，直面顾客，沟通情感；它可显示广告主对消费者的尊重，满足消费者的自尊心理；它还有利于广告口号行文，符合广告口号用语的习惯。例如：

（1）We'll treat you like gold.

我们对待您像对待金子。　　　　　　——马来西亚航空公司

（2）We're in the Pleasing Business.

您的愉快，我的天职。　　　　——澳大利亚迪敦出租汽车公司

（3）Connecting People.

科技以人为本。　　　　　　　　　　——诺基亚（Nokia）

（4）Our World Revolves Around You.

一切始终围绕您。　　　　——喜来登（Sheraton）酒店集团

（5）We treasure each encounter.

相逢自是有缘，华航以客为尊。

——中华航空公司（China Airlines）

（6）We're keeping up with you.

我们始终与您保持同步。　　　　　　——维萨（Visa）信用卡

（7）We treat you royally.

您就是我们的贵宾。——多伦多女王公园安大略旅游部（Ontario

109

Travel Dept. , Queen's Park, Toronto)

(8) We treat you like you're coming back.

待您如同老友。——维格邦德汽车旅馆（Vagabond Motor Hotel）

(9) Wherever you are, we are just around the corner.

无论您在何处，我们都伴随着您。

——西门子通讯（Siemens Telecommunications）

(10) TRUE.

THIS BUD'S FOR YOU.

千真万确。

这百威啤酒是为了您。　　　——百威（BUDWEISER）啤酒

(11) You are the emperor today.

今天您是皇帝。　　　　　　　　——美国某旅馆

(12) Help Us to Serve You Better

细听客户心

服务更称心　　　　　　——恒生银行（Hang Seng Bank）

(13) If you need help, we're here to help you.

我们随时乐意为您效劳。　　　——香港地铁（MTR）

(14) Exceptional collectibles for the exceptional you

无价珍藏　唯您尊享　　　　——汇丰（HSBC）

以上各例都以消费者为中心，突出了对消费者的尊重和关怀，很富有人情味，读起来自然亲切，不失为佳译。

2）注重消费者的精神需求

人的需求包括物质需求和精神需求。人的精神需求包括爱情、友谊、荣誉、身份、社会的尊重等。随着社会的发展，物质的日益丰富，人们越来越追求精神享受，其消费也越来越趋向于情感型。因此广告口号也尽量诉求于消费者的精神需求。那么广告口号的翻译也应"与时俱进"，尽可能地强调消费者的精神需求。例如：

(1) Catch the Spirit.

精神追求　　　　　　——美国精神航空公司（Spirit Airlines）

(2) The Spirit of Australia

飞扬澳洲神采　　　　　——坎塔斯航空（Qantas Airways）

(3) Perpetual Spirit

　　恒动精神　　　　　　　　　　　　——劳力士（Rolex）

（4）Engineered to move the human spirit.

　　人类精神的动力。　　　　　　——奔驰（Mercedes-Benz）汽车

（5）Love me tender, love me true.

　　脉脉含情，情意真真。　　——绿丹兰化妆品（Ludanlan Cosmetics）

（6）Caring, Comfortable, Civilized.

　　关爱、惬意、高雅　　　　　——威斯汀（Westin）酒店集团

（7）Fun. Friendly. Free.

　　有趣、友好、自由　　　　——美国在线（American Online）

（8）A gift of immediate and lasting value.

　　一件具有眼前及永久价值的礼物。　　——派克（PARKER）

（9）The friendly skies of your land.

　　自己的土地，温馨的天空。　　　　——美国联合航空公司

（10）Shining and Caring

　　关怀周详　一生照亮　　　　　——加拿大永明人寿保险公司

（11）Build a care society.

　　共建关怀社群。　　——香港红十字会（Hong Kong Red Cross）

（12）方寸之间，深情无限。

　　　On these tiny postage stamps

　　　Philatelists' friendship "franks".　　　　——某集邮杂志

　　以上各例不管是直奔"精神"主题，还是言及"关爱"、"关怀"、"友好"等，都是围绕人们的精神需求做文章，极能打动人心，冲击消费者的情感心灵。

　　3）使用优美的语言

　　情感传递是广告口号策划的重要手段之一，自然也是广告翻译的一个主要技巧。某些情况下，要使广告译文充分发挥其预期功能，仅靠达意是远远不够的，还要唤起目标受众的情感共鸣，这就离不开审美化语言的烘托。当我们难以使广告译文在修辞上与原文完全等效时，适当将其重心移至情感传递，以优美的语言（如诗化语言等）打动目标受众，以"美"动"情"，往往能收到非常理想的效果。例如：

　　（1）The offspring of Spring.

　　　掬自春泉。　　　　　　　　——皮瑞尔（Perrier）矿泉水

111

原文音韵和谐，朗朗上口，其中 Spring 一语双关，既有"春天"又有"泉水"的意思，浑然天成，而汉语中却难找到对应词将其双关意义表达出来。译者将其双关语义理解为"春天的泉水"，不失为一种较好的处理办法，它易使人联想到春天的美景，矿泉水的清纯、洁净，对读者特具吸引力，广告的宣传效果应不亚于原文。

（2） Everything is extraordinary. Everything attempts.

件件超凡，样样迷人。　　　　　　　——卡地亚（Cartier）装饰品

原文与译文都使用了重复修辞手段，只不过原文用的是句首重复，强调"每一件"饰品都是精品，而译文用的是同义重复，符合汉语讲究对偶，避免字面重复的表达习惯。译文词句优雅，较为准确地再现了原文的修辞之美与内涵之美，达到了吸引读者的目的。

（3） 甜甜蜜蜜，无限爱恋尽在其中。

With boundless love in it, the drink is more than sweet.

这则广告口号将其所宣传的产品——饮料拟人化了。撰稿人把顾客对饮料的无比喜欢比作对情人的无限爱恋，让人感到饮料的甜蜜犹如爱情的甜蜜。诗化的语言传达出浓浓柔情，绵绵蜜意，叫人怎不受到感染？相应的译文选词精当，再现了拟人的辞格，而且押了韵。优美的语言描绘出情景交融、亮丽诱人的画面，令潜在的消费者怦然心动。

4） 营造感人的意境

意境指文学艺术作品通过形象描写表现出来的境界和情调。通过意境的描写来展现某种观念、情感，往往能使广告口号"言有尽而意无穷"，传达出某种无法用言语来表达的韵味，读者在阅读时也往往因形态可感，内蕴丰富而深受感染。广告口号的翻译也应巧妙地编排语言，将要传递的信息融入其中，营造出优美的意境，收到"不着一字，尽得风流"的效果。例如：

（1） Breakfast without juice is like a day without sunshine.

没有橘汁的早餐犹如没有阳光的日子。

原文运用明喻修辞手法，将没有橘汁的早餐比作没有阳光的日子，意境鲜明，形象生动。译文传达了原文的形象和内容，富有感染力地宣传了商品的特性，大大增强了广告口号的功能。

（2） Flowers by Interflora speak from the heart.

艳特鲜花，倾诉衷肠。

原文和译文都将鲜花拟人化了，好像情人诉说衷肠，情意融融，魅力

非凡，动人心扉。

　　（3）My Paris is in a perfume.

　　　　我的巴黎风情就在一瓶香水中。

　　巴黎享有全世界最浪漫城市的美誉，对人们的吸引力达到了无可匹敌的巅峰。广告撰稿人将其形象融入所宣传的相关产品中，极易引发人们的联想。译者为再现原文的优美意境，将"Paris"译为"巴黎风情"，一个以时装、香水闻名于世的国际大都市那情怀浪漫、风情万种的意境跃然纸上，实在令人遐想，叫人心驰神往。

113

　　广告口号在语言中别具一格，魅力非凡，是商品的"第二商标"。它旨在在广大消费者中建立一种思想观念，强化消费者对所宣传产品的印象，引导和指导消费者有目的地进行选择购买，从而达到扩大销售，获取利润的目的，这也是广告口号翻译的主要目的。这样，在译者—译文—读者三维关系中，读者的地位和作用就显得尤为重要。译者必须站在接受美学观的立场，充分考虑译文读者的期待视野，悉心关照译文读者的语言审美特征和文化审美特征，并特别强调译文读者的情感需求，创作出为人所知、所好的译文，实现广告口号的预期功能。

五　幽默广告的翻译

　　幽默广告是运用生动形象的语言和幽默风趣的笔调，在轻松愉快中进行产品的宣传并刺激人们强烈的购买欲望的广告形式。在今天的广告的海洋中，幽默广告越来越成为一股活跃的力量。调查表明，英国36%的电视广告，美国24%的电视广告、31%的广播广告以及15%的杂志广告都使用了幽默（杰勒德·特列斯，2001：196）。近年来国际广告大奖获奖作品中大都运用了幽默手法。近几届戛纳广告节的获奖作品大部分是以利用单纯鲜明、一目了然的幽默情节而取胜的幽默广告，如第43届戛纳广告节获奖影视作品《婴儿与麦当劳》及第44届平面广告的全场大奖《刹车痕迹》，至今令人难以忘怀。而其他的广告获奖作品中也有三分之一运用了幽默手法。可以这么说，幽默广告已成为现代广告的一种重要创意趋势（邓惠兰、龚轶白，2000）。因此，幽默广告及其翻译特别值得研究。

（一）幽默广告的特点

与其他广告相比，幽默广告有其独具的特点，这些特点也正是幽默广告魅力的源泉。

1. 含而有露

美国广告大王沙奇说："广告是一种说服，因此它不仅是科学，更是艺术。"（范学新，1994）与罗列产品优点及厂家承诺那种王婆卖瓜式的广告不同，幽默广告往往采取含而有露的说服艺术。

含，就是含蓄，"遁辞以隐意，谲譬以指事"（《文心雕龙·谐隐》），可以巧妙地避开某些敏感话题，或者避免让人产生自吹自擂的感觉；露，就是显露，一是指语言的浅显易懂，一是指对产品特点、性能等的表白，这就不至于使人把握不住广告的主旨。含而有露就是刘知几在《史通·叙事》中所谓的"言近而旨远，辞浅而义深，虽发语已殚，而含义未尽。使乎读者望表而知里，扪毛而辨骨。"一含一露中，显示出一份机智与幽默，也表示出对消费者的一份理解与信赖（范学新，1994）。例如：

（1）I trained him to bring my slippers, but he always goes for my Italian shoes.

　　我训练他去拿我的拖鞋，可他总是去拿我的意大利鞋。

（2）We would never say the new Audi 100 is the best in its class.
We don't have to.

　　我们决不会说新奥迪100是它那类车中最好的。

　　我们没必要说。

（3）"I'm no fool. There are seven adults in there."

　　"我不是傻瓜。车里有七个大人。"

（4）Pity the Pickpockets!

　　可怜那三只手啊！

例（1）是某意大利鞋的广告。广告通过受话者不听发话者的指令一说，暗含受话者对其产品情有独钟，反衬出产品的优良品质，深受消费者欢迎。例（2）是新奥迪100汽车的广告。广告声称"没必要说"，实际上在说"新奥迪100是它那类车中最好的"。例（3）是通用汽车公司（GMC）使者牌超大型（ENVOY XL）轿车广告。广告没直接说轿车很大，但说"车里有七个大人"。可想而知，轿车是超大的。例（4）是蒂利永久衫（Tilley Endurables）安全口袋的广告。但为什么与"三只手"有关呢？原来服装设计的安全口袋让三只手行窃无门。此句话表面似乎与广告主旨无关，但其中的道理不言而喻。

2. 寓庄于谐

广告幽默是一种实用幽默，它的功能在于加强广告的劝导力和说服力。任何一种广告都是要劝说广告对象去注意、关心、购买它所宣传的商品或所体现的观念，广告的创意及制作都必须为这一目的服务，幽默也不例外。然而与众不同的是，幽默既可以以有趣的方式，让人在轻松愉快中，将广告的信息印入脑中，也可以对人性中的弱点，对不无遗憾的世态，甚至对不注意公共秩序、交通安全法规等现象进行善意的揶揄、讥讽，寓深刻的社会内容于诙谐可笑的表现形式之中，使人在会心的微笑中警玩醒世（危磊，1994）。例如：

（1）If people keep telling you to quit smoking cigarettes, don't listen... they're probably trying to trick you into living.

要是有人老是劝你戒烟，别理他们的……他们可能就是想骗你活得长久些。

（2）Take care of your lungs. They're only human.

If you were a magician, you wouldn't have to worry about smoking and your lungs, you could just make your lungs disappear! But...

照料好你的肺，它们如同人一样脆弱。

要是你是魔术师，你不必担心抽烟，不必担心你的肺，你可以把你的肺变没了！但是……

（3）Take nothing but pictures.

Leave nothing but footprints.

除了景色，禁止摘拿任何公物。

除开脚印，不准扔留任何东西。

（4）Get slower. We're too busy.

        Coffin maker

开慢点吧。我们已经忙不过来了！

        棺材匠

（5）Better Late than the Late.

宁晚三分，不抢一秒；别到阎王爷那儿去报到。/慢行回家，快行回老家。

——底特律（Detroit）机场至安娜堡

（Ann Arbor）高速公路上警示牌

例（1）是美国防癌协会（American Cancer Society）劝人戒烟的广告。表面上看，这则广告似乎与戒烟的主题没什么关系，但发话者采用"以反求正"的变异手法，于诙谐幽默的语气中寓庄重严肃的用意，使受话人在不知不觉中感悟"吸烟有害身体健康"而足戒。例（2）也是一则劝人戒烟的广告。此广告一反常规，运用幽默的语气调笑那些吸烟者：你要是能把肺变没了，尽管吸烟好了。闻此，人们实应当心吸烟的危害。例（3）是美国某著名公园的广告，读起来朗朗上口，颇有汉语对仗之味。作者妙用了"take"和"leave"两词。"take"既有"拿"、"带走"，又有"照相"之意，一语双关，妙趣横生。游人一看觉得幽默之外更有一种严肃干脆利落之味，谁好意思去冒犯规矩呢？例（4）是一则交通安全广告，言轻意重。看了这则广告，谁还敢超速驾驶？例（5）轻松、诙谐，采用旁敲侧击的侧面表现手法，话中有话，意在言外，深刻的意义脱离了具体的时空，让人思而后笑，给司机在紧张而又枯燥的路程中带来舒心一笑，在愉快的气氛中得到有关信息和启迪，从而使他们把握好方向盘。

3. 新颖独特

纵观古今，幽默艺术的发展史，从来就是刻意创新、不断突破陈词俗套的过程。古人曰："似我者死"；鲁迅说："依傍和模仿，决不能产生真正的艺术"，一语道出了幽默作为一种具有鲜明个性特色的精神产品的本质特性。优秀的幽默广告从不简单照搬、机械模仿既有作品，而是另辟蹊径，别具一格。例如：

(1) Don't flirt the girl who has just stepped out of here, she's probably your grandma.

请不要向本院出来的女人调情，她也许就是你的外婆。

——某美容院

(2) In spite of all this, we're inclined to admit that there's just one thing in the office that won't be made any easier by installing a Macintosh: You might find yourself lining up to use it.

尽管如此，我们还得承认，即使安了苹果电脑，办公室里还是有

件事不容易做：你可能要排队才能用得上电脑。　　——苹果电脑

（3）Our cigarettes are only matchless. We've just done such an experiment：Put a pack of our cigarettes into a coffin. The dead man will immediately stand up, take out a cigarette and ask for fire whoever he meets.

　　我们的香烟独一无二。我们刚才做了这样一个实验：放一包我们的香烟到棺材里。死者便立即站起来，抽出一支香烟，逢人就要火。

　　　　　　　　　　　　　　　　　　　　　　　　　——某香烟

（4）We refuse to believe in the equality of the sexes.

　　我们不相信男女是平等的。　　　　　　　　　　——奔驰汽车

（5）One taste and you're doomed... It'll just make you feel like more. In a word, it's irresistible.

　　你一吃就会倒霉……它会使你吃了又想吃。总之，它不可抗拒。

　　　　　　　　　　　　　　　　　　　　　——某松软低脂奶酪

　　例（1）不直接说美容院的技术高超，可使女人变得年轻漂亮很多，而是别出心裁，采用迂回的说法，以说明美容院的完美服务。例（2）中所言的不易做的事，不仅没有削弱产品的形象，反而衬托了产品的优良特性，可谓妙笔生花。例（3）一反传统的从烟丝的质量、味道等方面来赞扬香烟的手法，生动描述了香烟使死者回生，且迫不及待地要火点烟的行为。广告虽然显得太夸张，但创意颇新，别具一格。例（4）故意违反关联准则，试图造成人和汽车概念不分的假象，导致解码困难，让人暂时不知就里。其实，广告的真正意图是：奔驰汽车款式多样，男人有男人喜欢的款式，女人有女人钟情的式样。人们在推测、探究广告含义之时，广告的幽默便慢慢显现出来。例（5）故意违反了质量准则，使用含有贬义的短语"to be doomed to"（注定倒霉或遭殃），告诉读者吃了这种奶酪就会"倒霉"，似乎不合语境。但对其进行语用推理，就产生了言外之意：这种奶酪美味可口，一吃就会"倒霉"上瘾，爱不释手。广告贬词褒用，用机智诙谐的反语手段加强了语言的表现力和吸引力（郭绪文、邓琪，2003）。

　　4. 生动形象

　　老舍曾说过："文字要生动有趣，必须利用幽默。"（见老舍《谈幽默》，《老舍散文》，浙江文艺出版社1999年版，第364—370页）真实的广告内容加上幽默风趣的语言，往往能创造生动形象的艺术效果，容易留

给受众深刻的印象和愉悦的享受，使广告令人心服。例如：

（1）Money doesn't grow on trees. But it blossoms at our branches.

　　树上是长不出钱的，但它会在我们的支行里开花结果。

——英国劳埃德银行

（2）The last one is delicious, bring me another one.

　　人肉真香，再来一个。　　　　——北美某动物园鳄鱼池标示牌

（3）Wherever it hurts, we'll heal it.

　　无论何处受伤，我们都会治愈。

（4）If you are not already a Steven Parker addict, this book will make you one.

　　如果你还不是帕克迷，这本书定会使你成为帕克迷。

（5）For real brain-scalding, colon-burning taste, try Joe's Atomic Chili. Made from 100% animal by-products and just a dish of diesel fuel. It's a burst of flavor that will make your tongue turn black and drop to the floor quivering in fear. So for a true gastro-intestinal assault, try Joe's...

　　要体会头脑滚烫、结肠烧伤的滋味，就尝尝琼氏原子辣酱吧。由100%的动物副产品制成。简直就是一碟"柴油"。爆炸性的辣味令你舌头烧焦并使之坠地而惶恐战栗。因此，要给肠胃一次真正的冲击，就试一试琼氏……　　　　　　　　——琼氏原子辣酱

（6）Keep the frog out of your throat.

　　祛"鲠"通喉。

例（1）中的"blossom"和"branch"均一语双关："blossom"有"开花"和"增长"的意思；"branch"有"树枝"和"分行"的意思。这里双关的贴切运用，使广告显得形象生动、妙趣横生。例（2）以鳄鱼的口吻说话，活灵活现，起到"警示"和"吸引"游客的双重作用。例（3）是一则提供修理皮包服务的广告。广告中将坏的皮包比作受伤的人，把修理它比作治愈，使整个广告形象贴切、生动有趣。例（4）是畅销书《单词与规则》（Words and Rules）的广告语，出自1998年普利策文学奖得主戴梦得（Jared Diamond）之口，其中以畅销书作家帕克（Steven Parker）之名代替其作品，可谓言简意赅，更妙的是"addict"（有瘾的人）一词虚贬实褒，幽默风趣，形象描绘了人们的痴迷程度，可谓"字字珠玑"。例（5）使用了极具"热力"的夸张词汇，诙谐生动的描述把"热

辣辣"的琼氏辣酱直接呈现在观众眼前，给观众以强烈的视觉冲击。无须思考，观众便可感受到逼人的幽默而为此忍俊不禁，从而对广告产生深刻的印象。例（6）是一则有关咽喉片广告的最后一句话。此句来源于英语习语"have a frog in one's throat"（have difficulty in speaking because of a sore throat，由于喉咙痛而说话困难）。广告创作者对原习语进行了适当改造，使广告语言形象逼真，产生了幽默诙谐、令人难忘的效果。

（二）幽默广告翻译的原则

如前所述，接受美学的应用范围很广，它不仅可以应用于文学艺术之中，还可以应用于翻译之中，其于幽默广告翻译尤为适用。幽默广告是一种特殊的文体，蕴涵丰富的文化内容，具有独特的语言风格，其翻译目的有别于其他文体，它强调的是复制原文的促销效果，实现广告主的预期目的。为此，幽默广告翻译必须遵循正确的翻译原则。受接受美学的启发，笔者认为"效果优先"和"文化适应"不失为幽默广告翻译的主要原则。

1. "效果优先"原则

在很多传统的翻译理论中，读者的地位不被重视，如语文学派只关注原文的文学特征，注重源语和译入语在语言结构方面的差别，强调源语和译入语的对应规则，而忽略读者的能动性和主体地位。

根据接受美学的观点，我们可以推知，译者—译本—读者三维关系中，读者不是被动的接受者，不是单纯做出反应的环节，而是一种重新评估译作的重要力量。阅读译本的过程不是译者与译本单向地向读者灌输形象和意义，不是读者被动地接受的过程，而是读者积极地介入与参与，与译本、译者形成辩证的对话关系。译文读者居于主体地位，具有能动性，其阅读活动是实现译文价值、评估译者工作的关键环节，所以译者必须对译文读者倍加关注，关注其情感需求、语言审美习惯和文化审美习惯等，关注译文在读者身上所产生的最终效果。为此，我们可以将"效果优先"作为幽默广告翻译的首要原则。

根据"效果优先"原则，翻译出来的幽默广告只要能发挥最佳的广告功能，达到预期的广告效果，则不管它是否忠实于原文，是否与原文语义对等，风格对等，或对等到何种程度，都无足轻重。如果翻译出来的幽默广告不能产生预期的效果，无论它是哪个方面、何等程度的对等，都谈不上是成功的翻译，有时还甚至是糟糕的翻译。一句话，能实现广告主目的的译文就是好的译文。正如赖斯（Katharina Reiss）和威密尔（Hans Vermeer）所说："翻译的效果才是最重要的。"（刘卫东，2001）

2. "文化适应"原则

幽默广告的翻译与其说是语言的翻译，还不如说是文化的翻译，因为语言打上了文化的烙印。各民族由于历史背景、风俗习惯、价值观念、思维方式等文化特质不同，语言表达方式就千差万别。一个民族的某种语言表达方式可能被另一个民族所认同和接受，但也可能不被另一个民族所认同和接受，从而受到抵触和排斥。语言中所折射的"文化冲突"的事例俯拾即是，无须赘述。因此幽默广告的翻译不可能看成是一对一的语言转换活动，译者应高度重视语言中所蕴涵的文化因素，采取适当的翻译策略和方法，妥善处理因文化因素所引起的有关问题。这就要求译者从接受美学的观点出发，强调译文读者的地位和作用，充分考虑他们的期待视野和文化审美习惯，遵循"文化适应"原则，即译文要适宜于读者所处的文化环境，能为读者所理解和接受。一方面，"投读者所好"，充分发掘原文的有效信息，只要能"为我所用"，便"穷其所能"，将原文的优势发挥至极点；另一方面，"避读者所忌"，隐去或撇开可能造成负面效果的信息，否则，广告译文不仅达不到爽心怡情、促销产品的目的，反而会引起读者的反感、憎恶。但"避读者所忌"并不意味"全盘抛弃"，而是"扬弃"，是译者创造性地处理有关信息，创作出实现广告预期目的的译文。

值得说明的是，"文化适应"不是千篇一律地机械替代，或不假思索地排斥"异国情调"。相反，对于那些新颖独特的表达法，只要不妨碍人们的理解，不引起人们的误解，便可大胆地吸纳。往往正是这些新颖独特的表达法才展示出幽默广告的特有魅力，以实现其说服功能。同时，读者不是被动的，他们具有能动性，可以发掘自己的审美能力，发挥自己的想象力和创造力，与译文形成互动，产生共鸣。

（三）幽默广告翻译的方法

幽默广告翻译时，采用何种翻译方法，应视具体情况而定。不同种类的幽默广告，所使用的翻译方法也应有所差异。从翻译的角度来看，幽默广告可大致分为三类：情节类幽默广告、词义类幽默广告和背景类幽默广告。这三类幽默广告的翻译不尽相同。

1. 情节类幽默广告的翻译

情节类幽默广告是指主要依靠情节手段创作而成的幽默广告。这类广告的幽默的表现一般依赖于故事的前后矛盾，依赖于出乎意料的结果、回答、解释等，通常语言障碍不大，翻译时直译者居多。例如：

（1）Lovesick Parrot

Seeks attractive perch, 37 years old with some loss of plumage.

患相思病之鹦鹉

37 岁，羽毛有些脱落，寻诱人之巢。

这是一则十分幽默的求偶广告，作者一反千篇一律的征婚广告模式，将自己比喻为患相思病的鹦鹉，把头发比喻为鸟的羽毛，将未来的家比喻为鸟巢。这些比喻，中国人与英美人对他们的理解大致相同，照直译出，原文的意思便表达得一清二楚。

（2）One man's disaster is another man's delight! The sale is now on!

一人之灾是另一人之福！大甩卖正在进行中！

这则广告是仿拟英语谚语 "One man's meat is another man's poison（利于甲者未必利于乙者）" 而来的。它告诉人们，商店大甩卖对店主来说是"灾"，而对顾客来说是"福"，幽默而俏皮。这里语言明白晓畅，用直译法译出，读者一看便懂。

（3）The only sound you'll hear is praise.

你听到的只有赞扬声。 ——凌志（Lexus）汽车

该广告可视作是违反了格莱斯（Paul Grice）所谓的"关联准则"。从字面上看，"praise"（赞扬声）与豪华汽车的声响一时扯不上关系。但正是这种"关联准则"的违反使广告产生了特定的含义：汽车性能之好，行驶之稳，声音之轻，以至于你只能听到人们为之发出的赞扬声，而根本不用担心汽车发出不必要的杂音。在翻译过程中，此广告在语言上无啥障碍，直译便传达其幽默活泼的语气和意义。

2. 词义类幽默广告的翻译

词义类幽默广告是指以语言歧义为基础创作而成的幽默广告。这类广告的幽默的表现源于语言手段本身，对情节的依赖性相对较小。一旦造成幽默语境的语言手段涉及本民族语言所独具的特异规律时，翻译的难度就很大。

词义类幽默广告中所使用的语言手段常见的包括双关（pun）。根据

牛津大学出版社（香港）1978年出版社的《现代高级英汉双解辞典》，双关"即用同音异义或一字二义之语以为诙谐之用"（humorous use of words which sound the same or of two meanings of the same word）。双关具有简洁凝练、风趣幽默、新颖别致等修辞效果。它能突出广告的特点，既惹人注目，又引人联想，令人回味无穷，因而被大量应用于广告之中。但翻译时如何最佳传达幽默广告中的双关效果却是一件非常棘手的事。一般认为，双关构成了可译性障碍，存在不可译性。具体翻译时，契合法难以实施，要想音、形、意兼顾，收到表形、达意、传神的效果实在难得。人们常常采取释义法、仿拟法、侧重法、改译法、补偿法等。不过，根据笔者所述幽默广告的翻译原则，如译文的效果不亚于原文，不管作何种处理，其译文就能称得上是好的译文。例如：

（1）Seven days without 7-UP will make one weak.

　　　七天不喝七喜，一周软弱无力。

这则广告原文是从广为人知的俏皮话"Seven days without water makes one weak"演变而来的。其绝妙之处在于它既利用谐音双关（"weak"与"week"谐音），又利用语义双关（"one"既可作代词"一个人"解，又作数词"一个"解）。因此，原广告既可理解为"七天为一周"，又可理解为"七天不喝七喜会使人软弱无力"。这样的双关佳句诙谐机智，令人回味无穷。正因为如此，翻译的难度也大为增加，要把原文天然成趣的双关复写出来几乎不可能。上述译文虽没有复制出原文的双关效果，但采取对仗、押韵、重复等修辞方法尽力提高广告效果，也不失为一种有效的补偿手段。

（2）Try our sweet corn. You'll smile from ear to ear.

　　　请尝我们的甜玉米，包您穗穗开怀。

原文广告令人赞叹之处在于其中"from ear to ear"的妙用：①"from ear to ear"与"smile"连用，指笑得开心；②"ear"为玉米的量词；③"ear"与"year"谐音。译者巧用"穗"与"岁"的谐音首先解决了②与③的统一问题，再借用中国人熟悉的"碎碎（岁岁）平安"的双关熟语，将"平安"换成"开怀"，便较好地将上述三方面的意义统一起来，效果应不亚于原文。

（3）默默无蚊的奉献。

Mosquito-repellent incense, repelling mosquitos in silence.

这是华力牌电蚊香广告语。原文巧用"闻"与"蚊"谐音双关的特点，以"蚊"代"闻"，既突出了产品无臭无毒的特点，又强调了产品高质高效的好处。针对此处双关不可译的特点，译文利用重复、押韵的修辞方式，以补偿法较好地再现了原文的修辞效果。读者能从译文中捕捉到产品的真实性和实用性，于不知不觉之中成为产品的"俘虏"。

3. 背景类幽默广告的翻译

背景幽默广告是指依赖特定的文化背景、风土人情造成幽默的广告。这类广告在语言上没什么问题，但由于涉及一定的文化背景，不明背景的读者往往觉得莫名其妙，不可理解。这类广告的翻译，不能照字面翻译过来就算了事，要多费心机，采取变通的方法处理。例如：

（1）
Fun-filled Holidays

A vocation to Egypt sphinx for itself. A trip to Hawaii is filled with leizy days. An African vocation is exciting safaris I'm told. A trip to Switzerland's Alps to relax you. A vocation in France is a Seine decision.

假日之旅，妙趣横生

去埃及度假吧，瞻仰一翻狮身人面像的风采，包您不虚此行。走一趟夏威夷，看一看美丽的花环，定会让您悠悠然流连忘返。信不信？非洲假日的丛林之旅会给您有惊无险的美妙体验。如果您要放松一下，就到瑞士去吧，风光旖旎的阿尔卑斯山会让您心旷神怡的。想去法国游历吗？漫步塞纳河畔，是您最明智的决定。（唐艳芳译）

这则旅游广告的绝妙之处在于将各地名胜以双关的手法融为一体："sphinx"既指狮身人面像，又谐"speaks"之音；"leizy（leiz）"既作夏威夷迎客的花环解，又取"lazy"的发音；"safaris"指徒步旅游/长途旅游，同时谐音"so far as"；"Alps"既指阿尔卑斯山，又与"helps"谐音；"Seine"指塞纳河外，还与"sane"谐音。要把这所有的双关意义完全传译到汉语中，难度非常大。上述译文力求兼顾源语的双重意义，同时以审美化的广告语言（包括使用原文没有的修辞问句，以增加感召力和诱惑力）追求与原文相近的审美效果，唤起受众的情感共鸣，从而达到广告的目的（唐艳芳，2003）。

（2）Butlin's —— the right choice

Don't labour the point, or be conservative in your choice, or liberal with your money. Come to Butlin's for the real party. Great Party Ahead.

布特林旅行社——你明智的选择

宣传不用太劳工费神，选择不必太保守谨慎，花钱不要太自由放任。我们的工作不是结党而是组团——快来参加我们充满欢乐的旅行团吧。（丁衡祁译）

原文的绝妙技巧在于：除"party"一语双关（既指"政党"，又指"旅行社"）外，"labour"，"conservative"和"liberal"是英国三个政党的名字（劳工党、保守党和自由党），且都有双关的意义，翻译时要将其深刻的文化意蕴和幽默情调用简单明了的汉语传达出来几乎是不可能的。上译可谓是煞费苦心的译文，但没原文那么简洁、贴切、易懂，不深谙英国文化的读者是理会不到其深层意义的。不过，能用汉语表达到这样的程度，已实属不易。

在形形色色、五花八门的广告中，幽默广告光彩夺目。幽默广告能使受众于善意的微笑中，轻松愉快地领略广告创意中耐人寻味的情趣，享受到无限的心灵愉悦，从而乐于接受广告宣传的内容。但幽默广告作为促进商品软销售、树立特有品牌形象的重要手段，其本身打上了文化的烙印，具有深厚的文化意蕴，是与特定时代、特定民族的大众文化融为一体的。由于语言文化的差异，不同民族人们的期待视野、审美情趣、情感需求等各不相同，这给幽默广告的翻译带来很大的困难。为了逾越这种困难，使译文实现预期的功能，译者应以接受美学为指导，确立正确的翻译原则，灵活运用恰当的翻译方法和技巧，力争创作出受消费者青睐、打动消费者的理想译文。

六　广告复译

复译，又称重译，有重新翻译，再次翻译的意思。从时间角度看，复译的情况有两种：一种是不同时期出现不同的译本，另一种是同一时期出现不同的译本。近几年来，复译成为翻译中一道亮丽的风景线，十分引人注目。文学翻译中如此，广告翻译中也如此。复译是事物发展的必然，而且也是十分必要的。贝尔曼（Antoine Berman）就曾把复译的必要性归纳为两点：一是原译中存在过多的失误和不足；二是原译过于陈旧（张锦兰，2003）。我国著名文学家、翻译家鲁迅毫不含糊地说："即使已有好的译本，复译也还是必要的……取旧译的长处，再加上自己的新心得，这才会成功一种近于完全的定本。但因语言跟着时代的变化，将来还可以有新的复译本的……"（陈福康，2000：303）英国著名译论家波斯盖特（John P. Postgate）在 1992 年出版的《翻译与译者》中明确指出，译文随着时间的推移会逐渐"老化"，甚至无法让人理解。因此，即使是最优秀的译文也应该不断更新，每一个时代都需要有自己的译本以满足时代读者的需求（廖七一，2001：19）。本节拟从接受美学的角度探讨广告复译问题。

（一）接受美学对广告复译的启示

接受美学因发现文学文本的未定性和读者的具体化而全面改变了文学阅读的客观意义。接受美学认为，作品本身为阅读和理解的多样性提供了基础。作品文本不是独立的、绝对的、自为的存在，而是一个未完成的、不能产生独立意义的多层面和开放式的图式结构，充满了许多"未定点"与"空白"，这些"未定点"与"空白"就是作品中没有明确说明的地方。文本只不过是一种触发剂或媒介，其作用是引起读者的参与、共鸣和讨论。它的意义的实现，只能靠读者的阅读使之具体化，靠读者的前理解、期待视野、流动视点等多层次地将它的"未定点"与"空白"进行填补，使其未定性得以确定。姚斯在谈到作品概念时说过："一部文学作品，并不是一个自身独立，向每一时代的每一读者均提供同样的观点的客体。它不是一尊纪念碑，形而上学地展示其超时代的本质。它更多地像一部管弦乐谱，在其演奏中不断获得读者新的反响，使文本从词的物质形态中解放出来，成为一种当代的存在。"（姚斯、霍拉勃，1987：26）梅立赫对此说得更为明白。他说，艺术作品的艺术生命，始于它成为社会人的意识中的事实之时，始于它与人的世界观和审美标准发生之时。一部文学作品的生命力，没有读者的参与是不可想象的；一部文学作品不仅仅是为读者创作的，而且也需要读者的阅读，才能使自己成为一部真正的作品（李朝龙，1995：53）。总之，文学作品的概念具有两极，一极是具有未定性的文本，另一极则是读者阅读过程中的具体化。这两极彼此交融才能成为完整的文学作品。

接受美学还认为，阅读和理解的多样性也与读者自身相关。因为，任何阅读的具体化都是以读者个人头脑中已经存在的某种意识结构为前提的，这种先意识是读者理解、阐述作品的立场、观点和方法的前提，它完全是个人的、主观的，正是这种先入为主的见解构成了因人而异的理解和解释，这样，对同一文本，不同的读者会产生不同的理解（娅喆，1994）。正如英国人常说，一千个读者的心中就有一千个哈姆雷特。鲁迅说"看人生是因作者而不同，看作品又因读者而不同"也正是这个道理。此外，对于历史上同一个作家、同一部作品的理解和接受，不同时代的读者往往不尽相同，甚至有很大的差异。造成这种差异的原因，一方面在于读者期待视野的变化，另一方面在于文本的潜在意义不可能被挖掘穷尽。一部作品的意义不可能为某一时代的读者所全部阐释，都必须在不断延伸的接受之链中由读者展开。每一时代的读者都根据自己所处时代的传统，带着自己的"特殊视野"去理解、接受文本，导致不同时代的读者对同一文本有不同的理解、接受，从而体现了接受的历史性（陈永丽，2003）。

接受美学以其全新的姿态一扫文艺理论的作者中心论和文本中心论，坚持文学主体性的建构，不仅对当代文艺理论起了转变视野的作用，也给翻译研究带来了一场深刻的革命，转变了传统的翻译观，为翻译理论提供了新的研究视角。

将接受美学理论应用于广告翻译中，我们可以推知，广告文本是一个未完成的召唤结构，有着被"无限解释的可能性"，其美学价值永远是一个"非稳态系统"，它的生命力来自读者的认同。广告文本的意义、审美价值的阐释和发掘有赖于读者的参与。广告译者，首先是广告原文的读者和阐释者，其首要任务是对作品的"未定点"、"空白"进行填补，理解、发掘原作的内在价值或潜在意义，使其具体化。然而，不同的译者由于各自的社会文化背景不同，加之他们个人的生活经历、个性气质、知识结构、文化修养、思维方式、价值取向、审美情趣等存在差异，他们有各自的先见、先识的基础，阅读时带有自己的主观意识，所以他们所理解和发掘的原作的潜在意义也必然千差万别。

同时广告译者又是广告译文的作者，他接受、解构原文之后，再将原文的信息转化为译文。在转化的过程中，他必须在头脑中闪过预期接受者对译本的需求和反应，想象他们正在阅读或聆听翻译（Nida，1993：140）。因此，他必须考虑广告译文读者的期待视野、接受能力、情感需求、语言和文化审美习惯等，而这些因素并不是恒定不变的，而是因人因地因时而异，既有历时性又有共时性的差别。

由此可见，广告译文是广告译者自己理解和发掘原文的潜在意义，再综合隐含读者的需求和反应所产生的结果，这种结果存在历时性和共时性的差异。所以，同一广告不同人去翻译或同一人不同时期去翻译，往往产生不同的译文。这样，客观上就会出现同一时期多种译文并存或不同时期不同译文问世的局面，复译也因此层出不穷，经久不衰。

（二）广告复译的策略

广告翻译的目的是吸引消费者的注意力，激起他们对所宣传产品的兴趣，产生消费欲望并采取购买行动，从而使广告主赢利。广告复译旨在更好地实现广告翻译的目的。要达到这一点，就必须保证广告复译的质量。否则，不仅是读者对复译的评价降低，而且广告主的经济利益也会受到损害。提高广告复译质量，广告复译策略至关重要。广告复译策略即重新翻译广告时所使用的翻译策略，而翻译策略是指译者将文本从一种语言译为另一种语言过程中遇到某一问题时所采取的对策。它包括宏观的手段，如对全译、摘译或编译的选择，也包含微观的处理方法，如选择什么样的翻译技巧等。本节拟从接受美学观点出发，从五个方面探讨广告复译策略。

1. 纠错性广告复译

纠错性广告复译是为纠正原广告译文中存在的错误而进行的复译，旨在给广告译文读者提供一个接近源语广告文本意义的译文。

接受美学认为，理解是历史性的。由于译者持有的前见及其时间距离造成的异化，译者注定要被限制在理解的历史性之中。同时，译者往往难区分正确前见与错误前见，因而不可避免地产生理解上的错误，从而导致翻译中的误译现象（王晓丽，2002）。随着时间的推移，正确的前见可能会浮现出来，错误前见随之消除。后来的译者就会根据所浮现的正确前见，获得对原文意义的本真把握，纠正原译文中的错误，提供正确的译文。例如：

（1）原文：Which lager can claim to be truly German?

This can.

原译：哪种大罐啤酒可称得上是地道的德国货？

这罐。

新译：哪种贮陈啤酒能称得上是地道的德国货？

这罐能。

这是一则贮陈啤酒的广告。现撇开原文中双关等语言特色不谈，单就其中 lager 一词辨明其意义。根据由陆谷孙主编、上海译文出版社 1993 年版的 The English-Chinese Dictionary（《英汉大词典》），"lager" 源自德语 "lagerbier"，即 "贮藏啤酒" 或 "贮陈啤酒" 的意思。这种啤酒是原产于德国和波希米亚的一种多泡沫的淡啤酒。原译将它译成 "大罐啤酒"，完全属误译。新译纠正了原译的错误，给读者提供了一个接近原文真实意义的译文。

（2）原文：All is well that ends well.

原译：烟蒂好，烟就好。

新译：越抽越好抽，越抽越好抽。

这则广告的原文源自莎士比亚喜剧的剧名《皆大欢喜》。其含义是：结果好一切都好。香烟的质量主要在于烟丝、配料和加工，而非吸嘴。"烟蒂" 是指抽烟剩下的烟头。说 "烟蒂好，烟就好" 不合逻辑，原译有误。这则广告的本意是说，这香烟越抽到后头越有味儿，正像 "这酒越喝越带劲" 或 "这茶越喝越够味" 一样。新译抓住了原文的实质，还了原文的本来面目。另外，新译中后部分貌似前部分的简单重复，但其实不然。前后两个 "好" 字读音不同（分别念 "hǎo" 和 "hào"），意义也不相同，分别为："使人满意" 和 "喜爱"。这加大了广告的解码难度，延长了广告的解码时间，增强了广告的趣味性，从而提高了广告的促销效果。

（3）原文：吸烟请到吸烟区。

原译：The passengers who smoke, please go to the smoking area.

新译：No smoking except in the designated smoking area.

这是某机场候机室里的一则公益广告标语。原文目的是想告诉大家候机室里不准吸烟，如要吸烟，请到吸烟区。标语的用意中国人一看便知。但原译不仅没有传达出禁止吸烟的含义，反而有鼓励旅客吸烟之嫌。新译是一句非常地道的英文，真实地传达了原文的用意，英语读者一见即明。

2. 改进性广告复译

改进性广告复译是为了更准确地传达源语广告文本的意义而进行的复

译，译者不是认为原译有错误，而是觉得它美中不足，并试图将其译得更理想，以便读者更好地接受和欣赏。

从接受美学来看，随着社会的发展和历史的进步，人们对客观事物的认识会不断加深，对文学作品阐释的方法也不断丰富，理解不断深入。据此我们可以推断，随着对不同语言和文化对比研究的深入，人们对不同语言和文化的规律就有更深刻、更接近事物本质的认识。用这种新的认识去审视原译，就会发现原译有待改进，原来认为无法表达的东西或表达不到位的地方，现在可以找到确切、理想的表达形式了。例如：

（1）原文：Pepsi-Cola hits the spot.

Twelve full ounces, that's a lot.

Twice as much for a nickel, too.

Peps-Cola is the drink for you.

原译：百事可乐击中要害，

分量十二盎司，实实在在，

花上五分镍币能喝上两份，

百事可乐对你以诚相待。

新译：百事可乐合口味，

十二盎司一大杯，

五美分，喝双份，

百事可乐为你备。

原文是按照英国民歌曲调谱写的一则百事可乐广告，押 aabb 韵，即以"lot"押"spot"，以"you"押"too"的韵，另外，"Twelve"与"Twice"押头韵，音韵和谐优美，行文流畅自如，读起来自然轻松，诗意浓郁，易于传诵。翻译这样的韵文，表现其风格特点至关重要。可以说原译和新译都较好地保存了原文的韵律，而且都比较注重押韵。但相对而言，新译比原译简单，更口语化。原译中的"击中要害"让人有点不知所云；"以诚相待"显得太正式；"五分镍币"的"镍"为难字，不宜使用。新译第一行强调了产品的质量。第二行对十二盎司加以了补充说明，因为中国读者大都对盎司的概念不熟悉。一盎司等于 28.35 克，十二盎司约 0.34 千克，确实有一大杯。第三行不仅行内押韵，而且传达出了产品便宜实惠这一重要信息。第四行突出了消费者的地位，使消费者感到备受尊重。总体上看，新译更准确地传达了原文的意义。

129

（2）原文：Christy Towels revive the dry art.

原译：克里斯蒂毛巾再显干燥艺术。

新译：洁爽毛巾再显干爽艺术。

原文是一则毛巾广告口号，突出的是产品干爽的特性。品牌名"Christy"源自"Christ"，暗含"圣洁"之意，而它在发音上有点像"crispy"（干净利落，清新爽快）。新译据此将其表达为"洁爽"，而又将原译中的"干燥"改为"干爽"。"洁爽"和"干爽"两词既押韵，念起来顺口，又强调了产品的特性，广告面貌因此焕然一新。

（3）原文：It changed our well water to wonderful water.

原译：变井水为美妙的水。

新译：变井水为净水。

这是一则净水器广告。原文使用了头韵和重复修辞手段，读起来明快上口。原译虽然传达了原文的意思，但埋没了其匠心独运的创意。新译利用"净水"和"井水"谐音的特色，模拟原文的音韵效果，更能传达原文的内蕴。

改进性复译用于商标名翻译中可取得十分令人满意的效果。例如，家喻户晓的饮料"雪碧"的英文名"Sprite"原意是"鬼怪，小妖精；调皮捣蛋的人"。这种饮料最初进入香港市场时，其商标名根据港人求吉好利的心理被译为"事必利"，但销售情况不佳。后来改译为"雪碧"，"雪碧"给人以冰凉解渴的印象，面貌焕然一新，深受欢迎，产品也随之为消费者所接受，且销量大增。再如，"联想"电脑的英文名原为"Legend"，后改译为"Lenovo"。据说后者是在250多个可供选择的名字中脱颖而出的，因为它不仅可以在大多数国家被注册为商标，易读易写，而且拉丁语"novo"有"新"的意思，令人联想到创新的含义。此外，商标的首字母"L"代表"联"的汉语拼音的声母。这一更改的译名在社会上引起了良好的反应，为联想走向世界起到了重要的作用。

3. 避让性广告复译

避让性广告复译是避开文化差异造成的不良后果而进行的重新翻译，其目的是避人所忌，投人所好。

人们总是根据自己已有的生活经验和自我的文化理念来认识、诠释和接纳事物的。人们已有的"前见"极大地影响他们对事物的认识态度和评判标准。当广告所包含的文化意蕴与人们已有的"前见"相融合时，广告就很容易被他们接受；否则，就可能受到排斥或斥责。一旦广告受到排斥或斥责，产品的销售注定失败。广告译者对受众的文化理念进行深入探询与精确把握，将有违译语文化的广告进行重译，能使新的译作在复杂的商业世界中产生独特的效用。现以几例商标名的复译加以说明。

（1）原文：孔雀（电视机）

　　　原译：Peacock

　　　新译：Kingbird

"孔雀"在中文中象征着高贵与美丽，象征着美丽和鲜艳的色彩。"孔雀"作为电视机的商标名暗指电视机的色彩逼真，质量上乘。所以，"孔雀"牌彩色电视机的商标名在中文中显得十分优雅，很受欢迎。但是，孔雀在英语民族通常视为污秽、猥亵之鸟，常给人带来厄运。孔雀开屏被认为是自满、自傲的表现，英语中就有"as proud as a peacock"（非常高傲），"play the peacock"（炫耀自己）之类的说法。原译"Peacock"在英文中有损产品的形象。新译"Kingbird"有"鸟中之王"的含义，形象虽与原文有异，但商标的形象效果应不亚于原文。

（2）原文：飞鸽（自行车）

　　　原译：Flying Pigeon

　　　新译：Flying Dove

我国天津生产的飞鸽牌自行车质量上乘，深受国人喜爱。可原译中"pigeon"容易让人引发不好的联想，因为这个词在俚语中是"傻瓜，（容易）上当受骗的人"的意思，它还有"诈骗"之意，如"pluck a pigeon"就是"骗取傻瓜的钱财"的意思。新译不仅避免了上述问题，还让人们把"dove"跟"和平、纯洁、可爱"这些美好的概念进行联想。

（3）原文：鸭鸭（羽绒服）

　　　原译：Duck

　　　新译：Ya Ya

尽管有些英美人把鸭子当宠物喂养，但该动物却往往给人以呆愚笨拙之感。谁愿意自己看起来呆愚笨拙呢？所以，为避免文化差异所造成的负面影响，该商标名现在就干脆直接音译。新译虽在字面上表现不出原文的含义，但读起来顺口，惹外国人喜欢，商品出口销路很好。这就像饮品商标名"娃哈哈"的翻译一样，音译的效果是十分理想的。

（4）原文：金丝小枣（小枣）

原译：Golden Silk Small Dates

新译：Honey-sweet Dates

原译不仅埋没了所宣传的产品——小枣的优质特点，而且还会使英语国家的人认为这种小枣长满了丝状物。新译既准确地传达出了产品的优点，又尊重了译文读者的文化习惯，自然也有利于产品的销售。

（5）原文：白象（电池）

原译：White Elephant

新译：Bishiny

上海的名牌产品"白象"电池，不仅产品质量好，中文名称也很具彩头：大象在中国是太平盛世的象征，家具、画廊、建筑等常绘有大象的图案，寓意天下太平，百姓安乐。自古以来，人们又认为大象是南方所产的异兽，而白象更是稀世珍宝，被南亚人奉为神圣。此外，"象"与"祥"谐音，象征着"吉祥如意"。所以，"白象"电池在国内和东南亚地区销售不衰。但当"白象"被翻译成"White Elephant"，产品投放英美市场时几乎无人问津，因为"white elephant"在英文中的意思是"costly or troublesome possession useless to its owner"（昂贵而无用的东西；累赘）。新译"Bishiny"，面貌焕然一新。这是因为英语中的前缀 bi－有"双倍"的含义，而"shiny"意为"明亮的"。"Bishiny"的发音和"白象"接近，暗含"倍加光亮"的意思，具有浓厚的文化审美情趣。

（6）原文：金鸡（闹钟）

原译：Golden Cock

新译：Golden Rooster

英语"cock"一词不仅指公鸡，还是男性生殖器的俗称。原译有损产品的形象，给人一种粗俗、缺乏教养的感觉。新译避免了这一文化歧义。

4. 构建性广告复译

构建性广告复译是从一个新的角度来理解源语广告文本而进行的复译，其目的是为读者提供一个原译未提供的新的理解视角。

广告文本不是摆在那儿恒定不变的客体，而是一个相对开放的符号系统。它是一种历史性的存在，而这种历史性又取决于读者的理解。海德格尔说："说到底，一切理解都是自我的理解。"（谭小平，2003）读者的理解受一种"先行结构"的左右，谁也摆脱不了"主观偏见"，但正是这种

"先行结构"所蕴涵的主观性才使得不同译者永远能从同一作品中不断发掘新的意义,进行新的阐释。这就像不同的观察者从不同的角度观看一座建筑物一样,他们观看的虽是同一座建筑物,但看到的却是这座建筑物不同侧面所展示的面貌。谈到这一点时,伊瑟尔也曾举例说:这就好比"两个凝视着夜空的人可以都在看同一群星,但一人将看到犁的形象,另一人则设想出长柄勺。在一个文学文本中,这'群星'是确定的,但加在群星上的线条则是可变的"(张杰,1994)。我国著名美学大师朱光潜教授在《我们对于一棵古松的三种态度》中对此也有一段精辟的议论:

> 假如你是一位木商,我是一位植物学家,另外一位朋友是画家,三人同时来看这棵古松。我们三人可以说同时都"知觉"到这一棵树,可是三人所"知觉"的却是三种不同的东西。你脱离不了你的木商的心习,你所知觉到的只是一棵做某事用值几多钱的木料;我也脱离不了我的植物学家的心习,我所知觉到的只是一棵叶为针状、果为球状、四季常青的显花植物;我们的朋友——画家——什么事都不管,只管审美,他所知觉到的只是一颗苍翠劲拔的古树。我们三人的反应态度也不一致。你心里盘算它是宜于架屋或制器,思量怎样去买它,砍它,运它。我把它归到某类某科里去,注意它和其他松树的异点,思量它何以活得这样老。我们的朋友却不这样东想西想,他只在聚精会神地观赏它的苍翠的颜色,它的盘曲如龙蛇的线纹以及它的昂然高举、不受屈挠的气概。(朱光潜,2007)

广告译者就是这样从不同的视角理解原文,构建新的艺术画面,从而创作出新的译文。例如:

(1) 原文:Come to where the flavor is.

     Come to Marlboro Country.

  译文1:西部牛仔展风度,

     风度源自万宝路。

  译文2:万宝路香烟:

     追寻牛仔风度,西部潇洒走一回。

分析广告,我们可以最少把握了这么两点:①"flavor"既指万宝路香烟的独特品味,又指抽这种香烟的人特有的风度,这风度在牛仔的身上体现出来：他骑着高头大马，身着牛仔服装，嘴里叼着香烟，满脸刚毅，英姿勃发；②"Marlboro Country"是指抽这种烟的人所驰骋的天地，即美国西部。广告中展现出来的是广袤的荒原，蔚蓝的天空，飞奔的骏马，粗犷的牛仔，他们构成一幅极富阳刚之美的画面。"这一切象征着潇洒、豪放、自由、'酷'味儿十足，是许多青年男性所追求的东西。"（丁衡祁，2004）译文1从整体把握，将各相关要素有机地联系起来，并利用汉语对偶、顶真、押韵等修辞手法，充分展现广告标题的"潜台词"：抽万宝路香烟的人就是与众不同，有着美国西部牛仔的独特风度。译文2在把握原文意义的基础上，从另一角度，巧妙利用社会上的流行语"潇洒走一回"，传达了原文的精神实质，同样展现了广告标题的上述"潜台词"。

（2）原文：Better Late than the Late.

译文1：慢行回家，快行回老家。

译文2：宁晚三分，不抢一秒；别到阎王爷那儿去报到！

原文是美国底特律（Detroit）机场至安娜堡（Ann Arbor）高速公路上警示牌标语。它仿拟英语成语"Better late than never"（晚来总比不来好）而来，而且利用了"late"一词的双关意义，"late"是"迟到"的意思，而"the late"在这里指"the dead"。标语轻松、诙谐，话中有话，意在言外，既可给司机在紧张而又枯燥的路程中带来舒心一笑，又可使他们在愉快的气氛中得到有关信息和启迪，从而把握好方向盘。译文1把"家"作为切入点，在"回家"和"回老家"上做文章。"家"对绝大多数人来说是温暖舒适的处所，出门在外辛辛苦苦，能回到温暖舒适的家多好啊！但开车回家要小心，要注意安全，千万不能粗枝大叶开快车，否则的话，就会命归黄泉回老家。译文前后两部分对比分明，语气既庄严，又不乏幽默感，可以说它能实现原文的预期功能。译文2前部分巧用中文四字格，且对仗工整，音韵和谐，非常符合汉语审美特征，语气也非常庄严，足可达到警示目的；后半部分加入了具有中国文化特色的形象"阎王爷"，可谓将外国广告"本土化"了，而正是这一"本土化"策略传达了广告的幽默情调。

构建性广告复译在商标名、公司名称等翻译中也得到运用，如世界性快餐连锁店McDonald's这一名称，在台湾译作"麦当乐"，在香港译作"麦当劳"。光顾McDonald's的一般为劳动大众，英美国家、我国台湾和香港莫不如此。"麦当劳"着眼于"劳"，"麦当乐"着眼于劳动后的

"乐"（"叹"也），两译各有千秋。再如，名牌汽车 Mercedes Benz 在香港译为"平治"，在大陆译为"奔驰"。"平治"一词让人联想到《大学》所说的"……齐家、治国、平天下"。车主非富则贵，即使不是国家、天下的领导者，至少在治、平两方面有些参与。汽车译名反映车主的社会地位，名实相联。中文"奔驰"既与英文 Benz 发音接近，又突出了汽车的特性，让人领略到该车风驰电掣的雄姿。两种翻译，角度不同，但均为上乘之作。

135

5. 指向性广告复译

指向性广告复译是为向某特定的消费者群体宣传和推销产品而进行的复译，它具有明显的针对性。

按照接受美学，对同一文本所做的所有解释中没有哪一种解释能适合所有的读者。不同的读者有不同的阅读需求和反应。读者，就其类别和层次而言，可粗略分为读者个体和读者群体，或分为高层读者、一般读者和低层读者。鲁迅在《二心集》中对当时的读者在层次上是这样界定的："将这些大众粗粗的分起来：甲，有很受了教育的；乙，有略识字的；丙，有识字无几的。"（陈福康，2000：306）读者的需求和反应也因地域的不同而有所不同。东方的读者与西方的读者有所差异，中国的读者与韩国、日本等国的读者有所区别。即使是同一国家的读者，也可能因地区不同呈现出很大的异样性。广告总体是面向大众的，但个体广告是有针对性的，针对某特定的消费者群体。广告复译的最终目的是更好地推销产品，为广告主谋取更多的利益。为达此目的，广告必须有的放矢，首先确定好其诉求对象，即我们所讲的读者群体。正如鲁迅所说："我们的译书……首先要决定译给大众中的怎样的读者。"（同上）所以，广告复译就要将不同读者群体的情况纳入考虑之中。例如，可口可乐公司1987年推出了以"Can't beat the feeling"为主题的广告。为符合各国文化特点，迎合不同国家消费者的消费心理，这句广告词的翻译就特具针对性：在中国翻译为"挡不住的感觉"，在日本翻译为"我喜欢可乐的感觉"，在意大利翻译为"独特的感觉"，而在智利则翻译为"生活的感觉"。可口可乐饮料能誉满全球，畅销世界，除了其品质超群外，其成功的广告制作与翻译不能不说是一个重要的原因。

现在我们来看另一则著名广告的复译情况。

原文：Just do it.

　　原译：要做就去做。

　　新译：应做就去做。

　　耐克（Nike）通过以"Just do it"为主题的系列广告和篮球明星乔丹（Michael Jordan）的明星效应，迅速成为美国运动鞋的第一品牌。"要做就去做"是这种主题在中文中的直接表达，它抓住了现在青少年一代的心态：只要与众不同，只要自己愿意，要做就去做。广告很有鼓动性，促销效果不错。但这一译文在香港使用不久便被禁用，原因是不少消费者认为该译文有诱导青少年犯罪之嫌，纷纷投诉，后来改译为"应做就去做"才平息风波。香港作为华人社会，具有传统的价值观和自律心理，"要做就去做"这一广告口号被禁用也可以说是顺理成章的。但如果在标榜个性自由的美国，这一广告口号是不会令人大惊小怪的。这里广告词的复译是地域性文化差别所致。

　　指向性复译在商标名翻译中不少。例如，西泠集团的空调产品起初销往英美国家时其商标名直接按汉语拼音音译为"XILING"，英美人不知其义，难以接受这个古怪的外域的名字，销量自然比预期的大打折扣。公司发现这一问题后，精心设计，把产品的商标名改译为"Serene"。"Serene"这个词是个非常优美的词，常用于诗歌，表示"安静"、"安宁"的意思。莎士比亚在他的名著《仲夏夜之梦》中就多次用了这个诗化的词，如"a serene summer night"。"Serene"这个词的词义能给人静谧而美好的遐想，用作空调产品的商标名能让人联想到其平静的工作特点。此外，"Serene"与"西泠"读音相似，在更改公司商标名时也只需改动其相应的英文，中文文字可保留不动。所以，"Serene"用作西泠集团空调产品的商标名是再恰当不过了。西泠集团的空调产品英文商标名改译后，其产品因其动听的名字和上乘的质量逐渐得到英美消费者的认同，销量越来越理想。

　　又如，日本本田（Honda）的Civic汽车名，香港译为"思域"。在台湾人看来，"思域"一词抽象生僻，仿佛是个哲学名词，令人觉得高深莫测。另外，音不太谐，并容易引发不吉利的联想（如"死鱼"），缺乏美感。台湾商家摒弃了"思域"这一译法，他们根据其文化审美特性，采用了"喜美"这一译文。"喜美"车身娇小，似乎最适合年轻的小夫妻使用。译名与产品的使用范围相关。更值得称道的是，"喜美"有喜气洋洋、美丽可人的含义，令人联想到新婚佳人。购买"喜美"汽车，犹如迎娶佳人，何乐而不为？

再如，著名的广告词"Goldlion——It's a men's world（金利来——男人的世界）"中的商标名"Goldlion"最初被译为"金狮"。对中国大陆一般人来说，"金狮"应算不错的翻译。在中国文化中，"狮"是威武雄壮的象征，用做男性专用的领带商标，正象征着男子汉的阳刚之气。而"金"则是商品社会中人们趋之若鹜的色彩，也有"高贵、华贵"的意味。但在香港地区所使用的粤语中"金狮"与"金蚀"、"今死"谐音，对于特别迷信、平时说话喜欢吉利话的香港人，有谁愿意把"金蚀"、"今死"挂在胸前呢？"金利来"取自"Goldlion"的译音，带有吉祥、华贵的色彩，迎合了商品社会中人们对金钱、利益的追求心理。金来，利来，财源滚滚来，哪个香港人不喜欢呢？

广告译文读者是一个不断变化的接受群体，广告复译可以满足他们不断变化的需要，反映他们的期待视野，缩短他们与原广告译文的审美距离。我们希望广告复译长盛不衰，百花齐放。一方面，广告复译不是胡译，不是混乱和盲从，不是自由得无度。任何阐释都必须基于文本所形成的阅读空间，所提供的理解的可能性。广告译者在文本阐释过程中，必须以文本所提供的信息为依傍，在与其对话的过程中进行再创造，这就如珠走玉盘，灵动而不越法度之外。也如孔子所说"从心所欲不逾矩"，这里的矩就是一个限度。另一方面，广告复译不要囿于原文的字面意义，要尽力拓展想象空间，创造性思考，发掘原文的潜在意义，充分利用的语的表达功能，做到创造性理解，创造性表达，从而产生为人所知、为人所好的理想译文。

下　编　广告翻译多维度研究

第六章

从互文性理论看广告翻译

"互文性"（〈法〉intertextualité，〈英〉intertextuality）也称"文本间性"、"文本互涉"、"互文关系"、"文本互指性"、"文本相互作用性"等。"'互文性'是文学理论中的一个专门术语，是指某一特定文本与其他文本间的相互作用、相互模仿、相互影响、相互关联或暗合等关系，当然也包括一个文本对另一文本的引用。"（申顺典，2005）

互文性理论肇始于西方语言符号理论。瑞士著名语言学家索绪尔（Ferdinand de Saussure）认为，语言是一个互相依存的词语体系，其中每一个词语的确切含义都是与其他词语相互依存的结果。索绪尔的这一观点可谓具有互文性理论的雏形。英国现代诗人、剧作家和文学评论家艾略特（Thomas Stearns Eliot）曾说："稚嫩的诗人依样画葫芦，成熟的诗人偷梁换柱。"这句话也蕴涵着互文性理论的萌芽。俄国文学家巴赫金（Mikhail Bakhtin）在他的《陀思妥耶夫斯基诗学问题》一书中提出的"复调"理论也已初现互文性理论的端倪（同上）。但互文性理论概念的正式形成应归功于法国著名语言学家、文艺批评家、文化理论家与心理学家朱莉娅·克里斯蒂娃（Julia Kristeva）[①]。克里斯蒂娃认为，互文性指任何文本与赋予该文本意义的知识、代码和表意实践之总和的关系，而这些知识、代码和表意实践形成了一个潜力无限的网络（程锡麟，1996）。一个文本总会同别的文本发生这样或那样的关联，没有哪一个文本能够完全脱离它以前以及与它同时存在的别的文本的影响，每一个文本都是其他文本的互文本。

---

① "互文性"一词最初出现于克里斯蒂娃1966年所写的《词语、对话和小说》一文中，该文原文1969年首次发表于 Séméiotiké: Recherches pour une sémanalyse（Paris: Le Sevil, 1969）中；其英译文收录于 Desire in Language: A Semiotic Approach to Literature and Art（New York: Columbia University Press, 1980, pp. 64—91）中。

142

　　自克里斯蒂娃提出"互文性"以来，这一概念的内涵经历了许多变化和发展，形成了多种观点，这些观点概括起来大致为以下三类（蒋骁华，1998）：

　　（1）后结构主义或解构主义观（poststructural or deconstructural view）：每个文本都是由"互文性"引文马赛克般地拼嵌起来的；每个文本都是对其他"互文"文本的吸收和转化（Kristeva，1969：146；Barthes，1970）。福勒（Roger Fowler）形象地说："互文性就像将原有文字刮去后再度使用的羊皮纸，在新墨痕的字里行间还能瞥见前文本的未擦净的痕迹。"（罗杰·福勒，1991：136）

　　（2）历时和聚合观（diachronical and paradigmatical view）：互文性被看作是不同文本之间的参照关系，在这种互文参照里融进了文化内涵与知识结构（Barthes，1970；Lemke，1985）。这实际上是一种外互文性（extra-textuality）。

　　（3）共时和组合观（synchronical and syntagmatic view）：互文性被看成是同一文本内有关因素之间的关系（Hatim and Mason，1990：122—123；Lemke，1985）。这实际上是一种内互文性（intratextuality）。

　　作为一种新型文学理论，互文性理论动摇了作者个人的主体性和他对文本的权威性，并打破了传统的自主、自足的文本观念，从而使创造性和生产力从作者转移至文本间的相互关系。与传统文学研究相比，互文性理论否认作者和文本中心论，强调读者与批评家的作用，认为他们参与作品的写作，从而打破了作者一统天下的局面；否定文本存在终极意义，强调意义的不可知性和流动性，从而更重视批评的过程而不是结果；重视文本的相互指涉，更看重文本意义的共时性展开；突破传统文学研究封闭的研究模式，把文学纳入到非文学话语、代码或文化符号相关联的整合研究中，大大拓展了文学研究的范围，形成一种开放的研究视野（罗婷，2001；黄念然，1999）。互文性理论无疑对我们研究广告的互文性和翻译有着极其重要的指导作用。

一　广告中的互文类型和互文手法

　　刘勰在《文心雕龙》"事类"中说："事类者，盖文章之外，据事以类义，援古以证今也。"讲的是文本与背景之间的关系，即纵向轴上的关系，当属互文性之列。如何"据事""援古"呢？下分：（1）略举人事，以征义者；（2）全引成辞，以明理者；（3）引古事而莫取旧辞；（4）撮引；（5）浣采。以上范式当属互文手法（刘琦，2004）。

互文性不是简单的文字借用，而是思想的互相碰撞，它涉及人类语言、文化、历史、知识等多方面的关联。一个文本同其他文本的外部关联体现为从词、词组、分句、句群，到文本、话语、语类等多层级的关联。据此，哈特姆和梅森（Hatim & Mason，2001：132—133）对互文性进行了分类研究，归纳出四种互文类型和七种与文学有关的互文手法，认为所有互文本都可以从中找到同其他文本之间的关联：

四种互文类型：

（1）语类互文　比如，对于"委员会会议"这一语类的参照。

（2）主题或话题互文　比如，对于有关广岛原子弹爆炸这一话题的参照。

（3）结构互文　比如，像 Reaganomics 一类的合并词。

（4）功能互文　比如，我们有多种方式表示"道歉"的含义，尽管表达方式不一，但功能却一样。

七种互文手法：

（1）引文（reference）　通过标明标题、章节等方式来显示资料来源。

（2）陈词滥调（cliché）　运用因过多使用而变得几乎没有意义的固定词组。

（3）文学典故（literary allusion）　引用或指涉名著。

（4）自我引用（self-quotation）

（5）套语（conventionalism）　因不断重复使用而变得不知出处的说法。

（6）谚语（proverb）　流传已久、众所周知的格言妙语。

（7）沉思录（meditation）　将文本效果的阐释过程用语言表达出来。

程锡麟（1996）根据欧美学者的互文性理论和文学作品的实际情况，将文学作品的互文手法归纳为如下几种情况：

（1）引用语　即直接引用前文本，引号就是明白无误的标志。

（2）典故和原形　指在文本中出自圣经、神话、童话、民间传说、

143

历史故事、宗教故事及经典作品等之中的典故和原形。

（3）拼贴（collage）　指把前文本加以改造，甚至扭曲，再拼合融入新的文本之中。

（4）嘲讽的模仿（parody）　即仿拟，这种方式古已有之，不过它在当代西方文学作品中，尤其是后现代主义作品中得到十分广泛的运用，以至于加拿大著名女学者琳达·哈琴（Linda Hutcheon）把嘲讽的模仿视为互文性的当代"标志"。

（5）"无法追溯来源的代码"　这是巴特等人的观点，它指无处不在的文化传统的影响，而不是某一具体文本的借用。

广告是一种特殊的文体，其语言别具一格。韩金龙（2005）根据互文的不同表现形式，把广告中的互文分为细节互文、体裁互文和文化互文三种。

（1）细节互文　包括插入与同化。插入即显性互文，有明显的互文标记（如引号等）把引文分开或独立出来；同化则是改造源文，使其和广告语篇有机的融合在一起，属于隐性互文。在广告实例中，作者常常不是简单地引用源文，而是创造性地利用源文。

（2）体裁互文　广告借用其他体裁语篇的结构特征来构建其语篇。广告常常被认为是一种"寄生语篇"（parasitic discourse）（Cook，1992）：它主要通过借用其他语篇形式来体现自身的存在。

（3）文化互文　广告所援引的源文不是具体的文本或图像，而是源文所体现的、某一文化的信念系统和价值体系中较为抽象的概念或观念。

广告是多种体裁的组合，具有"寄生语篇"的特性，其互文手法便是"拿来"的了，其他文体中所运用的互文手法它一般都有。广告中常用的互文手法有：仿拟、引用、用典、拼贴等。现对这几种互文手法分别加以说明。

1. 仿拟

仿拟是一种间接模仿或转换前在文本以形成此在文本的创作方式。它是借助人们熟悉的词语、成语、谚语、格言、警句、诗词、歌曲等进行的模仿或仿造。仿拟是广告撰稿人十分喜爱的创作方式之一，因为它能以原词语、原句、原诗、原歌等为基调，依广告的需要而改变内容，赋予新的意蕴，起到"他山之石，可以攻玉"的效果。仿拟的广告往往巧移善铸，融形会神，在新的语境中有新的创意，极易唤起人们脑海中的"前文本"，引起人们的联想，并使人们乐意接受，从而实现广告的预期功能。
例如：

（1）Hero Meets Hero.

    英雄会英雄。

这是南方人才市场举办高级人才交流会时惯用的广告标题。从互文性
角度来看，该广告标题仿拟英语谚语"Like knows like"（英雄识英雄）
而来。广告撰稿人根据原英语谚语的句式和词性换成另外三个词，清楚表
达广告了的主旨：是著名企业者就进场来招聘人才吧！是高级人才就前来
应聘求职吧！这种仿拟大家熟悉的谚语的广告词，念起来悦耳动听，易诵
易背，难以忘记。

（2）When it pours, it reigns.

    酒具一倾，满座无声。

这是一则水晶酒具的广告。它仿拟了英语成语"When it rains, it
pours"（不下则已，一下倾盆）。广告创作者把原成语巧妙地调换位置后，
又用了一个同音词 reign 代替原词 rain，既保留了原来成语的语法结构，
丝毫不损原成语的记忆价值，又因熔铸出新的语义而催生出新的注意
价值。

（3）Good Fortunes Never Come Single in Landmark Hotel.

    光临华厦，好事成双。

这是广州华厦大酒店的广告标语。原文明显仿拟了英语谚语"Misfor-
tunes never come single"（祸不单行）。广告标语的创作者把 Misfortunes 改
为 Good Fortunes，一下子"化悲为喜"。广告标语在读者身上所产生的效
果可能不仅仅是"化悲为喜"，还可能是"喜上加喜"：酒店是人们招待
朋友、宴请宾客的地方，如果正逢喜庆之日，宾朋满座，气氛融洽，说不
准能带来意外之喜。诚然，岂不正好是"好事成双"。

（4）They are a match made in Heaven.

    他们是天堂里的一对。

这是名表精工表的广告词。原文仿拟了英语中流行的习语"Marriages
are made in Heaven"（婚姻上天注定）。其高明之处在于它可以引发人们
美好的联想：精工表是巧夺天工之作，戴精工表的情侣是天生成对。

仿拟的例子还有很多：日本三菱汽车公司向美国开拓市场的广告词
"Not all cars are created equal"（生产的汽车不都是一样的）仿拟了美国

《独立宣言》的第一句"All men are created equal"（人生来是平等的）；日本丰田汽车公司的促销广告"Where there is a way, there is a Toyota"（车到山前必有路，有路必有丰田车）仿拟了"Where there is a will, there is a way"（有志者事竟成）；1993 年 3 月美国福特汽车公司电视广告语"Quality breeds success"（质量铸就成功）仿拟了"Familiarity breeds contempt"（熟悉易生鄙视/各自识老底，互相瞧不起）；假日酒店的广告"All roads lead to Holiday Inn"（条条道路通往假日酒店）仿拟了"All roads lead to Rome"（条条大路通罗马）；捷豹 XK8 型汽车的广告语"The reason everyone looks twice before crossing the street"（怪不得过马路前再三而瞧）仿拟了"Think twice before you leap"（三思而后行）；沃尔沃汽车广告语"Sometimes beauty is more than skin deep"（外表固然美，内在更为优）仿拟了谚语"Beauty is only skin deep"（美貌不过一张皮）；碧丽牌花露水的广告词"To choose it or not? This is the time to decide"（买还是不买？现在是做决定的时候了）仿拟了莎士比亚的名句"To be or not to be, that's the question"（死还是不死，这是个问题）；英国《泰晤士报》宣传广告语"Our presence will make your heart grow fonder"（我们会令你倾情）仿拟了"Absence makes the heart grow fonder"（一日不见如隔三秋）；某商店大甩卖的广告语"One man's disaster is another man's delight"（一人之灾是另一人之福/一个人的痛苦是另一个人的快乐）仿拟了"One man's meat is another man's poison"（对甲有利的未必对乙有利/兴趣爱好因人而异）；某轮胎广告"He laughs best, who runs longest"（谁跑得最长，谁笑得最好）仿拟了英语习语"He who laughs best laughs last/He who laughs last laughs longest"（谁笑在最后，谁笑得最好）……

2. 引用

引用是一种将前文本话语直接用于此在文本的互文类型，引用的目的在于以前文本话语论证此在文本话语的正确性，并且前者很好地融入后者之中，两者达到了命意的完全一致。引用有两种方式：一是加引号或括号的直接引用，它明确标示出引文的作者和出处，以便于文本解读者查询原文，做出更好的理解，规范的科学论文对此都有严格的规定；一是未加引号或括号，但标明了论者的间接引用，它经常采用的表述方式是"某某认为"，在科学论文中，这种引用方式常被要求做出明确的注释，但在其他文体中没有明确规定，需要读者有深厚的文化功底去化解（董希文，

2006）。广告中的引用通常不标明出处，但一般被消费者所熟知。将引用这一互文手法用于广告中可收到奇特的效果。例如：

（1）Whoever said it's better to give than to receive was obviously never on the receiving end of a Mercedes-Benz SL500. Sleek. Sophisticated. Power-ful. What more could you hope for this season? The SL500.

　　说"施比受好"的人显然不是获得奔驰 SL500 的这一族。造型优美。技术尖端。功率强大。此时别无它求。奔驰 SL500。

这是 2000 年德国奔驰 SL500 型投放美国市场时做的广告，其中引用了俗语"It's better to give than to receive"（施舍比索取要强/施比受好）。这种引用很巧妙，特具说服力，使人们一反常态思维："施比受好"并非永远正确，有时"受比施好"，购买奔驰 SL500 就是"受比施好"。

（2）"A bank is a place where they lend you an umbrella in fair weather and ask for it back again when it rains."

"银行是晴天把伞借给你而雨天却把它收回去的地方。"

这是美国芝加哥北方信托银行（Northern Trust Bank）一则广告的标题。标题直接引用美国著名诗人弗罗斯特（Robert Frost, 1874—1963）给银行下的定义，正义反说，滑稽可笑，但引人注意，叫人回味。

（3）HEAD OVER HEELS.
　　Fruit to fall in love with.
　　Directly from Southern Africa：
　　Sweet grapes, tasty apples,
　　juicy pears and the whole
　　range of summer citrus.
　　陷入情网。
　　爱上水果。
　　甜葡萄、多汁梨、
　　可口苹果、各种柑橘，
　　统统径直源自南非。

这是德国远洋水果运输与贸易公司（Oceanic Fruits Shipping & Trading GmbH Co. KG）在《水果世界》（Fruit World）2005 年第 3 期上做的广告，其中的标题属于英语成语"head over heels"（陷入情网）的引用。这里借成语的喻义来宣传水果的质量优良，非常诱人，以至令人喜爱异常，神魂颠倒。这则广告恰当地引用人们喜爱的成语，极大地增强了促销效果。

下列广告也归引用之列：

As You Sow, So You Shall Reap.

种瓜得瓜，种豆得豆。　　　　　　　　　　　　——宇宙旅行社

The pen is mightier than the sword.

The pen is a Parker.

千军万马难抵大笔一挥。

此笔乃派克笔。　　　　　　　　　　　　　　　　——派克笔

不到长城非好汉。

One Couldn't Be in China Without Visiting the Great Wall.

——八达岭长城景区

有朋自远方来，不亦乐乎？

How happy we are —

To meet friends from afar!　　　　　　　　　　——某旅游公司

一夫当关，万夫莫开。

One warrior deployed in the pass makes thousands of burglars lose hearts.

——某保险门

会当凌绝顶，一览众山小。

Ascending the Height, You Dwarf the Mountain Around.

——某名山景区

3. 用典

"典指经典，泛指历代典籍中的言辞成语；故指故实，泛指古今事类。用典即指引用古今事类成辞表情达意的创作方法。"（杨胜宽，1994）用典是指间接将古文类辞引入此在文本，并使两者融为一体，以文本间的微妙关系，造成此在文本意义增值，从正面丰富其内涵的互文类型。所谓"间接"意谓一般不采用直接引语的形式，通常将古文事类浓缩为言简意赅的语词或成语（典故），以简洁的形式传达丰富的内容；所谓"从正面"是指引入文本（典故）对此在文本的存在起到了肯定作用，有利于此在文本意义的表述（董希文，2006）。

用典能创造韵味悠远、耐人寻味的意境，收到言简意赅、语约意丰的效果，所以它在文学中得到广泛使用。广告中适当用典，不仅可以使语言

更形象生动而令人印象深刻，还可以使广告语"含不尽之意，见于言外"，并且表现出一定的文化品位，从而产生独特的审美效果，给读者留下无穷的遐思与回味余地。例如：

（1）At home you are your own boss. In China your Aladdin's lamp is at CITS.

在家靠自己，出国靠国旅。

这是中国国际旅行社对外宣传的广告口号，旨在告诉人们：国旅提供一流的国际旅游服务，是出国旅游者值得信赖的朋友。这一英文广告的妙处在于，它恰当地运用典故这一互文手法将英语读者所熟悉的事物镶嵌其中。"阿拉丁神灯"（Aladdin's lamp）语出神话《一千零一夜》（The Arabian Nights）。神话中讲，少年阿拉丁寻获了神灯和魔指环，并能召唤神怪按其吩咐行事。"阿拉丁神灯"喻指能满足持有人一切愿望的法宝。英语读者对这一典故耳熟能详，阅读广告后很可能产生联想：国旅能像阿拉丁神灯应旅游者所需，提供极其令人满意的服务。

（2）Kangroo Island…You can escape from the rush of life and become a modern Crusoe.

在袋鼠岛……你能逃避喧嚣的尘世，成为现代的鲁滨逊。

鲁滨逊·克鲁索（Robinson Crusoe）是 18 世纪英国小说家笛福（Daniel Defoe）所著《鲁滨逊漂流记》中的主人公，是一位乘船遇险后漂落到孤岛上的幸存者。这则旅游广告运用这一典故，并加以改进（添加"modern"），很容易使读者想到：袋鼠岛远离尘嚣，环境清净，旅游者可以像鲁滨逊那样自由自在享受大自然的景观，而根本无受人打搅之忧，无居住饮食之忧，无交通不便之忧……

（3）我们的客户个个都是哥伦布。

这是北京新大陆广告公司曾发布过的一则广告。哥伦布（Christopher Columbus，1451—1506）是意大利航海家、新大陆发现者，在西班牙国王支持下，先后四次（1492，1493，1498，1502）率船队从西班牙出发西航，1492 年 10 月 12 日到达巴哈马群岛，这是欧洲人第一次发现的美洲土地。哥伦布因发现新大陆而成为举世公认的英雄。将哥伦布发现新大陆这一历史典故巧妙地安排在企业名称和广告内容当中，既抬举了客户，又宣传了自己，一箭双雕，叫人称道。

下列广告也是典故被成功运用的例子：

（1）美丽的瑞士风光，将使每一位旅游者仿佛置身于伊甸园之中，使您流连忘返。

（2）欢迎您来哥伦布和唐·吉诃德的故乡。

（3）普罗米修斯的火种送走了，因为有了"博达牌"电磁炉。

4. 拼贴

拼贴就是将前文本的某一部分内容不加剪裁地直接粘贴在此在文本中，试图使其成为此在文本的有机构成部分；或者是将几个不同文本的部分内容直接粘贴在一起，构成一个新文本。拼贴形式多种多样，异彩纷呈，有不同文体的拼贴，比如在小说中贴入诗歌；也可以打破文学的界限，把绘画作品直接贴入文本；还可以将非文学因素贴入文学，比如把科学研究内容放入作品……而所有这些因素进入此在文本，都对此在文本构成一种强有力的刺激，并激活文本中的潜在内蕴，使此在文本在奇声喧哗中迸裂而具有意义阐释的多种可能性，这对于对抗传统文本的"独自性"很有启发意义（同上）。

拼贴在广告中使用较多，特别是现代网络中将声音、图像与文字巧妙结合起来的广告俯拾即是。利用拼贴手法可以创造新颖奇特的广告作品，收到非常理想的效果。例如：

（1）START IN DOWNTOWN LONDON AND IN 3 HEURES，ARRIVEZ AU CENTRE DE PARIS.

从伦敦闹市出发，三小时后，抵达巴黎中心。

这是一则旅游广告词，原广告使用了分别代表伦敦和巴黎的标志性建筑——大本钟钟楼和艾菲尔铁塔的图片。另外，值得注意的是，广告词的书写用了两种语言文字——前半段为英文，后半段为法文。广告创作者将由英、法语构成的广告词置于钟楼和铁塔之间，并将两者直接连接起来，意味着旅客可从伦敦直抵巴黎，中途无须转机，需要改变的只是语言。真可谓别出心裁，妙趣横生。

（2）劝君莫失良"机"。

You can never afford to lose such a chance to get the high-quality "apparatus".

这是一则寻呼机的广告词，原广告中的"机"字用了一个美观大方的寻呼机形象代替（译文"apparatus"也用同一寻呼机形象代替）。广告使用拼贴的手法，使其图文并茂，吸人眼球。

（3）If you're a die-hard traditionalist,

Arrow is the answer.

如果您依恋传统，"箭"牌衬衣正合君意。

这是美国"箭"牌衬衣广告，原文"arrow"左右各配有一只飞箭的图画，译文在"箭"字上依照原文的做法也画上飞箭图画，这样广告更惹人注意，更易叫人记住。

（4）投身 2001 年国际志愿者行动，为时 21 日，JUST DO 義。

这是耐克公司为"国际志愿者年"做的巧妙经典广告。广告制作者将耐克的英文广告"JUST DO IT"中的"IT"剪去，贴上繁体汉字"義"，再拼贴于新的文本中。"义"是中国文化的精髓，它与"仁"、"礼"、"智"、"信"构成儒家主要的道德范畴。孔子说："见利思义"，"见得思义"，"君子喻于义，小人喻于利"，"见义不为，无勇也。"孟子说："以义制利，以义胜利"，"仁义而已矣，何必曰利。"（孟子见梁惠王之言）中国古代商人经商十诀中便有"以义为利，趋义避财"一诀。可见"义"在中国文化中根深蒂固，影响广大。耐克公司利用拼贴手法将"义"的文化融入其广告宣传中，不仅成就了其尊重中国传统文化的本土化商业形象，也成就了其反商业主义的人文形象。也就是说，耐克公司在广告宣传中巧用拼贴手法，成功地实施了自己的本土化和人文化策略。这样的广告真可谓一箭双雕！

二　广告翻译中的互文性作用

翻译是对原作的一种折射，其本身就是一种互文性活动。德里达（Jacques Derrida）曾竭力主张用"转换"这一概念来替代翻译，他认为翻译是一种语言向另一种语言的转移，一个文本和另一个文本的替换。翻译活动成为在融会多种意义的文本网络中进行语言转换的过程。作者、译者、读者进行着跨越时空的对话和交流，形成一个选择与吸收、创造与变异的互动过程，其间不断出现某种意义的无限补充、替换、散播、增殖，甚而不同程度的误读，形成所谓德里达式的"增益"或称"添补"的互文性转换活动（秦文华，2002）。

广告翻译是翻译的一个子项，毫无疑问，它也是一种互文性活动。广

151

告翻译者为了更好地实现广告的 AIDA（注意、兴趣、欲望、行动）目的，在翻译时总是积极调动自己的知识潜能，不断地穿插往来于源自文本网络的记忆中，充分利用一切可以被利用的"印迹的印迹"，进行着与他文本或他译者的相互模仿、关联或暗合等行为（同上）。这一系列行为的结果通过广告译文中的互文性印痕显现出来，从而大大增加广告的宣传效果。广告译文中，互文性作用主要表现在以下三方面。

1. 提升广告的美学价值

广告是一种讲究美的艺术，优秀的广告富含美的内容。而美具有神奇的魔力，无人不为美所吸引。美既存在于语言之中，又存在于文化之中。而互文性是将语言文化中的美再现出来的一种独特手段。引用、仿拟、用典、拼贴等互文性手法都能使语言文化的美跃然纸上，映入眼帘，浸入心中。一则优美的广告犹如一件精美的艺术品，能吸人眼球，令人欣赏和玩味，给人以美的享受。所以，恰当地运用互文手法可以提升广告的美学价值，从而增强广告的吸引力。例如：

（1）For the road ahead

　　　康庄大道

这是日本本田汽车推销广告。"康庄"一词在中国文化中极具彩头，有深厚的文化内涵和互文意义。《现代汉语大词典》对"康庄"的解释为"康，五路通达的大路；庄，六路通达的大路。合称通达的大路。"《尔雅·释宫》中有"五达谓之康，六达谓之庄"；《史记·驷骏》中有"为开第康庄之衢"；《盐铁论·国疾》中有"康庄驰逐，穷巷蹋鞠"。另外，"康"字本身是一个很吉利的汉字，用作形容词有"安乐"、"安定"、"健康"、"太平"、"丰足"、"富裕"等积极的含义，"奔小康"更是全中华民族现在追求的一个近期目标。所以，"康庄大道"用作汽车广告，具有很浓的文化审美情趣，提升了广告的美学价值，从而增加了广告的感染力和吸引力。如果将原文照字面译为"为了前面的路"，那广告效果不知要逊色多少倍。

（2）Only your time is more precious than this watch.

　　　手表诚可贵，时间价更高。

这是一则推销手表的广告标题。原文作者抓住人们珍惜时间的心理，含蓄地表达了广告的主题，真可谓别出心裁，妙不可言。译者匠心独运，采用仿译法，套用在我国广为流传的匈牙利诗人裴多菲的名句："生命诚可贵，爱情价更高，若为自由故，两者皆可抛"，传达出原文的深层意义。译文形美、音美、意美，比"只有你的时间比这只表更珍贵"更为中文读者所接受和喜爱，易于引起强烈的共鸣，从而有助于成功推销产品。

（3）一册在手，纵览全球。

The Globe brings you the world in a single copy.

这是《环球》杂志征订广告。译者采用仿拟的方法，套用了斯托克里（Stokely）唱片的原英文广告词"Stokely brings you the world on a platter"。这种译法语言精练地道，风趣幽默，充满美感，可以激发读者和听者的想象力及强烈的订阅杂志的愿望。如果采用直译而译成"With a copy in hand, you can have a far and wide look at the globe"，就没有保持源语的精辟和幽默，显得平淡冗长，难以激发读者的想象力及实现广告的促销功能，也就难以达到译文的预期功能。

2. 增添广告的联想意义

对于劣质的广告，人们往往充耳不闻，视而不见；偶尔接触到了，也可能以不屑一顾的态度弃之一边，不再理睬。而对于优秀的广告，人们接受其信息后，不仅受到吸引，而且还会产生联想，即由广告中某人或事物而想起其他相关的人或事物，或由广告中某概念而想起其他相关的概念。这样一来，接受者对广告内容的印象就会加深，记忆就会延长，广告效果因此得到提高。那么如何达到使接受者对广告内容产生联想的目的呢？互文手法在这方面发挥着极其有效的功能。例如：

（1）今日的风采，昨夜的绿世界。

Give me Green World, or give me yesterday.

这是绿世界系列晚霜广告语。原文套用了一首流行歌曲《昨夜星辰》中的格式。虽然英语中找不到对等的歌词格式，但译文仿拟了美国独立战争时期著名的演说家和爱国主义诗人亨利（Patric Henry, 1736—1799）写下的千古绝唱："Give me liberty, or give me death."（不自由，毋宁死。）这一诗句曾鼓舞了多少仁人志士为争取民族的独立而勇往直前，赴汤蹈火，洒热血，抛头颅。不知道这一富有战斗力、鼓舞人心的诗句的美国人少之又少。可以说，美国民众的脑海中都有着这一"前文本"。译文通过互文手法，用商品名"Green World"替换"liberty"，用"yesterday"替换"death"，不仅让"前文本"结构映现出来，而且易使人产生联想：即使青春的逝去像死亡一样可怕，绿世界晚霜也会给你真正的青春容颜，还你一个新的自我。

（2）The only thing we didn't improve was the road.

　　万事俱备，只看路况。

这是一则日本汽车销售广告。译文仿拟了耳熟能详的成语"万事俱备，只欠东风"，容易令人联想到运筹帷幄，神机妙算的诸葛亮，进而想到汽车生产厂家为消费者考虑周到，生产的汽车尽善尽美，无可挑剔。如果只是将原广告直译为"我们唯一没有改进的只有道路"，收到的效果肯定是望尘莫及的。

（3）Featherwater：light as a feather.

　　法泽沃特眼镜：轻如鸿毛。

广告原文巧妙地采用了明喻手法，用"羽毛"来喻指眼镜的轻巧，生动形象地突出了产品的特点。译为"轻如羽毛"，也未尝不可。但译为"轻如鸿毛"，略胜一筹。后者更能使人将广告与自己脑中已有的"先前结构"联系起来，如司马迁《报任少卿书》中的"人固有一死，或重于泰山，或轻于鸿毛，用之所趣异也"，罗贯中《三国演义》第十六回中的"吕布豺狼也，勇而无谋，轻于鸿毛，宜早图之"，许仲琳《封神演义》第六回中的"梅伯死轻于鸿毛，有何惜哉"，等等。这些"先前结构"中的"轻于鸿毛"虽与广告中的"轻如鸿毛"有不同的寓意，但在它们不断浮现于人们脑海的过程中，人们对广告的印象加深了，记忆延长了，这就是广告的效果所在。

（4）The 1999 BMW 7 Series and its closest rival：a side-by-side comparison.

　　不管是黑马白马，领先的总是宝马。

这是名牌汽车宝马7系列的广告词。一般中文读者见到译文就会随即想起被认为是邓小平说的那句名言："不管白猫黑猫，捉到老鼠就是好猫。"①有的读者甚至还想起四川农村的一句俗语："不管黄猫黑猫，只要

---

　　① 1962年7月7日，邓小平接见出席共青团三届七中全会全体同志时，谈到了农业生产管理政策的调整问题，他引用刘伯承经常说起的四川俗语："不管黄猫黑猫，只要捉住老鼠就是好猫"来表述他对恢复农业生产和包产到户的看法。他说："生产关系究竟以什么形式为最好，恐怕要采取这样一种态度，就是哪种形式在哪个地方能够比较容易比较快地恢复和发展农业生产，就采取哪种形式；群众愿意采取哪种形式，就应该采取哪种形式，不合法的使它合法起来……'黄猫、黑猫，只要捉住老鼠就是好猫'。"（见《怎样恢复农业生产》，《邓小平文选》第一卷）这是邓小平最早在正式场合阐述"白猫黑猫"论这一重要观点，并第一次公之于众。后来讹传为："不管黑猫白猫，捉到老鼠就是好猫。"

捉住老鼠就是好猫。"这样，广告效果呼之即出。

3. 形成广告的情感晕轮

常言道："感人心者，莫先乎情。"广告要取得预期的效果必须首先打动消费者。如果消费者对广告无动于衷，那么这种广告无疑是失败的。广告要打动消费者必须着重其情感需求，以情动人。充满情感意蕴的广告往往犹如一股巨大的魔力，紧扣消费者的心弦，令其无法抗拒。在广告翻译中，互文手法的灵活运用可以使广告产生飞扬神韵，形成浓厚的情感晕轮，从而使消费者"一见钟情，朝思暮想"。例如：

（1）红玫相机新奉献。

My love's like a Red Rose!

译文借用了英国诗人彭斯（Robert Burns，1759—1796）的著名诗句"My love's like a red, red rose"（一朵红红的玫瑰）。这一译文的妙处在于：一是巧用修辞，文中的"Red Rose"一语双关，既代表红玫花，又代表红玫牌相机。二是以人们的精神需求为切入点，将爱情与产品相连，赋予广告浓厚的情感色彩。玫瑰是爱情的象征，而爱情自古至今一直被认为是极其美好和珍贵的事物，备受赞美和颂扬。这一广告极具煽情作用，能激发消费者对美好爱情的追求的情感，使之认为，拥有红玫相机犹如拥有爱情的感觉。如果拥有爱情的感觉，花点钱买部相机又何乐而不为呢？

（2）"绿丹兰"——爱你一辈子。

Ludanlan cosmetics——Love me tender, love me true.

这是"绿丹兰"化妆品广告语。译文不仅首先加上"cosmetics"（化妆品），使消费者一见便知产品属何种类别，更巧妙的是，译者借用了美国歌曲里的歌词"Love me tender, love me true"（柔情地爱我，真诚地爱我）。这一歌词流露出含情脉脉、爱意浓浓的情意，给广告布上了浓厚的情感晕轮，仿佛让人感到绿丹兰给肌肤带来的轻柔细腻的感觉犹如情侣的爱抚一般。广告创作者将爱情的情感融入广告之中，削弱了商品作为物质的现实意义，升华了其作为爱情的信物的精神意义。这种蕴涵着极含磁性的情感美的广告，怎么不叫人心动，不叫人行动呢？

（3）When you come, you are a guest of ours. When you leave, we are the friends of yours.

来是故乡客，去时故人心。

这是中心大酒店（Central Hotel）的广告语。俗话说："美不美，家乡水；亲不亲，故乡人。""月是故乡明，人是故乡亲。""家是故乡亲，水是故乡美。""乡情"在中国文化中的价值体系中占很重要的地位，历来被人们所看重和推崇。译者将"乡情"融入译文中，把广告的商业动机与人间的美好情愫糅合在一起，使广告产生了奇妙的情感美。顾客在享受一份深醇的情怀的同时也自然记住了广告中要推销的服务。

156

　　互文性理论不仅为文学翻译，而且为广告翻译提供了有效的指导。成语典故、名言警句、民间俗语、传说故事等，都是民族文化长期积淀的产物，总是承载着十分丰富的社会文化信息，在广告翻译中加以适当引用、借用、点化或翻新，可以产生一番新的意境，或提升广告的美学价值，使之吸人眼球，令人回味无穷；或增添广告的联想意义，诱人遐思，激发消费者的购买动机；或形成广告的情感晕轮，以情动人，促成消费者采取购买行动。但互文手法的使用不是盲目的、机械的，一定要因地制宜，符合消费者的语言规范和文化理念，符合消费者的心理和情感需求。所以，为了充分发挥广告的说服功能，达到广告主的预期目的，广告译者在利用互文手法时应全面综合考虑，巧妙性地利用，巧妙性地发挥，竭力创作出为人称道、效果奇特的广告译文。

第七章

从模仿说看广告翻译

模仿说是西方文论中历史最为悠久，影响最为深刻的艺术观念之一。"它以艺术与现实的关系为核心观照艺术的起源与目的，探讨艺术创作的特征与原则，它的理论观念对于现实主义文学艺术的发展产生了不容忽视的深刻影响。"（金雅，1998）模仿说对翻译领域也产生了不容忽视的重大影响，不少学者从模仿说的视角对翻译的相关问题进行了研究。本章拟从模仿说入手探讨广告翻译的相关问题。

一 模仿说对广告翻译的启示

"模仿"一般理解为"照某种现成的样子学着做"。模仿说的最初萌芽源于古希腊艺术实践的总结。在古希腊，雕塑直接模仿人体，音乐模仿自然的声音，舞蹈模仿生产劳动，戏剧模仿实践中的人。正是在这样的艺术土壤中，柏拉图（Plato，427—347 BC）将模仿说加以改造，提出"文艺是自然的模仿"，是"影子的影子"（董莉，2004）。亚里士多德（Aristotle，384—322 BC）继承了这一观点，但他认为艺术对现实的模仿是一种创造性的模仿，强调诗人应该按照现实事物的本质与发展规律来描写事物，即寓一般于个别中，主张艺术既不能拘泥于个别事物的外在特性，又不能脱离现实事物的个性（同上）。他在《诗学》中对"模仿"的解释是"描述可能发生的事，即按照可然律和必然律可能发生的事"（刘宓庆，2005：312）。毕达哥拉斯学派又继承了亚里士多德的"模仿"说，指出所谓"模仿"可以是"既要用心又要用手来描绘事物"，也可以是"只用心去创造形象"，前者是"完全的模仿"；后者是"不完全的模仿",因为其中已有了"想象"的成分（同上）。不论完全或不完全,模仿无疑是一种不可少的艺术手段。后世的西方美学家也都继承了古希腊先哲关于模仿的基本思想。例如,现代符号学美学认为"如果不重复和重构一件艺术品借以产生的那种创造过程,我们就不可能理解这种艺术品"（Cassirer,转引自刘宓庆,2005:312）,而重复或重构的目的则是为之注入新的情感。可见模仿是艺术创造的必然过程,符合"推陈出新"的艺术规律。

在中国的传统文论中,"模仿"被称为"仿效"或"仿讽"。陆机在《文赋》中称"模仿"为"袭故"（"若袭故而弥新,或沿浊而更新"）,提倡推陈出新的积极模仿。文论家常举王勃仿庾信的例子为证。庾信的原句是:

　　　　落花与芝盖齐飞,杨柳共春旗一色。

王勃的仿句是:

　　　　落霞与孤鹜齐飞,秋水共长天一色。

据上所述,我们可知,模仿是审美再现的基本手段,在文艺创作中发挥着重要的作用。适当的模仿可以创造出不朽的文艺作品,成就伟大的文艺人才。翻译尤然,因为翻译是文本间的模仿性复制,模仿无疑是翻译审美再现的基本手段,模仿在翻译中是否成功是翻译质量是否得到保证的关键。

广告翻译是将源语广告转换为译语广告的行为活动,是以语源广告提供的信息为出发点而进行的语言间转换的创作性活动,其创作活动是广告文本间的模仿性复制。模仿是广告翻译的必然过程,像其他艺术创造过程中的模仿一样,广告翻译中的模仿也要"注入新的情感",符合"推陈出新"的规律。

二　模仿在广告翻译中的应用

广告翻译中的模仿大致可分为三类:以源语为导向的模仿、以译语为导向的模仿和动态模仿。本章拟从这三个方面对广告翻译中的模仿进行探讨。

(一) 以源语为导向的模仿

广告翻译中,以源语为导向的模仿指以源语的审美信息特征和结构为模仿依据的模仿。这犹如施莱尔马赫（Friedrich Schleiermacher）所言"尽可能地不打扰原文作者，让读者向原文作者靠拢"（Munday，2001：28）。也如韦努蒂（Lawrence Venuti）所说"要求译者向作者靠拢，采取相应于作者所用的源语表达方式来传达原文的内容……翻译的目的不是在翻译中消除语言和文化的差异，而是要在翻译中体现这种语言和文化的差异。"（Venuti，1995：32）由于译者以源语为模仿原型，这种模仿常常是一种"意匠惨淡经营中"的努力（刘宓庆，2005：313）。恰当地模仿源语结构、风格等，广告翻译可以形成优秀的译作，产生独特的效果。例如：

（1）Moms depend on Kool-Aid like kids depend on moms.

　　　妈咪依赖果乐就像宝宝依赖妈咪一样。

果乐这则英语广告使用俗语"moms"和"kids"分别代替"mothers"和"children"，符合儿童的口吻，拉近了与消费者的距离，显得生动活泼，十分亲切。译文模仿原文语体和句子结构，形意贴切，鼓动性强，广告效果应不亚于原文。

（2）Hush—a—bye baby, up in the sky

　　　You're in Air India—do you know why?

　　　'Cos it's the comfiest, scrumptiousest way

　　　To travel to Sydney, Bankok—Bombay.

　　　乖乖睡，小宝贝，升上蓝天你尽情睡，

　　　你可知道为何身在印航不觉累？

　　　因为它能让你旅途最为舒适最愉快，

　　　直送你到悉尼、曼谷和孟买。

这是印度航空公司（Air India）所做的广告，它模仿诗歌的格调和大人哄小孩睡觉时说话的口吻，非常生动地说明了该航空公司服务水平一流，乘客感到非常舒适和惬意。译文模仿了原诗的节奏、语体、词汇特征、押韵规律等，有效地实现了广告的信息功能和呼唤功能。

（3）天安门，原为明清两代皇城的正门。始建于明永乐十五年（1417）。原名承天门，清顺治八年（1651）改建后称天安门……城楼重檐飞翘，雕梁画栋，黄瓦红墙，金碧辉煌，异常壮丽。

　　　Tian'anmen, the major gate of the palace during the Ming & Qing Dynasties was built in 1417, the 15th year of Yongle reign of the Ming Dynas-

159

ty. Its original name of Cheng Tianmen (Gate of Bearing Heavens) was changed to its present name in 1651, the eighth year of the Qing Emperor Shunzhi's reign. . . With upturned eaves, carved and painted pillars, yellow glazed tiles and red walls, Tian'anmen has a magnificent grandeur.

原文文体正式，用词典雅，与天安门的雄伟壮丽相衬，能给人留下深刻的印象。译文模仿原文风格，使用庄重的词（如"original"，"major"，"magnificent"，"grandeur"等）和对应的排列结构（如 with upturned eaves, carved and painted pillars, yellow glazed tiles and red walls），营造了气氛，反映了天安门的美，能达到与原文相似的效果。

（4）生意兴隆通四海，财源茂盛达三江。

Home and abroad business thrives; hither and thither profit arrives.

原文工整对仗，用词典雅，且使用夸张手法，既读起来悦耳动听，又富感染力。译文仿原文风格，前后两句各用五个单词，排列整齐，用词庄重古雅，句尾押韵，语言和促销效果均堪比原文。

（二）以译语为导向的模仿

广告翻译中，以译语为导向的模仿指以译语的语言结构特征、表现法传统和社会接受倾向为依据的模仿。这犹如施莱尔马赫所言"尽可能地不打扰译文读者，让原文作者向译文读者靠拢"（Munday，2001：28）。"在翻译处理中要求译者向目的语读者靠拢，采取读者所习惯的目的语表达方式，来传达原文的内容。"（吕和发等，2011：133）这种模仿需要调整源语审美信息类型和结构，展现译语的表现力，也就是发挥译语语言优势。例如：

（1）To the ends of the earth and to the top of the world.

Only two of us have made it.

只有我们俩一起走过天涯海角。

唯有我们俩共同登上世界屋脊。

这是劳力士（Rolex）手表的广告标题。标题中，"the top of the world"指珠穆朗玛峰，"two of us"指讲话者和劳力士手表，该手表给拟人化了。为吸人眼球，增强感染效果，标题把两个状语并列起来，用句点将其与主谓部分隔开。这种语言现象被称为"分离句法"（disjunctive syntax）。分离句法符合英语广告文体规范，在英语广告中俯拾即是。但如不加变通地照搬原文句式，广告效果肯定不好。译者利用汉语优势，通过使用排比句式、重复主谓部分、巧妙处理辞格等，使该标题重点突出，意境鲜明，易记易诵。

（2）To work is human, to slack divine.

碌碌人间，悠悠神仙。

这是一家外国旅游公司的广告口号，形意诸佳。译文也可谓妙笔生花，它不仅简明扼要，对仗工整，押韵合辙，而且充分挖掘了汉文化中神仙故事的深刻内涵。其意境令人神驰，叫人按捺不住心中想加入到旅游行列的欲望。

（3）Yes, you can.

随心所欲。

原文是微软公司在推出新的操作系统 Windows XP 时在美国使用的广告口号。这种操作系统在中国推出时，广告口号没有直译为"是，你能"，而是套用了中国人熟知的成语"随心所欲"。这一译文非常贴切，既体现了产品的特性，又便于中国消费者理解和记忆。

（4）Stand Up. Stand Out.

挺身而出，与众不同。

这是美国三军（U. S. ARMED FORCES）曾用来招募新兵的广告语。原文语言精练，极富感染力和号召力。译文套用两个汉语成语，贴切自然，可谓"浑然天成"。

（5）Blessed by year round good weather, Spain is a magnet for sunworshippers and holidaymakers.

西班牙蒙上帝保佑，一年四季，天气宜人，宛如一块磁铁，吸引着酷爱阳光、爱好度假的人们。

原文按英语形合优势和事理顺序编排，符合英语广告文体规范，英语读者乐于接受。但如果不加变通地生搬硬套，译文肯定索然寡味。译者以译语为导向，通过利用汉语松散句、调换主语位置、变换修辞手法（变隐喻为明喻）等方式，使译文行文自然流畅，意义准确。

（三）动态模仿

广告翻译中，动态模仿的基础是动态对应，这种对应具有明显的原则性。这种类型的模仿取以源语为导向的模仿和以译语为导向的模仿之长，成为一种综合式的模仿。也就是说，在翻译过程中，以源语为导向的模仿和以译语为导向的模仿两者相权，选其优者。因此，动态模仿也叫做"选优模仿"（刘宓庆，2005：325）。动态模仿要求译者"敏于行"，"见机行事"，充分发挥主观能动性，追求适度变异模式，达到"时止则止，时行则行"的境界。例如：

（1）喝了娃哈哈，吃饭就是香。

Wahaha, Appetizer.

娃哈哈饮品的原文广告不仅突出了产品的特性，而且非常口语化，在中国广为流传。在翻译过程中，译者匠心独运，成功地进行动态模仿：产品名模仿汉语拼音，消费者念起时脑子中往往浮现孩子们笑哈哈、乐开怀的神情。"Appetizer"可谓"一字千金"，极为传神，仿佛蕴藏着一种巨大的力量，推动着消费者采取购买行动。译文大大浓缩了原文，全文仅两词，但语约意丰，胜却千言万语。如果完全按原文字句机械模仿，译文的效果就不知要差多少倍。

（2）East or west, Honda is best.

东跑西跑，本田特好。

这是日本本田汽车广告。原文仿拟了英语谚语"East or west, home is best"（金窝银窝，不如自家草窝），不仅押韵，节奏感强，轻快活泼，而且对汽车质量做了极高的评价，让消费者放心。译文在意义、语气和押韵方式（押尾韵）上以原文为依傍，而在句法结构上却以译语为导向，四字词组排列整齐，读起来抑扬顿挫，音韵和谐，汽车的特性活神活现地展示出来了。

（3）ASIA'S CONVENTION CITY

puts you ahead in the game.

亚洲会议之都

助您力拔头筹

这是"亚洲会议之都"杂志广告的标题。原文的前部分"ASIA'S CONVENTION CITY"以源语为依傍，译为"亚洲会议之都"，后部分"puts you ahead in the game"以译语为依傍，译为"助您力拔头筹"，成功地实现了动态模仿。原文里有"ahead"，译文里刻意选用"头"，是巧合，也是译者高超译技的表现。

（4）张家界国家森林公园以峰称奇，以谷显幽，以林见秀。春天山花烂漫，花香扑鼻；夏天凉风习习，最宜避暑；秋日红叶遍山，山果挂枝；冬天银装素裹，满山雪白。

Zhangjiajie National Forest Park is amazing for its peaks and hills, tranquil for its vales and dales, and elegant for its woods and forests. In spring, the mountain flowers are in full blossom with enticing fragrance; in summer, the cool temperature offers an escape from the summer heat; in autumn, the mountains are dyed in diverse colors with ripe fruits; and in winter, the snow-clad peaks are not to be missed.

这是张家界国家森林公园景介中的一段，原文的显著特点是排比手法和四字结构的运用，文字对仗工整，形意俱佳。译文意义紧贴原文，修辞上总体模仿原文的排比手法，但文字编排细节上不拘泥于原文，适当地进行了动态调整。译文巧妙地展现了张家界国家森林公园四季交替和色彩变化的特色，给人以强烈的视觉感和嗅觉感，引人入胜。

（5）In the kingdom of Las Vegas there stands a castle like no other. 'Tis a castle with a casino of epic splendor. Where games of change and enchanting pleasures beckon 24 hours a day. 'Tis a castle where the coin of the realm is captured. Where the cards are hot. The dice are never cold. And the action never stops. 'Tis a castle of sword and sorcery where the knights come alive. Reserve a place in the majesty of Excalibur today. (Brochure of Excalibur Hotel, Las Vegas)

在拉斯维加斯王国，矗立着一座独一无二的城堡。这座城堡拥有一座史诗般宏伟壮丽的娱乐场。不断变换的游戏，令人如醉如痴的娱乐表演，24 小时在召唤着您。这座城堡是个至尊宝地，金钱的王国。纸牌永远留着余热，骰子永远不会冷却，表演永不停息。这是一座拥有神剑和魔法的城堡，骑士在这里复活。现在就在宏伟庄严的亚瑟王神剑酒店预订您的位置吧！

这家酒店的名字 Excalibur（亚瑟王神剑）就给人无限的想象，散发着魔力。文内对酒店外观、酒店内设施等的描写构成一幅幅动人的画面，尤其是一些形容词（如 epic, enchanting）和名词（如 kingdom, splendor, pleasure, realm, sword, sorcery, knight, majesty），能激发读者的欲望。突破常规的分离句法的使用也增加了原文的感染力。译文在描写顺序、内容和词语的感情色彩方面依傍原文，但放弃了英语的分离句法，并以意合的语言表达原文的内涵，顺应了中文读者的阅读习惯。此外，译文最后一句将原文的句号改为感叹号，强化了文本的呼唤功能。

　　模仿是审美再现的基本手段，在广告翻译中不可或缺。广告翻译中可以以源语为导向进行模仿，以译语为导向进行模仿或进行动态模仿。但不管采取何种方式，模仿不能违背原文的主旨性意义，即所谓"万变不离其宗"，这犹如珠走玉盘，灵动而不逾矩。为了更好地实现广告译文的终极性目的，译者应精心考虑影响广告翻译的诸因素，充分发挥自己的创造性，尽量提出多种可供选择的译文，然后综合权衡，优中选优，精益求精，以使译文效果最大化。

第八章

从移情说看广告翻译

19世纪后期，欧洲大陆盛行一种称之为"移情说"的心理美学思潮。"移情"这一概念首先由德国的劳伯特·费肖尔（Robert Vischer）于1873年在《视觉形式感》一文中明确提出，而后德国的立普斯（Theodore Lipps）、谷鲁斯（Karl Groos），法国的巴希（Victor Basch），英国的浮龙·李（Vernon Lee）等人将其扩展和深化，建立了影响深远的美学体系。移情说对西方美学界产生了广泛而深刻的影响。"有人拿美学上的移情作用说和生物学上的天演说相比，以为它们有同样的重要，并且把移情作用说的倡导者立普斯称为美学上的达尔文。"（朱光潜，1996：233）移情说在翻译界也掀起巨大波澜，其影响力不断扩大，现已从文学翻译向应用翻译渗透。一些学者注意到移情说对广告翻译的适用性，并进行了一定的研究。本章拟从移情说出发，探讨广告翻译中的审美再现问题。

一 移情说对广告翻译的启示

"移情"（〈德〉Einfunlung，〈英〉empathy）的本义是"把感情渗进里面去"。弗列德里希·费肖尔（Friedrich Theodore Vischer）在《批评论丛》中将移情定义为"人把他自己外射到或感入到自然事物里去，艺术家或诗人则把我们外射到或感入到自然事物里去"（曹顺庆，1988：260）。立普斯在《空间美学》中将移情表达为"就是要把自我移入自然事物之中，把自我移入宇宙人生之内，从而达到一种'物我为一'的境界"（同上）。巴希在《康德美学批评》中说，移情是"灌注生命给无生命的事物，把它们人格化，使它们变成活的"（王福雅，2001）。浮龙·李在

《论美》中明确说："把我们活动的一些长久积累的、平均化过的基本形态，移植到那座静止的山，那个没有身体的形状上去。正是通过这种过程，我们使山抬起自己来。这种过程就是我所说的移情作用。"（同上）这里的"外射"、"感入"、"移入"、"灌注"或"移植"过程可概括为"由我及物"。移情不仅可以"由我及物"，还可以"由物及我"。后者即谷鲁斯的所谓"内模仿"（〈德〉Innere Nachahmung，〈英〉inward imitation/inner mimesis）："我"（审美主体）可以在内心模仿客体的情感形象，而获得美感上的满足（刘宓庆，2005：220）。《庄子》中"山林欤，皋壤欤，使我欣欣然而乐欤"（王福雅，2001），所言即此。这正如刘勰在《文心雕龙·物色》中所说的"物色相合"："时人感物，联类不穷，流连万象之际，沉吟视听之区，写气图貌，既随物以宛转，属采附声，亦与心而徘徊。"这也如刘勰在《文心雕龙·神思》中所说的"登山则情满于山，观海则意溢于海"，山和海的美激起了"我"的感应，形成了美的同构。由此可见，移情既是主体情感的外在化、客体化、物质化（由我及物），又是客体对象的拟人化、主体化、情景化（由物及我），两者相互渗透相互推进（刘宓庆，2005：220）。

根据移情说，广告翻译中，主体"我"是广告译者，客体"物"是源语广告的审美构成。客体受主体的情感投射（projection）即是"由我及物"，投射的反馈即是"由物及我"，投射和反馈是相互交织、不断进行的，以求实现"物我合一"。但广告翻译不止于此，还要达至"再现"。广告翻译中的再现即广告译文之出。而广告译文之出不是从源语到译语简单的、机械的形式转换，它应是翻译审美移情的结晶。而广告翻译中，审美移情的关键是译者对原文美的"凝神观照"，没有译者的"凝神观照"，"情"就无法获得动势，也就无法做到"神与物游"；审美移情的目的是实现情感的成功转化，即审美再现，这要求译者沿情而表，做到文辞相应，情景相切，以译文造原文之境，以译文托原文之情（刘宓庆，2005：226）。

总之，移情是广告翻译的关键。广告翻译中的移情不仅是翻译主体向翻译对象单向的生命灌注或情感投射，而是两者的双向沟通和交感，这正如朱光潜所说的"我的情趣与物的情趣往复回流"（陈琰，2001）。移情是否成功取决于译者能否充分发挥自己的主观能动性，使自己的心理结构处于最佳活跃状态，深刻感受原文广告的美，充分理解其意蕴，将它创造性地再现于译文中。

166

二　广告翻译中的移情策略

原文广告中的美如何最佳再现出来，移情策略至关重要。本章拟从以下三方面进行探讨。

（一）使用诗化语言

诗化语言即音美、形美、意美的语言。语言音美，可悦读者之耳；语言形美，可悦读者之目；语言意美，可悦读者之心。诗化语言是有魔力的，运用得当会产生神奇的效果。广告译文如能达到悦耳、悦目、悦心，其促销效果必为上乘。例如：

（1）The youngest of the Rocky Mountains, the Teton Range is a spectacular sight. Enhanced by glaciers, deep canyons, snowfields and lakes, the range shoots up suddenly, with no foothills around it.

虽为落基山脉中的小字辈，特顿山却气势恢弘。它拔地而起，绝壁凌空，冰川映雪地，高峡出平湖，风光绮丽，景色壮观！

这是一段取自美国《国家地理》杂志介绍大特顿国家公园（Grand Teton National Park）的文字。阅读原文，一幅幅美丽的风景画映现脑海，好不叫人欣赏。但如果按原文结构硬译，译文就表现不了特顿山的壮观景色，缺乏感染力。译者从整体着想，对语序做了必要调整，并利用汉语平行结构和连珠四字句的优势，使译文行文工整，声律有致，语意丰富。译文音形意皆美，传达出盎然诗情画意，无疑对游客具有极强的吸引力。

（2）What's on your arm should be as beautiful as who's on it.

好马配好鞍，靓表衬俊男。

这是西铁城（Citizen）手表广告。原文利用了比喻修辞手法，将靓表比喻成美人，非常贴切。译文借用人们耳熟能详而富有哲理的俗语"好马配好鞍"作为发端，顺势引出"靓表衬俊男"。这一起兴手段配之以对偶和押韵修辞手法，使整个译文文字优美，意境动人。译文将产品优美的形象凸显在读者脑海中，能使读者随之产生美的情怀，燃起追求美的欲望。如果将其直译为"戴在您手腕上的东西应该和您手臂上挽着的人儿一样美丽"，原文的形式和内容也算基本上传达出来了，但显得拖沓，不像广告口号，其效果肯定大为逊色。

（3）Then came the twilight colours of sea and heaven, the winepink width of water merging into lawns of aquamarines, the sky a tender palette of pink and blue.

夕阳晚照，海天生辉。大海红浪翻涌，碧波横流；天空红蓝相映，流光溢彩。

原文语言简洁朴实，但构思巧妙，直观的隐喻和具体的景物组合，给人以充分的视觉空间的想象余地。译文辞藻华丽，声韵错落有致，渲染了情感气氛，读起来顺口，想起来爽心，富有美感。

（4）The West Lake is like a mirror, embellished all around with green hills and deep caves of enchanting beauty.

西湖如明镜。四周，千峰凝翠，洞壑幽深，风光妩媚。

原文语法规范，逻辑缜密，理性十足，尽显英语的"阳刚之美"。译文虽流散疏放，但具有极强的暗示力和意境性，能让读者在脑中形成优美的画面，怡人的意境，汉语的"阴柔之美"由此可略见一斑。

（二）营造感人意境

意境指文学艺术作品通过形象描写表现出来的境界和情调，是审美主体的"意"和审美客体的"境"两者结合的美学境界。广告艺术中，"意"是广告创作者在广告形象创造过程中的思想感情，"境"是广告形象所反映的客观环境景物，两者相互渗透，相互融合，就形成了"意境"。通过意境的描写来展现某种观念、情感，往往能使广告"言有尽而意无穷"，传达出某种无法用言语来表达的韵味，读者在阅读时也往往因形态可感，内蕴丰富而深受感染。广告翻译也应巧妙地编排语言，将要传递的信息融入其中，巧妙地移情于景，创造出情景交融的艺术境界。例如：

（1）Memories bright as a tropical bloom, fresh as a cool seabreeze, deep as the unhurried sea. This is the Sheraton Bal Harbour Resort. Time steps to a different measure here, just for the two of you. Palm bordered beaches gently kiss the water's edge. Sunset dances, nightlife sings under a star-filled sky; moonlight drips soft silver to tuck you in.

This is the Sheraton Bal Harbour Resort. Where the days hesitate to end, and the memories linger forever.

记忆明丽有如热带的花卉，清新有如凉爽的海风，深刻有如平静的大海。为了你俩，时间在这里放慢了脚步。棕榈树环绕的海滩轻吻浪尖，夕阳在波涛间翩翩起舞，夜之生灵在繁星密缀的天宇下歌唱；月华轻柔，流银泻玉，把你俩笼罩其中。

这便是喜来登旅馆。在这里幸福时光恋恋不舍，美好记忆长萦心中。

原文广告大量使用比喻、排比、拟人等修辞手法来创造生动的形象和鲜明的意境，让人产生丰富的联想，使人们联系广告产品的品质特性与意境的相似或相关之处而产生瞬间的顿悟，激起人们对美好事物的向往和追求。译文充分利用汉语的四字结构和修辞手法，措语天然，明快生动，营造出了情景交融、充满诗情画意、令人遐想的意境，成功地烘托出了原文生动鲜明的形象。

（2）Sophisticated Sweet-to-drink Pink Lady.

红粉佳人甜露酒，特造精酿醇悠悠。

这是一则甜露酒广告标题。如果按字面意思译为"精酿的喝起来甜的粉红色女士"，则不像广告语言，索然寡味。译文变词组为对偶句，不仅押韵，读起来悦耳动听，而且意境美妙，耐人寻味。原文"Pink Lady"既系酒名又兼喻体，译文"红粉佳人"映衬出甜露酒的高贵雅典，其隐喻仿佛信手拈来，美酒佳人相伴，似真非真，令人神飞意驰，浮想联翩。

（3）Even cold rolled steel can have a heart and soul.

冰冷的躯体却散发出浓情厚意。

这则克莱斯勒（Chrysler）汽车的广告，将"心脏和灵魂"赋予产品，别开生面，独特一帜。译文利用含有拟人手法的诗化语言，娓娓道出了广告主旨：克莱斯勒汽车虽是钢筋铁骨之躯，却有情深意切之心。此可谓化无情为有情，营造了良好的情感交流气氛，缩短了产品与消费者的心理距离，大大提升了广告的亲和力。

（4）The pen is mightier than the sword.

The pen is a Parker.

千军万马难抵大笔一挥。

此笔乃派克笔。

原文是派克公司 1986 年 12 月 21 日刊登于《时代》上的广告，首句是一句英语格言，在修辞上使用转喻手法，以刀比武，以笔喻文，意谓和谈的力量强于战争。译文以"军队"代替"刀剑"，对本体意义进行了直接表达。"千军万马"很有气势，与"大笔"前后呼应，所创造的意境完美地体现了原文的主旨。

（三）巧用互文手法

170

一个文本总会同别的文本发生这样或那样的关联，没有哪一个文本能够完全脱离它以前以及与它同时存在的别的文本的影响，每一个文本都是其他文本的互文本。广告文本也是如此，它具有"寄生语篇"的特性。互文手法是广告翻译中将源语语言文化的美再现出来的一种独特手法。广告翻译时妙用互文手法，包括仿拟、引用、用典、拼贴等，不仅可以提升广告的美学价值，增添广告的联想意义，还可以形成广告的情感晕轮，使广告产生飞扬神韵，从而使消费者"一见钟情，朝思暮想"。例如：

（1）The Difference is Legendary.

此景只应天上有。

这是加勒比地区洛克岛度假地的一则旅游广告语，旨在强调洛克岛度假地景致独特，享受与众不同。如果直译为"差别是传奇式的"，既听起来别扭，又显得十分平淡，如一杯清汤寡水，无啥味道。在翻译过程中，译者打开脑中储存的"前文本"，搜索相关信息，最终将视点落在杜甫《赠花卿》中的"此曲只应天上有，人间能得几回闻"这一名句上。译者取其前部分，将"曲"换成"景"，仿佛天衣无缝。"此景只应天上有"不仅与原文意义相吻合，而且读起来抑扬顿挫，音韵和谐，可谓之为有"天然语趣"，美妙绝伦。

（2）Vandermint isn't good because it's imported; it's imported because it's good.

好酒不在进口，进口必是酒好。

这是范德铭酒的广告口号，用词之妙，堪称一绝。两个分句只用了六个词，撰稿人把这六个词神奇地组合在一起，其中"it's"出现三次，"imported"、"because"、"good"均出现两次，一再强调一个概念：范德铭酒不同凡响！翻译时要完好地保留原广告口号的修辞特点，实属不易。经分析，译者捕捉到"酒"与"进口"之间的关系，联想到汉语中一个结构与此几乎完全一样的俗语："山不在高，有仙则名；水不在深，有龙则灵。"仿此结构，在词序上作技巧处理，译文就准确地传达出原文的信息，实现了其预期功能。

（3）东奔西走，要喝宋河好酒。

　　　East or west, Songhe is always in my chest.

这是宋河酒的广告词。译文仿拟了英语谚语 "East or west, home is best"（金窝银窝，不如自家草窝），不仅押韵，节奏感强，轻快活泼，而且暗示产品质量高，特受消费者喜爱，广告效果不言而喻。

康有为在《广艺舟双楫》中说："能移人情，乃书之极致。"（张学棣，1987）移情是书法的最高功能，广告亦然。广告的感染力最有直接作用的就是情感因素。难怪厂家要在"情"字上下工夫，千方百计地拨动消费者的情弦，使之动心（Assael，1990：447）。广告审美就是广告审美主体与广告美的对象不断交流感情，产生共鸣的过程。因此，广告审美再现的关键莫过于移情。在广告翻译中，译者的活动要求围绕"为情而造文"展开。所以，译者应透彻理解原文，使用恰当手段竭力再现原文的美感与情感内蕴，使译文起到预期的移情作用，达到理想的感人效果，实现情感促销的终极目标。

第九章

从关联论看广告翻译

广告是一种通常由广告主付费的通过媒体劝说公众的交际活动。其目的是传递信息，改变人们对所宣传的商品或服务的态度，诱发其购买行动，从而使广告主获得利益。广告翻译是译者将一种语言的广告所传达的信息用另一种语言传达出来的有目的的跨文化交际活动。译语广告的目的与源语广告的目的无异，而达到广告目的的重要先决条件是：广告主意图与接受者期待相吻合。如何在广告翻译中使广告主意图与接受者期待相吻合呢？本章拟从关联论入手对这一问题进行探讨。

一 关联论对广告翻译的启示

关联论是斯博伯（Dan Sperber）和威尔逊（Deirdre Wilson）1986 年在格赖斯（P. H. Grice）提出的语用学相关原则基础上发展起来的认知语言学理论，有关论述见于他俩合著的《关联：交际与认知》（Relevance：Communication and Cognition）一书。古特（Ernst August Gutt）深入研究关联论后，将其引入翻译领域，于 1991 年出版《翻译与关联：认知与语境》（Translation and Relevance：Cognition and Context）一书，为翻译研究增添了新的视角。

关联论认为，交际是一个涉及信息意图和交际意图的明示—推理过程（ostensive-inferential process），其中明示与推理是交际过程的两个方面，从说话人的角度来说，交际是一个明示过程，即把信息意图明白地展示出来；而从听话人的角度来说，交际是一个推理过程，推理就是根据说话人的明示行为，结合语境假设，求得语境效果，获知说话人的交际意图

（Sperber and Wilson，2001：25）。人类交际关键在于创造一种对于最佳关联的期望，即听话人期望他试图进行的解释能以最低的处理成本产生足够的语境效果（Gutt，2004：31—32）。所以人们在语言交际活动中要自觉遵守关联原则："每一种明示的交际活动都应设想为这个交际活动本身具备最佳的关联性。"（同上，32）"最佳的关联性来自最好的语境效果；人们对话语和语境假设的思辨、推理越成功，话语的内在关联就越清楚；话语内在关联越清楚，人们在思辨和推理过程中无须付出太多努力，就能取得好的语境效果，从而正确理解话语，使交际获得成功。"（何自然，1999：139）

173

根据关联论，我们可以推断：广告翻译是一种跨语言的两轮交际活动。第一轮：广告主和译者构成交际的双方，广告主将广告信息意图展示出来，译者从广告主明示的信息中构建语境，并努力寻找最佳关联，通过推理形成对源语广告的理解。第二轮：译者和译文广告接受者构成交际的双方，译者期待和估量译文广告接受者的认知语境，并通过译文把自己对源语广告的理解向译文广告接受者明示，以激活译者对译文广告接受者所期待和估量的认知语境，并让译文广告接受者能以最小的处理努力获得最佳关联，从而推导出广告主的交际意图。显然，广告译者扮演着双重角色，是广告信息传递的中转者，为广告主与广告译文接受者之间搭建桥梁以促进两者之间交际的成功。

综上所述，我们可以明白：广告翻译是一个对源语广告进行阐释的动态的双重明示—推理过程。译者根据自己对广告主的交际意图的理解和把握以及对译语广告接受者认知语境和期待的估量，把广告主的明示信息再现。因此，译者承担着使广告主意图与接受者期待达到高度吻合的重大责任（朱燕，2007）。

二 广告主意图与接受者期待的吻合

古特认为，认知效果对交际来说至关重要，说话人会很自然地保证他们的交际有足够的语境效果，并保证交际成功。问题是，译文读者与原文读者的认知环境存在差异，这让译文读者较难获得足够的认知效果。又由于意向意义与认知效果通常并不等同，认知效果，至少一部分认知效果并不属于意向意义。这样，即使译者在译作中保留了原作的意义，译文读者也可能产生"你为什么对我说这些，到底想跟我说什么"的疑问。也就是说，要让读者获得关联而取得交际的成功，译者必须采取额外的措施，付出额外的努力（Gutt，2008；王建国，2009：226）。在广告翻译中，译者为了让接受者获得最佳关联，取得预期的交际效果，应灵活运用翻译策略。当常规翻译策略能达到目的时，则使用常规翻译策略；否则，则要采取非常规翻译策略，"采取额外的措施，付出额外的努力"。

（一）常规翻译

常规翻译是指通常情况下使用的翻译策略，包括古特讨论的直接翻译和间接翻译。

1. 直接翻译

直接翻译，即保留原文所有交际线索，从而保留原文语言特征的翻译。所谓"交际线索"，是指引导接受者做出交际者所预期的解释的线索。通过保留原文所有交际线索，译文可取得这样的效果：如果接受者使用原文作者设定的语境假设，他们就可能获得原文作者所预期的解释（Gutt，2004：134—135）。广告翻译实践中，直接翻译运用恰当，译文则可保留原文风格特征，交际线索不仅体现原文所讲信息内容，而且体现其表达方式以及这种风格所达到的特别效果。例如：

（1）轻如风，柔如云。

　　　Light as breeze, soft as cloud.

这是一则服装广告标题，其中两个明喻用得恰到好处，具体形象地显示出服装轻柔的特点。译文采取直接翻译法，几乎一个词对一个词，保持了原文的修辞手段，恰如其分。而且，用词也确切，"风"没有用"wind"，而是用了"breeze"，完全传达出了原文的意境美，使人联想到衣服在微风中飘逸的情景，极易产生购买的冲动，从而实现广告主的意图。

（2）Who says love is blind?

　　　谁说爱情是盲目的？

这是优丝（Finesse）洗发精的广告词，原文引用了谚语"Love is blind"（爱情是盲目的）。谚语的本意是指看不见对方的缺点，即所谓的"情人眼里出西施"。这里将谚语嵌入问句中，使整句话的意思与谚语相反：用了优丝洗发精，秀发柔顺如丝，亮丽无比，情人的目光因此紧追不舍，情人的判断定会是："爱情不是盲目的。"源语广告无疑是一则具有创意的广告。译文可谓亦步亦趋，除了将英文换成对应的中文外，其句子结构、词序、标点符号等悉数照搬，所有交际线索得以保留。这样的译文再现了原文的本真意义，能产生与原文对等的语境效果，从而实现广告主的意图。

（3）You'll enjoy relaxed sunny days. Warm, crystal clear lagoons. Cool, green foliage. Waterfalls. Flowers. Exotic scents. Bright blue skies. Secluded beaches. Graceful palms. Breathtaking sunsets. Soft evening breeze. And food that's simply outstanding.

您会享受阳光明媚的轻松时日。温暖、清澈的礁湖。清凉、碧绿的树叶。瀑布。花丛。异样的馨香。明亮的蓝天。幽静的海滩。优美的棕榈。壮丽的日落。轻柔的晚风。还有那食物简直绝妙无比。

广告原文由12个情景构成12个意象，描绘了海滨旅馆的绝妙风景，令人遐思，叫人神往。此广告的语境效果主要由其特殊的句法结构来体现：除第一个情景由一个完整句构成外，其余11个情景皆由名词性无动词小句构成，且大多数小句中的名词都由形容词来修饰。译文保留了原文所有的交际线索：按原文句法结构依次行文，甚至标点符号都极少改变，但它显得真切自然，读起来像原文一样简洁明快，生动形象，情景活现，能使接受者获得最佳关联，取得预期的交际效果。

（4）激情盛会 和谐亚洲

Thrilling Games Harmonious Asia

这是2010年广州亚运会主题口号。"激情盛会"，一是指广州人民将用最大的热情来迎接全亚洲的运动健儿；二是指广州亚运会将是一场充满激情与活力的盛会，能充分体现动感亚洲这一意义。"和谐亚洲"，则道出广州人民、中国人民对亚洲的期待，希望前来参加亚运会的各国、各地区人民，不分社会制度、不分肤色、不分语言，以相互之间的友谊，共同营造一个和谐的亚洲。"激情盛会、和谐亚洲"即把握了时代的主题，又体现了亚运会的宗旨，表达了亚洲各国人民的共同愿望（第16届亚运会官方网站，2008）。译文依傍原文的用词和结构，径直译出，忠实地保留了原文的内容和形式，语言简洁，内涵深刻，达到令人夺目不忘、引起共鸣的效果。

2. 间接翻译

间接翻译指只注重原文认知效果，保留原文基本意义，对原文的表现形式做必要改动的翻译（Gutt，2004：132—133；郭遂芝，2008）。间接翻译的关键之点在于译者对原文作者的真正意图做正确的判断，因为意图不等于内容。交际要成功，必须让信息发出者的意图为接受者所认识。广告翻译要达到预期的目的，必须让广告主的意图为接受者所明了。在广告翻译中，语言文化差异不可避免，直接翻译往往无济于事，这时译者就要付出更多的努力，利用间接翻译策略，对原文作必要改动。例如：

（1）老茶树，好人生。

　　Aged tea tree, fine life tree.

老茶树给人以怀旧、浪漫、悠然的感觉，用它来比喻好人生很贴切，原文可称得上是一条有创意的广告。译文的形式和节奏紧贴原文，前部分也依傍原文直译，但后部分用寓意深刻的"fine life tree"来传达原文的意旨，比逐词翻译要高明得多。此译传神，足以让人遐思，心生向往之情。

（2）When you have the occasion, we have the coffee.

　　偷得浮生半日闲，享受雀巢好时光。

译者改变原文句法结构，采用对偶形式将其译出。译文既与原文信息关系密切，又能充分体现其语用意图。值得一提的是，第一句前部分仿唐朝李涉《登山》中"又得浮生半日闲"的诗句，尤其能抓住一般中国人忙里偷闲的心态，营造了接受者需要的语境效果。另外，译文句式工整，音律和谐，节奏感强，读起来朗朗上口，给人以怡悦之感，仿佛"咖啡未沾唇，已觉满口香"，具有强烈的吸引力。

（3）Sense and Simplicity

　　精于心，简于形。

这是名牌家用电器飞利浦（Philips）的广告。原文仿拟了英国著名作家简·奥斯汀（Jane Austen，1775—1817）的小说 Sense and Simplicity（《理智与情感》）这一书名，但广告所要传达的交际意图并非与小说的交际意图相同。广告的真实内涵为"简单中蕴含好品质"，译文"精于心，简于形"抓住了原文的内涵，且结构对称，看起来悦目，听起来悦耳，想起来悦心，可称得上佳作。

（二）非常规翻译

常规翻译一般是就全译（完整性翻译）而言的，一些广告翻译为追求效率，往往采取非全译的手段，包括"扩充、取舍、浓缩、阐释、补充、合并、改造等变通手段"（黄忠廉，2000：5），我们把全译之外的利用这些变通手段的翻译策略称为非常规翻译策略。一些广告翻译利用非常规翻译策略可以产生上乘的译文。例如：

（1）　　　　　　　　　Savings Protection Plus

Now you can look to the future with confidence! Introducing Savings Protection Plus, the savings plan that protects you and your family from life's uncertainties.

Now, with regular savings, you can look forward to a brighter tomorrow. Savings Protection Plus has built-in life insurance to ensure that you and your loved ones are financially secure. Should the unexpected arise and something happen to you, you or your family will receive the Sum Insured plus the Cash Value accumulated in the plan.

储全保

面对未知将来，仍可安心自在。汇丰银行诚意献上全新的储全保，助您未雨绸缪，令生活无忧。

储全保是一个兼具寿险保障的灵活储蓄计划，通过定期的储蓄投资，即使不幸遇上意外，身伴的挚爱亲人亦可获取投保额全数及所得的现金价值，令经济无忧。

以上是香港汇丰银行英汉双语广告。仔细比较分析，不难看出，译文是译者"采取额外的措施，付出额外的努力"后得来的。先看服务项目名称的处理。"储全保"不是原文的直接照搬，而是综合全文主旨而创造出来的，突出了该项服务的内容、功能，令广告受众一目了然。正文部分也做了很大的调整。原文第一段第一句置英文广告中惯用的"YOU-ATTITUDE"于首位，突出消费者的地位，并使用感叹号加强呼唤功能。而汉文语句按其行文习惯，使用了比较华丽的辞藻，以及工整的四字格，如"安心自在"、"未雨绸缪"，读起来明快上口，颇具韵味。第二段汉、英语篇都是要说明"储全保令经济无忧"这一中心意思。英语语篇体现的是"一般—具体"这一宏观结构模式，首先以概括段落大意的语句开端，

177

然后用细节加以详尽叙述或论证。但汉语语篇中体现的是典型的"原因—结果"模式，阐述储全保怎样令经济无忧。这完全符合汉语广告文案的主体框架和文体规约，也符合接受者的心理期待，有助于实现译文的最佳关联，实现理想的语用效果。

（2）亚龙湾最突出、最引人入胜的是她的海水和沙滩。这里湛蓝的**海水清澈如镜**，能见度超过 10 米，**海底珊瑚保存完好**，<u>生活着众多形态各异、色彩缤纷的热带鱼种</u>，**是国家级珊瑚礁重点保护区**，因此也成了难得的潜水胜地。亚龙湾柔软细腻的沙滩洁白如银，延伸约 8 公里，长度约是美国夏威夷的 3 倍。

The most striving view of the bay is the sea and the beach. The seawater is crystal clear, with visibility as far down as 10 meters. Under the surface are all kinds of coral and colorful tropical fish, making it an ideal destination for divers. The beach, covered with silver-white sand, extends 8 km, three times the length of the beach in Hawaii.

通过对广告主意图的把握以及对游客心理的分析，译者将译文重点放在对"海水和沙滩"的具体描绘上，对原文中一些与旅游无关的信息和无足轻重的习惯性表达要么省去（划线部分），要么改写（黑体部分）（贾文波，2004：296—297），保证了译文中心突出，语言流畅，充分顾及了英语读者的欣赏习惯和心理期盼，"让译文读者无须付出不必要的努力"（Gutt，2004：107），便可获取最大的认知效果。

（3）茅台一开，满室生香；

　　国酒茅台，渊源流长。

Maotai — a vintage liquor

A VIP treat which diffuses the finest aroma

A national favor that won 1915 diploma

(Originated in 135 B. C.)

原广告词对仗、押韵，含蓄典雅，富有文采，它让茅台酒荣获了 1987 年 6 月的"香港第三届世界广告大会"（中国出口广告）国际一等奖。一时间，这一广告词传遍了东南亚，人们对茅台酒更加熟知和喜爱。但要翻译好这一广告词实非易事。如果一味追求原文语义的准确翻译，将其照字面意义和盘译出，整个译文将会十分冗长。这里译者采取了"避虚就实"的方法，既对原文中虚的部分进行了删除，又对实的部分进行了一番处理。译者根据茅台镇在公元前 135 年为汉武帝酿出"甘美之"酒以及在 1915 年茅台酒在美国旧金山荣获巴拿马——太平洋万国博览会的金奖的事实，采用增译法，强调了产品的质量，解释了"渊源流长"的含义，突出了其文化语境，从而产生较好的预期广告效果。

广告翻译是一项目的性极为明确的跨文化交际行为，是一个涉及信息意图和交际意图的明示—推理过程。广告翻译的实质是语际间对广告原文的明示—推理阐释，其效果讲究的是广告主的意图与读者期待的吻合。评判一则广告译文是否成功地实现了交际意图就是要看译文能否提供最佳关联信息，让读者以最小的认知努力去获取最佳的语境效果，从而接受原广告所宣传的产品或服务，并做出相应的购买行动（袁建军、梁道华，2010）。

广告翻译中，译者可以根据源语广告提供的信息以及自己对译文读者认知环境和认知能力的评估，充分发挥自己的主观能动性，自由选择适当的翻译策略和表达方式。但译者对源语广告信息的处理、语境假设的判断、翻译策略的选择、表达方式的调整等，都应以关联原则为指导，使译文取得最佳的语境效果，从而使广告主意图与读者期待相吻合。

第十章

从顺应论看广告翻译

近三十年来，语用学发展迅猛，新著迭出。特别引人注目的有国际语用学会秘书长、比利时安特卫普大学教授杰夫·维索尔伦（Jef Verschueren）1987 年的论著《语用学：语言顺应理论》（Pragmatics as a Theory of Linguistic Adaptation）和其 1999 年的力作《语用学诠释》（Understanding Pragmatics），前者提出了独具见解的顺应论，后者进一步发展和完善了此理论。顺应论从达尔文的进化认识论、皮亚杰（J. Piaget）的认知心理学的"适应"观、贾尔斯（H. Giles）的社会语言学的言语顺应理论以及布拉格学派和伦敦学派的功能主义语言观中汲取了养分（刘正光、吴志高，2000；黄成夫，2008），从认知、社会和文化的综合角度观察和阐释语言现象及其运用的行为方式，为语用学研究开拓了新的领域。这是"一个非常具有解释力和应用价值和发展前途的语用学理论"，"为语用学提供了一个全面而科学的研究视角，尤其是对顺应性理论的阐释，可以说具有重大的理论意义和实用价值"（何自然、于国栋，1999）。

顺应论应用于翻译领域，对翻译活动进行全方位、多视角的审视，使翻译研究出现了空前活跃的局面。其影响力在不断深化和扩大，吸引着越来越多的读者和研究者。本章拟择其相关论述，从新的角度探讨广告翻译中的语境顺应问题。

一　顺应论对广告翻译的启示

顺应论认为，语言的使用是"一个不断的选择语言的过程，不管这种选择是有意识的还是无意识的，也不管它出于语言内部的原因还是出于语言外部的原因"（Verschueren，2000：55—56）。这种语言选择具有以下的特点：第一，选择发生在语言结构的任何一个层次，从语音、语调到词汇或语法结构的选择，从语码到语篇的选择等；第二，语言使用者做出的选择不仅包括语言形式的选择，而且包括语言策略的选用。选用语言策略时所表现的风格（语体）也会在一定的程度上影响语言形式的选择；第三，语言使用者所做出的选择是在意识的不同程度下做出的；第四，选择发生在语言产生和语言理解两个方面，也就是说，在具体的言语交际过程中交际双方都要做出选择；第五，语言使用者没有权利在选择与不选择之间做出抉择，因为语言使用者一旦进入语言使用过程，他就只能选择心目中最合适的和最需要的来进行交际；第六，可供语言使用者选择的语言手段和策略不是等同的，因为具体的选择手段和策略受到社会和文化等因素的影响和制约；第七，语言使用者在语言手段和策略上所做出的不同选择会导致与它相关的其他语言或非语言因素出现变化（Verschueren，2000：56—58；何自然、于国栋，1999）。

181

语言使用者之所以能够在语言使用过程中做出种种恰当的选择，是因为语言具备以下三个特性：变异性（variability）、商讨性（negotiability）和顺应性（adaptability）。语言的变异性指语言具有一系列可供选择的可能性；语言的商讨性指语言的选择不是按机械的方式或按严格的规则或固定的形式—功能关系做出的，而是根据具有高度灵活性的原则和策略做出的；语言的顺应性指语言能使人们从一系列范围不定的可能性中进行商讨性的语言选择，从而满足其交际需要（Verschueren，2000：59—61）。语言的变异性、商讨性和顺应性是语言的基本属性，三者相辅相成，密不可分。在语言使用过程中，变异性和商讨性是条件和基础，顺应性是根本特征和目的。前两者为语言选择分别提供了可能性和方式，顺应性则是在此基础上以恰当的方式，在可能的范围内做出符合交际需要的语言选择，从而使交际得以顺利进行（彭劲松，2010）。

语言顺应不是单向的，而是双向或多维的。语言顺应涉及四个方面：（1）顺应的语境相关成分（contextual correlates of adaptability），包括交际语境中任何一个和语言选择构成相互顺应的要素；（2）顺应的结构客体（structural objects of adaptability），包括任何一个组织层面上的结构以及构成原则；（3）顺应的动态过程（dynamics of adaptability），即顺应过程在交流中的展开；（4）顺应过程的意识突显性（salience of the adaptation process），即和认知机制相联系的这些过程的状态（Verschueren, 2000: 69）。这四方面相互联系、相互依存，共同构成了顺应论的四个主要分析维度。前两者是言语交际中的语言和非言语的因素的总和，揭示了影响语言选择—顺应的宏观和微观层次的内容；后两者旨在揭示语言使用过程中是依照不同的意识程度，在语境和语言结构客体之间进行动态选择的过程（郇春雷，2011）。

182

　　细研顺应论的主要观点，联系广告翻译，我们不难推断：广告翻译作为一种跨文化交际活动，其翻译的过程实际上也是一个语言选择的过程，与其他语言交际一样，具有变异性、协商性和顺应性。但鉴于广告属于特殊的文本类型（感染型文本）且具有明显的目的（AIDA, 引起注意、诱发兴趣、刺激欲望和促成购买），广告翻译又有其自身的特点：（1）广告翻译中存在着多种可供选择的译法，如音译、直译、意译、变译等，译者究竟采用何种译法依赖于其对源语广告的理解、接受者的认知环境和认知能力、广告主的交际意图等；（2）广告翻译是在高度灵活的策略和基础上进行的，没有固定的规则和模式。译者可以充分发挥自己的主观能动性，找到适合于消费者接受的表达方式来传达广告主的交际意图，实现广告的预期目的；（3）广告翻译是一个对语境和语言结构之间做出动态顺应的过程，译者要采取"多维适应"的顺应途径，从不同的角度来顺应消费者。在顺应的过程中，不仅要考虑到消费者的语言语境，还要考虑到其交际语境，包括其心理世界、社交世界和物理世界。

二　广告翻译中的语境顺应

　　广告翻译中要顺应的因素很多，但最主要的莫过于语境。何谓语境？国内外学者有不同说法。胡壮麟（1994）将语境区分为语篇内部环境，即"上下文"（co-text）语境；语篇产生时的周围情况，即时间、地点、方式等"情景语境"（situational context）；说话人所在言语社团的历史文化和风俗人情的"文化语境"（cultural context）（柴同文，2002）。张志公（1982）把语境分为现实的语言语境和广义的语言语境。马林诺夫斯基（Malinowski, 1923）把语境归纳为文化语境和情景语境。韩礼德（Halliday, 1973）认为语境是由场景、交际者和方式三个部分组成的。根据斯博伯和威尔逊（Sperber & Wilson，1986）的关联理论，语境是一个心理结构体，是一系列存在于人们大脑中的假设，因此语境也称为认知语境。维索尔伦（Verschueren，1999）认为，语境指与话语相互顺应的一切因素或影响话语处理的一切因素，包括交际语境和语言语境，从全新的视角提出了语境关系顺应论及语境的动态生成观（戈玲玲，2001）。本章拟根据维索尔伦的语境关系顺应论，探讨广告翻译中的顺应问题。

（一）语言语境顺应

语言语境主要包括以下三个方面：（1）篇内衔接（cohesion），即利用连词、前指、自指、并置法、例证法、解释法、省略、数词、强调、对比、重复、替代、结构象似性等方式实现语篇语意相关；（2）篇际制约（intertextuality），即语篇要受其谈论的主题、使用的文体类型等语用风格或是情景因素的影响和制约；（3）线性序列（sequencing），即选择语言时要注意语篇上下文的逻辑—语义关系，按次序对话语做出先后安排。

语言语境我们也可以把它称为小语境，它的特点如下：（1）单一性，它对语言的表达的制约都是单一的；（2）局部性，上下文是一个言语表达整体的组成部分，一篇书面作品总是若干的上下文形成的言语成品；（3）言辞性，小语境的构建都是由语言成分形成的，它依赖于语音、词汇、语义、语法这些语言因素，依赖于一定的修辞手段；（4）规定性，由于言语成品本身是相对稳定的，所以小语境的语言语境作为其整体的一部分也是相对稳定的（陈喜华，2001）。

根据以上分析的语言语境的特点，我们在进行翻译工作时就要针对其特点处理翻译的小语境问题。这是语境顺应的第一步。单一性、局部性和规定性提醒我们，在翻译的时候一定要注意不要望文生义，而是要先通读全文，掌握文字在一定的言语成品中的规定的意义，这个意义一定是单一的，不是可以单单看一两句话就可以推断出来的，而是要顺应全文的小语境再做出自己的判断（同上）。"不同时代、不同文体的同种语言，其篇内衔接、篇际制约和线性序列排列方式会有不同程度差异。译者在选择表达方式时应注意选择符合目的语语言类型表达方式，以顺应译入语表达要求和译文读者欣赏习惯。因此，无论是篇章结构、句式语气，还是字词感情色彩，其选择必须考虑到语言语境变化及特征，都必须以顺应上下文为基础而得以确定。"（钟文，2010）例如：

（1）厦门鼓浪屿：听罢琴声听涛声

Gulangyu：Symphony of Piano and Waves

厦门鼓浪屿因其居民钢琴拥有率居全国之首，被称之"琴岛"。同时，鼓浪屿四面临海，四面涛声。所以，广告原文说"听罢琴声听涛声"，恰当地道出了宣传对象的特色。译文将其转换为"钢琴和波涛的交响乐"，原来的动宾词组变成了偏正结构名词词组，描写由具体到抽象，意境升华，"交响乐"这个暗喻多富有诗意啊！译文无疑顺应了英语读者的语言语境，想必宣传效果极佳。

（2）Venice invites idleness and strolling. Its silence is restful and its sundials are inscribed with the words：Horas non mumero nisi serenas（I count only the happy hours）.

威尼斯是人们休闲解闷、闲庭信步的好去处。她宁静从容，闲适悠然，连城中的日晷上都刻着这样的铭文："只计幸福时光"。

原文"Venice invites idleness and strolling"和"Its silence is restful"句中词语搭配精妙，天衣无缝，但如果不加变通按字面译为"威尼斯邀请悠闲和散步"和"安宁是静止的"，汉语则不合逻辑。这里译者将隐含于字里行间的意蕴适当予以引申，用增添词汇的方法填补了逻辑语义上的缺失，利于汉语读者理解和欣赏（贾文波，2008：31）。

（3）I'll do a lot for love, but

I'm not ready to die for it.

风流诚销魂，

生命价更高。

这是一则推销避孕套的广告标题。原文作者抓住人们恐惧艾滋病的心理，不俗不露，含蓄地表达了广告的主题，真可谓"雅俗共赏"，妙不可言。译者别出心裁，采用仿译法，套用在我国广为流传的匈牙利爱国诗人裴多菲（Sandor Petofi）《自由诗》的名句："生命诚可贵，爱情价更高，若为自由故，两者皆可抛"，传达出原文的深层意义。译文的语言形式和表达方式为中文读者所喜闻乐见，易于引起强烈的共鸣，从而有助于成功推销产品。

（二）交际语境顺应

交际语境的要素包括语言使用者——发话人和释话人（language users：utterer and interpreter)、心理世界（mental world）、社交世界（social world）和物理世界（physical world）（Verschueren，2000：75—102)。下面从心理世界、社交世界和物理世界三方面来谈广告翻译中的交际语境顺应问题。

1. 心理世界

交际过程中的心理世界包括交际双方的个性、情感、信念、欲望、愿望、动机、意图等认知（cognitive）和情感（emotive）方面的因素（Verschueren，2000：87—90)。"认知因素以种种概念化（conceptualizations）的形式提供了沟通心理世界和社交世界的桥梁，同时，概念化还用于解释社会性互动，而情感因素提供的桥梁，则是一些通常在诸如感动（affect）、投入（involvement）这类标签下研究过的现象，这些现象是从事、维持和'渲染'（colouring）互动的态度性前提。"（Veschueren，2000：90)"正如话语需要和发话人的心理世界构成相互适应一样，做出的选择总要和发话人对释话人的心理世界情形的评价过程适应。"（Veschueren，2000：89）在源语理解阶段，译者通过话语来了解发话人（作者以及作者塑造的"发话人"）的心理世界；在异域选择阶段，译者做出的选择要顺应释话人（译语读者和作者塑造的"听话人"）的心理世界（肖华，2011)。广告是一种心理战，心理战成功，广告便获得成功。例如：

（1）We treasure each encounter.

相逢自是有缘，华航以客为尊。

这是台湾地区最大航空公司中华航空公司（China Airlines）的广告，是其理念的表达，显示出公司愿为消费者服务的诚意。"缘"在中国文化中极受重视，爱情、婚姻讲缘，交友、相识也讲缘。原文讲"珍视每次相遇"，译文不仅说"相逢自是有缘"，还强调"华航以客为尊"，将顾客奉为上帝，推至最受尊重地位。公司以"心服务，新华航"的形象展现在顾客的眼前，顾客无疑从情感上对其产生偏好，从而利于公司业务发展。

（2）一滴沾唇，三月犹香。

Wonders will never cease.

这是一则酒类广告。原广告撰稿者利用中文四字格、对仗和夸张手法，使广告特具感召力。但译者没有直译，而是抓住西方人喜猎奇、爱冒险的心理，以"wonder"为突破口，直接套用英语习语"Wonders will

185

never cease"。译文不仅暗示了此酒品质妙不可言，令人回味无穷，而且还易使人想到品酒者赞不绝口的神态，从而使读者产生对产品的喜爱之情，燃起购买欲望。

（3）Have a Pepsi day!

百事可乐每一天!

这是美国第二大名牌饮料"百事可乐"的广告词。原文中，"Pepsi"一语双关，它既指饮料的品牌名，又有"精力充沛"、"充满活力"等语用意义。此广告旨在向接受者说明喝了百事可乐会神清气爽，精力旺盛。对于追求新鲜、青春、活力的西方人来说，广告词传达的交际意图与他们的心理期待相吻合。在进行翻译创作时，译者利用"百事可乐"这一耳熟能详的品牌名及其在人们心中所形成的语用意义（表达美好祝愿），将原文表达为"百事可乐每一天"，可谓自然天成，一箭双雕。这一译文顺应了中国人喜爱美好祝愿的心理世界，受到消费者的极大欢迎并广泛传播。

2. 社交世界

社交世界指社交场合、社会环境、规范交际者言语行为的原则和准则（叶苗，2009：74）。从宏观上看，广告的诉求对象总是在特定时空中的群体，而同一个群体具有相对稳定的社会和文化心理，因此广告语言要顺应广告受众的社会文化因素。从微观而言，广告最终要与受众进行一对一的沟通与交流。作为一种交际行为，其语言的选择和使用应该符合社会交际规范（黄诞平，2006）。在广告翻译中，译者要特别注重对受众社会文化和社会规约的顺应，尽量"趋吉避凶"，"投其所好"。例如：

（1）My Goodness! My Guinness!

此酒只应天上有!

这是一则 Guinness 啤酒广告。原文中，"Goodness"与"Guinness"既押头韵又押尾韵，全文两部分各部分音节相同、轻重相应，读起来抑扬顿挫，音韵和谐。从外形来看，每句都由两个词构成，每个对应词的字母数和句子总字母数均相等，且每句的第一个词相同，第二个词均以"G"开头，以"ness"结尾，给人以美妙的视觉意象。另外，"Goodness"是"God"的委婉语，意指上帝。广告商将"Guinness"与"Goodness"并列对比，生动地展现了此啤酒的品质，表现出人们在喝这种酒时赞不绝口的情景。整个广告音形意皆美，令人悦耳悦目悦心。但考虑到由于中西文化的差异，中国人不像西方人那样对上帝充满敬意，译者变换了角度，以杜甫《赠花卿》中的"此曲只应天上有，人间能得几回闻"为切入点。译者取其前部分，以"酒"代"曲"，仿佛天衣无缝。"此酒只应天上有"与原文意义相吻合，意境美妙，可谓有"天然语趣"，妙趣横生。

（2）Goldlion — It's a men's world.

金利来——男人的世界。

这是香港名牌产品金利来领带的广告词。原文中的商标名"Goldlion"最初被译为"金狮"。对中国大陆一般人来说，"金狮"应算不错的翻译。在中国文化中，"金狮"是喜庆吉祥的象征，既能给人带来幸福与安康，又能守住金钱和运气。因为狮乃百兽之王，"金狮"喻示公司在领带行业里，独占"男人世界"的鳌头，具有王者的风采、雄伟的气度。然而，"金狮"虽然在香港站稳了脚跟，但销量还是不大，人们购买产品时总是犹犹豫豫（杨永和等，2010：35）。究其原因是，在香港地区所使用的粤语中"金狮"与"金输"、"金蚀"、"今死"谐音，对于特别迷信、平时说话喜欢吉利话的香港人，有谁愿意把"金输"、"金蚀"、"今死"挂在胸前呢？后来，"金狮"被改为"金利来"，业务发展出现明显变化。"金利来"取自"Goldlion"的译音，带有吉祥、华贵的色彩，迎合了商品社会中人们对金钱、利益的追求心理。金来，利来，财源滚滚来，哪个香港人不喜欢呢？

（3）Life is a journey. Enjoy the ride.

人生是一次旅行。祝您旅途愉快！

这是日本名牌汽车尼桑（NISSAN）的广告词。广告前部分将人生比作旅行，新颖贴切，很具创意；后部分顺意表明广告主的意图：尼桑汽车质量上乘，驾驶或乘坐这种汽车令人尽享旅途之乐。译者翻译时，前部分隐喻按原文结构和用词直接译出，后部分的祈使句换成了一句祝福语："祝您旅途愉快！"这种温和、礼貌的祝福语顺应了消费者的社交世界，令他们备感轻松、温馨，从而利于产品的推广、销售。

3. 物理世界

物理世界主要包括时间和空间的指示关系。时间包括事发时间、发话时间和参照时间，空间有绝对空间和相对空间。另外，交际者的身体姿势、手势、注视、打扮、身体状况、生理特征等也属于物理世界的组成部分（Verschueren，2000：95—102）。以上因素都会影响交际中语言的选择。译者在广告翻译中要充分考虑受众的物理世界。例如：

（1）Five feet nine inches in his socks. Ten feet tall in his shoes.

　　穿上"锐步"，高人一等！

这是世界名鞋"Reebok"（"锐步"）的广告语。"Reebok"这个单词的本义是指南非的一种羚羊——短角羚，它体态轻盈，擅长奔跑。锐步公司希望消费者在穿上其制造的运动鞋后，能像南非短角羚一样，在广阔的天地间纵横驰奔，充分享受运动的乐趣。美国人对长度、高度的度量单位是英尺（foot）、英寸（inch）等，而我们测量一个人的身高时常用米、厘米或公分做单位。中国人一般都缺乏英尺、英寸这些长度空间概念，因为在中国人的物理世界中这些概念的表述不一样。要是将原文译为"不穿鞋时 5 英尺 9 英寸，穿上'锐步'时 10 英尺"，中国人对这样的表达肯定觉得不自然，广告的价值就难以发挥。为了顺应中国消费者的物理世界，译者将原文化实为虚，从而引发消费者的想象。"高人一等"既可指身高比人高，也可指跑步本领比人高，还可指派头比人高，气质比人高……这样，较好的广告效果便呼之而出。

（2）Sprite

　　雪碧

世界名牌饮料"雪碧"的英文名"Sprite"原意是"鬼怪，小妖精；调皮捣蛋的人"。这种饮料最初进入香港市场时，其商标名根据港人求吉好利的心理被译为"事必利"，但销售情况不佳，后来改译为"雪碧"。新译不仅简短醒目，而且组配奇巧，给人以通感之妙。雪：洁白、冰冷；碧：清纯、晶亮。"雪碧"可以使人产生"亮晶晶、透心凉"的印象，给人以冰凉解渴的感觉，好不叫人口渴眼馋！译者在翻译过程中充分考虑了受众对该产品的消费时节，适应了他们的物理世界，广告效果十分理想。

语言的使用是一个不断的选择语言的过程，语言使用者之所以能够在语言使用过程中做出种种恰当的选择，是因为语言具备变异性、商讨性和顺应性。语言选择是灵活多变的，意义的生成过程是话语与语境的互动过程，语境可以改变话语的意义，左右语言的选择。广告翻译是一个对语境和语言结构之间做出动态顺应的过程。为了取得预期的广告效果，实现广告主的交际意图，译者要采取"多维适应"的顺应途径，从不同的角度来顺应消费者。在顺应的过程中，不仅要考虑到消费者的语言语境，还要考虑到其交际语境，包括其心理世界、社交世界和物理世界。

第十一章

从模因论看广告翻译

1976 年，牛津大学动物学家理查德·道金斯（Richard Dawkins）撰写的《自私的基因》（The Selfish Gene）一书问世。书中首次提出的模因论立即引起学术界广泛关注，随后有关模因论的研究在全球范围内如火如荼地展开，至今方兴未艾。模因论是基于达尔文进化论的观点解释文化进化规律的一种新理论。它试图从历时和共时的视角对事物之间的普遍联系以及文化具有传承性这种本质特征的进化规律进行诠释（何自然，2005）。模因论影响的范围极为广泛，现已渗透到文学、美学、哲学、文化学、语言学、社会学等诸多领域。模因论也为广告翻译研究提供了新的思路。近年来，与模因论相关的广告翻译研究成为翻译界的热门话题。本章拟以模因论为切入点，尝试从新的角度研究广告翻译中强势模因的打造这一现实话题。

一　模因与强势模因

"模因"的英文为 meme，源自希腊语 mimeme（模仿），最初出现在上面提到过的道金斯的著作中，它从 gene（基因）一词仿造而来，其含义是指"在诸如语言、观念、信仰、行为方式等的传递过程中与基因在生物进化过程中所起的作用相类似的那个东西"（Dawkins，1976：144）。《新牛津英语词典》（上海外语教育出版社 2001 年版）对 meme 的解释是：an element of a culture or system of behaviour that may be considered to be passed on from one individual to another by non-genetic means, especially imitation（文化或行为系统的基本单位，通过非遗传的方式，特别是模仿从一个人传播到另一个人）。meme 在汉语里有好几个译名："模因"、"密母"、"幂母"、"觅母"、"縻母"、"拟子"、"谜米"、"敏因"、"理念因子"等。现在普遍采用的译名"模因"出自何自然教授之手，它兼顾了音、义两个方面：（1）具有"模仿"这一核心意思；（2）由"基因"仿造而来（何自然，2008）。模因是一个文化信息单位，通过模仿而得到传递。判断"模因"的基本依据是"模仿"，任何一个信息，只要它能够通过广义上称为"模仿"的过程而被"复制"，它就可以称为模因（Blackmore，1999：66）。因此可以说，那些不断得到复制、模仿和传播的语言、文化习俗、观念或社会行为等都可以成为模因（何自然，2008）。

作为一种复制因子，模因遵循自然选择、适者生存的规律，他们之间存在着激烈的生存竞争。美国心理学家唐纳德·坎贝尔（Donald Campbell）认为，"有机进化以及文化进化之所以彼此类似，是因为它们都是演化的系统，而对于所有的演化的系统而言都存在着复制单元的盲目变易和对其中某些变异的选择性保留，以及对另一些变异的选择性淘汰"（Blackmore，1999：17）。苏珊·布莱克默（Susan Blackmore）认为，"在模因进化的过程中存在着巨大的选择压力，所以在数量极大的潜在的模因中，能够生存下来的模因为数并不多，只有很少一部分模因能成功地从一个人的头脑复制到另一个人的头脑，从人的头脑复制到印刷品，或是从人的声音复制到光盘上。"（Blackmore，1999：38）语言的选择和使用的过程就是各种模因相互竞争的过程。模因的存在取决于其功能。当词语作为模因得到广泛应用，在交往中发挥积极作用时，这些模因就变得强大，并进入全民语言而被不断地复制和传播，成为"成功的模因"（陈琳霞、何自然，2006），这里的"成功的模因"便是我们通常所讲的"强势模因"。理查德·布罗迪（Richard Brodie）认为，模因进入人们的大脑是不需要准许的，它们可以在人不知情的情况下成为人思维活动的一部分并影响到人们的生活，这样的模因就是强势模因（Brodie，1996）。总之，强势模因就是指那些生命力强，能够不断地为人模仿、复制和传播的模因。

二　广告成为强势模因的条件

广告之间存在着激烈的竞争，他们都力求得到宿主的注意、理解和接受，进而得到宿主的记忆、表达和传播，从而成为强势模因。那么怎样的广告才能成为强势模因呢？

道金斯曾用三个指标来衡量模因的强弱：（1）保真度（copying fidelity），复制得越真实，原版就越能保留；（2）多产性（fecundity），复制速度越快，模因散布越广；（3）长寿性（longevity），复制模式存在的时间越长，复制者数量越多（Blackmore，1999：58）。这三方面表现值均比较高的模因才有可能在竞争中获胜，成为强势模因。广告模因要在以上三个指标方面均取得较高值，笔者认为应具备以下条件或至少其中之一。

（一）简洁明了

一般消费者看或听广告并无明确的目的，对广告的记忆是在无意识中形成的。这就要求广告尽量减少记忆材料，浓缩广告信息，并将其明白清晰地表达出来。从广告预算方面来考虑，广告也要求做到简洁凝练，高度浓缩，言简意赅。这从英语广告创作的 KISS（Keep it short and sweet）原则中看得分明。"易则易知，简则易从；易知则有亲，易从则有功。"（黄寿祺、张善文，374）正如老子在《道德经》里所言："少则多，多则惑。"（老子，2005：50）以简驭繁，以易取胜，方显高明。广告语言越是简洁明了，越能使人耳听能详，过目不忘，乐于传播。冗长晦涩的广告不可能让人接受起来用时短、认知快、印象深，更不可快速复制和传播。

（二）新颖独特

国外近几年来的研究成果显示：同时看 10 条广告留在记忆里的只有 3 条，一个爱挑剔的消费者有一个需求时，只有 3 个品牌进入他的选择范围，而最终能打动他的只有 1 个品牌（陈新，2005）。这时广告富有创意的产品便成为其首选（陈琳霞，2006）。所以，广告要充分展示商品的特点和企业形象，避免一般化，追求与众不同，以巧妙新奇的手法，独树一帜，夺人耳目。消费者对平淡无奇的广告往往视而不见，充耳不闻。只有别出心裁的广告，才能吸人眼球，使人驻足流连，回味无穷。新颖独特的广告不仅增强自身的表现力、说服力和感染力，还加深人们对它的记忆，提升其传播的竞争力。

（三）亲切感人

消费者心理的一个重要构成要素是情感。有效的情感沟通有利于缩短消费者与广告主的距离，所以优秀的广告总是以轻松活泼的表达形式和浓郁的人情味吸引和感召消费者，以达到有效情感沟通的目的。正如奇普·希斯（Chip Heath）所认为的那样，某些模因经常被选择和被记忆是因为它们能够激起人们共有的情感反应（Heath，2001）。用杰福·艾凌（Geoff Ayling）的话来说，最强有力的模因就是那些能够恰当激活情感热键的模因（Ayling，1998：19）。亲情的融入不仅让广告拥有了生命力，更重要的是它能激起诉求对象情感共鸣（夏家驷、时汶，2003）。亲切感人的广告往往可以吸引人、打动人、驾驭人，促成情感消费。其震撼力强，扩散范围广，影响时间长。所以说，情感是使广告真正"活"起来而成为强势模因的驱动力。

（四）顺应时尚

服饰有时尚，广告的创作风格也讲时尚。符合时代语言文化时尚的广告创作更能有效地展现广告主的现实的市场形象战略和促销活动意图，与目标市场消费者实现有效沟通（文珍、荣菲，2000）。广告往往模仿时髦用语，语言越新潮，人们就越热衷于仿效。时髦的语言切合大众追求时尚的心态，能引起受众神经的高度兴奋，彰显潮流感和前卫感（胡家浩，2008）。顺应时代审美时尚潮流的广告新奇悦耳，入目入心，易于传播流行，形成强势模因。

三　广告翻译中强势模因打造的策略

翻译的过程就是将异域模因复制到本国文化的过程，译者作为宿主，解码以源语言为载体的模因，并将此模因编码为目标语载体（张莹，2003）。广告翻译的过程就是将广告模因从源语复制到目标语的过程。广告翻译是一项目的性极为明确的跨文化交际活动，其关键是译者如何使源语模因被新的宿主所接受，并极力将其打造成强势模因，从而实现广告主的交际意图。笔者拟结合模因论有关模因传播的理论，探讨广告翻译中强势模因打造的策略。

从模因论的角度观察，模因传播的途径是多元化的（Blackmore，1999：62）何自然根据前人的研究成果（Cloak，1975；Dawkins，1982；Blackmore，1999）将模因的传播归纳为"内容相同形式各异"的基因型和"形式相同内容各异"的表现型两种方式。前者分为相同的信息直接传递和相同的信息以异形传递；后者分为同音异义横向嫁接、同型联想嫁接和同构异义横向嫁接（何自然，2005）。布罗迪在《大脑的病毒》（Viruses of the Mind）一书中提出了三种把弱势模因变为强势模因的策略：重复策略（repetition）、认知失谐策略（cognitive dissonance）、木马计（Trojan horse）（Brodie，1996：153）。根据上述模因传播的途径及弱势模因变为强势模因的策略，笔者认为广告翻译中强势模因的打造可采用三种策略：重复策略、类推策略和新造策略。

（一）重复策略

重复策略是指通过移译、音译和直译的方法重复源语广告中的模因，或保留原文书写形式或保留读音或保留形象，即"相同的信息直接传递"，使源语模因成功转换成目的语中的强势模因，此种翻译策略是一种异化翻译策略（叶苗，2009：195）。例如：

（1）中国加油！

　　Zhongguo jiayou! Go China!

"加油（jiayou）"在 2008 年北京奥运期间被许多人喊在口里，贴在脸上，写在 T 恤上，印在老外带回去的礼品上，成为赛场内外关心奥运的人们传递心声的最简洁而又有力的方式，一时广为流传。上述译文出自《时代》驻北京记者西蒙·爱勒根特之手。究其实，这是原文的两个译文，解说着同一个"中国加油"的意思。很碰巧的是，译文前后两句在意义上属重复，在翻译策略也均属重复。前一句译文按汉语拼音直接拼出，属音译；后一句译文直接传递信息，属直译。两者均采取"相同的信息直接传递"的方式，重复了源语口号中的模因。译文简洁有力，十分贴切，现已走向世界，为外国人乐于接受和传播。

（2）同一个世界，同一个梦想。

　　One World, One Dream.

这是举世闻名的 2008 年北京奥运主题口号。它不仅表现了极高的哲学思想——同一性和多样性的统一，还体现了中国传统文化的"和为贵"的道德观念，是奥运会举办理念的高度概括和集中体现，具有丰富的意蕴和深厚的内涵。在结构上，前后两部分形成工整排比，具有对称美，富有很强的视觉表现力。同时，文辞简洁，音美悦耳，情感色彩强烈，感人至深。译文就地取材，径直照原文结构译出，收到同曲同工的效果。

（3）In the land of the blind, the one-eyed man is king.

盲人国里，独眼为王。

这是《财富》（Fortune）杂志曾用的一则广告，它直接引用了英文警句："In the land of the blind, the one-eyed man is king."这句话很富有哲理，用在《财富》杂志的广告里，告诉人们一个挣钱的法则：只要你独具慧眼，挣钱的机会大大有。/独具慧眼，机会多多。这里采取重复策略，用直译的方法传达出原文的意旨和诙谐幽默的效果，人们易记易诵易传。

（4）世界在你眼前，我们在你身边。

The world is before you; we are beside you.

这是一则2010年上海世博会的志愿者标语。原文由两个字数相同的短句构成，语言简洁明了，修辞上运用了对仗、对比、押韵的手法，增强了语言的美感和宣传效果，达到表达功能和呼唤功能兼得的目的。译文对原文尽量亦步亦趋，模仿原文语言形式，也采用对仗、对比、押韵的手法复写原作的意蕴和风格。此种译文易于被英文读者接受，效果不亚于原文（李德超、王克非，2010）。

（5）THE INSIDE STOY IS LEAKING OUT.

内幕消息泄露了。

这是一则推销尿布的广告标题。该标题带有双关意味，诙谐有趣。英语"inside story"的字面意思为"内幕消息"，这里当然指小孩子尿尿。小孩子尿尿湿透了衣服，那不就是"内幕消息泄露了"吗？这里译文是原文的直接转换，其语用意义也与原文的语用意义十分吻合。

（二）类推策略

类推策略是指在源语广告模因的基础上推出新的模因变体，即通过解释、对译和语用翻译的方法，改变源语广告模因的读音、形象或结构，但保留信息内容，即"相同的信息以异形传递"，是一种归化翻译。同时，译者又要充分利用目的语中的现成模因，具体地说，是通过直接引用或同音异义、同构异义和同形联想等方法创造目的语的强势模因变体（叶苗，2009：198）。例如：

（1）Think different.

　　不同凡"想"。

原文是广告公司 TBWA \ Chiat \ Day 洛杉矶分公司于 1997 年为苹果公司创作的广告，回应了华森（Thomas J. Watson）为国际商业机器公司创作并被其长期使用的口号"Think"。英语中"different"本为形容词，这里却用作副词，这与众不同的用法突出了产品"与众不同"的特点。这一广告曾广泛用于电视广告和印刷广告之中，取得了良好效果。译文依傍汉语成语"不同凡响"，将其中的"响"改为"想"，收到同音异义的效果。一句广告词"不同凡'想'"，着实令人遐想：苹果公司的产品不同凡响。

（2）Love at first flight.

　　一飞钟情。

这是全日空（All Nippon Airways）的广告。原文仿拟英语短语"love at first sight"（一见钟情）。译文仿拟汉语成语"一见钟情"，形式上直接借用了目的语的句法模因。译文传达了原文的意旨：日本航空公司一流的服务令你宾至如归，乘坐之后定会情有独钟。

（3）To B. A. or not to B. A., that is no question.

　　英航班机，选乘，还是选乘。

这是英国航空公司（British Airlines）的广告。显然，原文套用了莎士比亚的名句：To be or not to be, that is the question.（死还是不死，这是个问题。）如果译者生搬硬套地译为"选乘英国航空公司的飞机还是不选乘英国航空公司的飞机，这不是问题"的话，既不能完全传达原文意旨，也不符合广告语言的文体规范。此处译文采用了汉语中流行的模因构式，显得简洁、幽默、亲切和自信，极易被目的语读者认可和接受，从而产生理想的广告效应。

（4）We know Eggsactly how to sell eggs.

　　不图虚名，"蛋"求无过。

这是一则卖鸡蛋的广告。原文巧妙造用"Eggsactly"，译文用"蛋"代替"但求无过"中的"但"，两者音同义不同。但译文与原文有类似的隐含效果，达到了广告所要求的注意、兴趣和记忆的语用目的。

（5）Keep an eye on your mobile phone.

　　机不可失。

这是香港警察防止罪案科（Crime Prevention Bureau）曾用的宣传语，提示市民看好自己的手机，警方小偷。中文成语"机不可失"，原意为"机会难得，不可错过"。译语借用"机不可失"的外形，但赋予新义，诙谐有趣，读者过目难忘。

（三）新造策略

新造策略就是根据源语广告文本提供的信息，利用目标语的模因因子组成新的模因体。在既不能采用重复手段，又不能采用类推手段较好地复制和传播源语广告时，我们则另辟蹊径，寻求新的打造方式——以目标语的模因因子为材料组建新的模因体。例如：

（1）To the host it's half empty.

　　To the guest it's half full.

　　主怕杯沿满，

　　客恐瓶底干。

这是一则威士忌酒广告。对仗是原文的明显特征：两句不仅结构对应，而且词性对应（"host"对"guest"，"empty"对"full"），形象地描绘了主人和客人的不同心态（主人：都下去半瓶了！客人：才剩半瓶了！），立意巧妙而幽默，堪称佳作。译文在保留原文对仗结构的情况下，作了动态调整：1）原文的酒瓶在译文里被分化为酒杯和酒瓶，这是因为酒瓶里的酒是主人的，倒在杯里才是客人的；2）译里里增加了"怕"和"恐"，凸显了主人和客人的心态，生动形象；3）"杯沿满"和"瓶底干"较"半瓶空"（it's half empty）和"半瓶满"（it's half full）更能迎合中国人的文化审美心理，更易为中国人所接受。

（2）We care to provide service above and beyond the call of duty.

　　殷勤有加，风雨不改。

这是世界最大快递承运商 UPS（United Parcel Service）快递公司的广告。如果按字面译为"我们愿意提供高于或超出责任感的服务"，在语义和句法上可谓是忠实、对等了，但从广告文体方面考虑，就显得冗长拖沓，缺乏感染力。译者依傍原文提供的信息，将其进行了创造性的改写。译文发挥了汉语的优势，利用两个四字结构的词语，既简洁又具对称美，更为重要的是语气显得情真意切，表明公司竭诚服务、高度负责的态度和行为，犹如一封令人信服的宣言书。

（3）喝了娃哈哈，吃饭就是香。

Wahaha, Appetizer.

本广告中的产品名"娃哈哈"取自石夫作词、作曲的《娃哈哈》歌词。歌词曲调优美，深情欢快，充分表达了中国儿童幸福、健康、快乐的生活。"娃哈哈"用作儿童营养液的商标名，不仅突出了产品的特性，而且发音响亮，音韵和谐，非常口语化，在中国广为流传。在翻译过程中，译者匠心独运，成功地进行动态模仿：产品名模仿汉语拼音，消费者念起时脑子中往往浮现孩子们笑哈哈、乐开怀的神情。"Appetizer"可谓"一字千金"，极为传神，仿佛蕴藏着一种巨大的力量，推动着消费者采取购买行动。译文大大浓缩了原文，全文仅两词，但言简意丰，胜却千言万语。如果完全按原文字句机械模仿，译文的效果就不知要差多少倍。

（4）Good to the last drop.

滴滴香浓，意犹未尽。

这是全球第二大咖啡品牌麦氏（Maxwell）的广告。原文极为简洁，只一句评语"Good to the last drop（好到最后一滴）"，但意味深长，令人遐想。为提高广告的感染功能，译文巧用两个对仗整齐的四字结构，言简意赅，富有韵律。"滴滴香浓"是描绘清香四溢、美味可口的麦氏咖啡；"意犹未尽"是言说享用麦氏咖啡后所产生的效果。前者言物，后者言意，意与物混，情景交融。译文准确地再现了原文优美的意境（张沉香，2008：239），读者读后，谁不相信麦氏咖啡香气扑鼻，令人心旷神怡呢？

（5）A diamond is forever.

钻石恒久远，一颗永流传。

这是德比尔斯联合矿业有限公司（DBCM, De Beers Consolidated Mines）20世纪90年代初打开中国市场开始使用的广告。原文字面上是一句简单的陈述句，如硬译为"一颗钻石是永远的"，那定会平淡无奇，对消费者缺乏吸引力。译文使用中国人熟悉喜欢的对仗和押韵的形式，不仅语句优美，而且内涵丰富，意境深远，道出了钻石的真正价值。译文将坚贞不渝的爱情引入品牌文化中，成为我国珠宝类品牌口号的基准模式。短短几年，德比尔斯钻石在中国的销量翻番，其广告口号译文功不可灭。

（6）Now you're really flying.

　　飞跃人生，非凡感受。

这是香港国泰航空有限公司（Cathay Pacific Airways Ltd.）所用的广告语。公司启用此广告语有其历史原因。国泰航空以前用的广告语是：亚洲脉搏亚洲心（We are at the heart of Asia），其意味深长：国泰航空的正常运作标志着亚洲的健康；它体现了广告主的服务宗旨：她的脉搏、她的心脏为了亚洲而跳动。出人意料的是，2002—2003 年的那场"非典"流行病使国泰航空的业务几乎瘫痪，那个亚洲的"心脏"也几乎停止跳动。原来那个使用了很久的广告语也因此不再适用了。等到国泰航空业务恢复正常时，就有了"Now you're really flying"这一新的广告语。这一广告语"包含着多少人生的感慨，有大难不死的人生飞跃，有重上蓝天的非凡感受，有对'恍如隔世'的昨天的告白，有对旅客的信心保证和服务的承诺"（李克兴，2010：73）。但如果仅按字面意思译为"现在你们真的在飞"，就无法表达原文的确切意旨。经广泛征集译文，"飞跃人生，非凡感受"被选中。它句式工整，音韵和谐（押头韵），语约意丰，堪称上乘之作。

模因论为我们观察和诠释文化现象提供了一个新的视角，利于启发我们的新思维，指导我们的实践活动。模因论可应用于广告翻译中，能对广告复制与传播的有效途径进行充分合理的论证，能帮助译者提出并采用行之有效的打造广告强势模因的策略和方法，从而提高广告译文的预期功能。值得注意的是，广告翻译中，打造广告强势模因的终极目标不仅在于广告的广泛传播，还在于最大可能地感染目标受众，使广告所宣传的概念根植于他们的脑海中，改变他们的消费观念，促成其主动消费。为此，译者要充分关注目标受众的认知环境、情感需求等因素，灵活选取打造强势模因的最佳策略和方法，最有效地实现广告主的交际意图。

第十二章

从生态翻译学看广告翻译

生态翻译学（Eco-translatology）源起于翻译适应选择论。2001年，清华大学胡庚申教授在国际译联第三届亚洲翻译论坛宣读论文《翻译适应选择论初探》，正式提出翻译适应选择论。2004年，胡教授出版力作《翻译适应选择论》，系统论述和发展了该理论。该项理论研究利用作为人类行为的翻译活动与"求存择优"自然法则适用的关联性和类似性，以达尔文生物进化论中的"适应/选择"学说为指导，探讨"翻译生态环境"中译者适应与选择行为的相互关系、相关机理、基本特征和规律，从"适应"与"选择"的视角对翻译的本质、过程、标准、原则和方法等做出新的描述和解释，论证和构建了一个以译者为中心的"翻译适应选择论"（胡庚申，2009）。

《翻译适应选择论》问世以来，引起了国内外翻译学界的关注，得到诸多学者的认可和支持。刘云虹、许钧称该书为"一部具有探索精神的译学新著"，"正如杨自俭先生在'序'中所言，本书开创了'译学理论研究的一个新视角'，对拓展译学研究的思路、丰富译学研究的途径具有相当的价值"（刘云虹、许钧，2004）。蔡新乐指出，《翻译适应选择论》"走出社会科学本身固有的程式，将触角伸向科学以及它可能与之相互联系的人、文化以及翻译本身的生存形式问题……开辟出一片新的理论天地，或者说振作起了一种新的话语力量"（蔡新乐，2006）。李亚舒和黄忠廉认为翻译适应选择论"对翻译理论的宏观问题作出了原创性探索"，"将为中国译坛，特别是为翻译理论研究带来一股新风"（李亚舒、黄忠廉，2005）。近几年来，世界范围内有关翻译适应选择论的研究日趋理性和成熟，催生了生态翻译学的形成，这可从2010年国际生态翻译学研究会成立和同年在澳门理工学院举办的首届国际生态翻译学研讨会窥见一斑。目前，生态翻译学成为我国翻译界的热门话题，理论探讨和应用研究都很活跃。其应用研究领域从文学翻译、旅游翻译、新闻翻译、医药翻译、公示语翻译等向其他领域延伸，并不断深化。本章拟从生态翻译学探讨广告翻译问题，以期对广告翻译研究拓展一个新的视角。

201

一　生态翻译学概述

"所谓生态翻译学，并不是一个新的独立的学科门类，而是一种生态学的翻译观，或者说是一种生态学的翻译研究途径（an ecological approach to translation studies）。它着眼于翻译生态的整体性，从翻译生态环境（translational eco-environment）的视角，解读翻译过程、描述译者与翻译生态环境之间的关系、聚焦译者的生存境遇和翻译能力发展。"（胡庚申，2008）翻译生态环境"指的是原文、原语和译语所呈现的世界，即语言、交际、文化、社会，以及作者、读者、委托者等互联互动的整体。翻译生态环境是制约译者最佳适应和优化选择的多种因素的集合"（同上）。

生态翻译学拥有坚实的哲学基础，它一方面体现着来自生物进化论的"自然选择"、"适者生存"等基本原理，另一方面又可追溯至极其深远的中国古代"天人合一"、"道法自然"、"以人为本"、"适中尚和"等哲学理念（王丽萍，2011）。在"翻译即适应与选择"的主题概念之下，生态翻译学理论将"译者为中心"的理念明确地体现在翻译的定义之中——翻译是"译者适应翻译生态环境的选择活动"。同时，该理论提出并论证了翻译过程中译者的中心地位和译者主导作用，以及译者"自我适应"的适应机制和"事后追惩"的制约机制。该理论还具体阐述了翻译适应选择论对翻译本体的解释：（1）翻译过程——译者适应与译者选择的交替循环过程；（2）翻译原则——多维度的选择性适应与适应性选择；（3）翻译方法——"三维"（语言维、交际维、文化维）转换；（4）译评标准——多维转换程度、读者反馈以及译者素质，从而得出了最佳翻译是"整合适应选择度"最高的翻译这个结论（胡庚申，2009）。

二 广告翻译中的"三维"转换

广告是一种通常由广告主付费的通过媒体劝说公众的交际活动。其目的是传递信息，改变人们对所宣传的商品或服务的态度，诱发其购买行动，从而使广告主获得利益。广告翻译是译者将一种语言的广告所传达的信息用另一种语言传达出来的有目的的跨文化交际活动。译语广告的目的与源语广告的目的无异。如何创作理想的译文，实现广告的目的呢？我们不妨借鉴翻译生态学中提出的"三维"（语言维、文化维、交际维）适应性选择转换方法，进行具体讨论。

（一）语言维的适应性选择转换

语言维的适应性选择转换（adaptive transformation from the linguistic dimension），即译者在翻译过程中对语言形式的适应性选择转换。这种语言维的适应性选择转换是在不同方面、不同层次上进行的（胡庚申，2008），包括语言、语码和风格，话语构筑要素，话语和话语束，话语构筑原则，选择之间的共同适应关系（肖华，2001）。

美国广告大师大卫·奥格威（David Ogilvy）说过："广告是词语的生涯。"（黄诞平，2006）同是美国广告大师的李奥·贝纳（Leo Burnett）也说："文字是我们这行的利器，文字在意念表达中注入热情和灵魂。"（同上）广告通过语言文字来实现其表现力。为了再现广告的表现力，译者不仅要适应源语读者的语言环境，还要适应译语读者所处的语言环境，包括译语广告语言的文体风格、表达习惯、表达技巧等，并具备高超的语言驾驭能力，准确选择单词、短语、句式等，巧妙编排语言，创作出高质量的广告译文。例如：

（1）Blessed by year round good weather, Spain is a magnet for sunworshippers and holidaymakers.

西班牙蒙上帝保佑，一年四季，天气宜人，宛如一块磁铁，吸引着酷爱阳光、爱好度假的人们。

原文按英语形合优势和事理顺序编排，符合英语广告文体规范，英语读者乐于接受。但如果不加变通地生搬硬套，译文肯定拖沓，乏善可陈。

译者以译语为导向，通过利用汉语松散句、调换主语位置、变换修辞手法（变隐喻为明喻）等方式，使译文行文自然流畅，意义准确。

（2）The global smash comes to London

Spectacle on a grand scale, heart-poundingly exciting, with gutbusting energy

风靡全球的功夫表演来到伦敦

场面壮观、惊心动魄、活力四射

原文是《功夫传奇》（THE LEGENT OF GUNGFU）2009 年在伦敦上演时宣传画上的文字，其中"grand"、"heart-poundingly"、"gutbusting"等词极具张力，鼓动性强。译文发挥汉语四字格和意合优势，言约意丰，很好地传达了原文的意旨，感染力大，宣传效果极佳。

（3）A fascinating city between sea and sky, like Venus rising from the waves, Venice welcomes tourists from the five continents drawn to her by the charm of her water and pellucid light, free from all dust and cooled by the sea breeze. She also offers the intellectual pleasures to be derived from her masterpieces which mark the meeting of East and West.

威尼斯水城海天相连，景色迷人，宛如碧波中涌现的维纳斯，吸引着五大洲的游客。她水色旖旎，波光澄澈，清风拂面而来，荡去你心中的不快和烦恼。而城中那些集东西方艺术之大成的艺术杰作，更给你精神上的享受。

此例取自一则有关威尼斯的景介。原文结构严谨，用词虽简但搭配巧妙，特别是短语"the charm of her water and pellucid light, free from all dust and cooled by the sea breeze"尤为精彩。英语"the charm of her water and pellucid light"，搭配奇妙；如汉语说"水和澄清的光的魅力"，却显生硬。"all dust"于英文读者通俗易懂，如用汉语表达为"灰尘"、"尘土"、"尘念"、"倦容"等，恐都不适宜。这里译者在透彻理解原文字里行间的意义后，利用拆译技巧，按事理推进关系，发挥汉语的四字结构、和谐节奏等优势，创作出了深受读者喜爱的译文，从而增强了广告的感染力（贾文波，2004：133—134）。

（4）**I Came Back.**

I came back to softness and comfort.

I came back to Dr. White's.

And I wonder why I ever went away.

Because only Dr. White's gives me two kinds of comfort. The super-comfort of their cotton-wool content that makes them so much softer. And the comfort of a safer, more absorbent towel, with a flush-away design, too, for even more convenience.

204

I tried the rest, but I came back. Isn't it time you came back to Dr. White's?

Dr. White's

Two kinds of comfort

——Women, April, 1977

我归来了

那绵绵的柔情，
那缕缕的温馨，
唤我归。
我归来了，
白仕！
我不解，那时为何离去？

唯有那白仕，让我拥有双重舒适。
那松软洁白的棉衬，使我倍感柔软适意，
那良好的渗透性能，使我倍觉舒爽称意，
还有那易冲易消融的特点，让我使用更加方便随意。

我曾徘徊踟躇，情有他钟，
可我还是归来了。
难道您——
不想也拥有白仕的那份柔情，那份温馨？

这是白仕卫生巾的一则广告。原广告图文并茂，运用图像文字的双重隐喻手法来实现推销商品的意图，立意新颖，构思巧妙。原文语言朴实，但具有强烈的移情作用，能刺激消费者的购买欲望。翻译时，如按字面意思逐行转换，则不符合中国人的语言审美习惯，势必失去原文的移情作用。为了顺应中文读者的语言审美情趣，译文发挥了汉语的优势，化抽象为具体，变平实为华丽，在词句层面上做了一定的改动，取得了较好的促销效果（苏淑惠，1996）。

（二）文化维的适应性选择转换

文化维的适应性选择转换（adaptive transformation from the cultural dimension），即译者在翻译过程中关注双语文化内涵的传递与阐释。这种文化维的适应性选择转换在于关注原语文化和译语文化在性质和内容上存在的差异，避免从译语文化观点出发曲解原文，译者在进行原语语言转换的同时，关注适应该语言所属的整个文化系统（胡庚申，2008）。

美国跨文化学者霍尔（Edward T. Hall）指出："人类生活中还没有哪一方面是不受文化的影响，不被文化所改变的。"（Hall，1977：16）美国翻译理论家奈达（Eugene A. Nida）说："语言在文化中的作用和文化对用词和习语意义的影响是如此广泛，以至于在不细心考虑文化背景的情况下，很难对文本作出恰当的理解。"（Nida，2001：1）德国功能派代表人物诺德（Christiane Nord）明言："翻译即文化对比"（Nord，2001：34）。广告语言是一种地地道道的文化创造物，是一种跟人们的非经济活动以及思想、感情、心灵、素养等极其有关的精神产品（刘秀玉，2002：7）。这种精神产品中烙印着各民族特有的风俗习惯、价值取向、哲学观念、思维方式、宗教信仰、伦理道德等文化因子。所以，广告译者必须充分注意源语与译语所处的不同文化环境，站在译语文化的角度来传递原文信息，必要时在文化维上做动态调整，以适应广告译文接受者的文化审美期待。例如：

（1）This is the world's finest kiwifruit.

New Zealand kiwifruit.

Superior colour, texture, size, freshness, and, most importantly, taste.

这就是人间仙果。

新西兰猕猴桃。

色如翡翠，瓤如酥糖，大小适中，味甘香醇，可谓色香味俱全。

原文由一个简单的完整句和两个非完整句构成，对英语读者来说，简洁、直白、明了，符合英语广告文体规范。但如果不做动态调整，按字面译为中文，中文读者就会觉得味同嚼蜡，不屑一顾。为了迎合中文读者的文化心理，提高广告的宣传效果，译者从文化维最少做了以下两方面的考虑：① 中国文化中，道教的影响极大，道教宣扬的神仙世界等概念普遍根植于人们的脑海，仙果被认为是极其珍贵的事物。译者将 "the world's finest kiwifruit" 译为 "人间仙果"，将新西兰猕猴桃与仙界珍品联系起来，提高了所宣传产品对消费者的吸引力；② 西方文化中，人们习惯抽象思维；中国文化中，人们习惯形象思维。从原文中的 "colour"、"texture"、"size"、"freshness"、"taste" 等词中，西方读者不难想象出新西兰猕猴桃的良好质量。如果对这些词的表面意思不加深化，不熟悉新西兰猕猴桃的中文读者较难悟出其中含义。"色如翡翠"、"瓤如酥糖"、"大小适中"、"味甘香醇"、"色香味俱全" 等生动形象的描述，大大促进了中文消费者对新西兰猕猴桃的了解，从而大大增加了广告的感染力（Ho，2004）。

（2）北京什刹海地区：紧邻中南海的时尚

Shichahai：Fashion Close to the Seat of Power

北京什刹海地区风光秀丽，被誉为 "北方的水乡"，区内建有多家"弥漫着红尘和喧嚣的都市酒吧"（叶苗，2009：181），也是北京胡同最集中的地方，是古都之源、文化之源，是民众休闲、感受历史、享受时尚的胜地。中南海是千年帝都皇城，如今是中华人民共和国国务院、中共中央书记处和中共中央办公厅等重要机关办公所在地，是权力的象征。译者使用暗喻 "权力的宝座"，释译了 "中南海" 的象征意义，适应了不了解相关中国政治文化语境的英文读者。

（3）The Forbidden Fragrance

凡人禁用的香水

这是一则外国香水广告语。英语读者见到这则广告往往会想到源自基督教《圣经》的词语 "forbidden fruit"［（亚当与夏娃违背神命偷吃的）禁果］和谚语 "Forbidden fruit is sweet"（禁果分外甜，指不让得到的东西格外有诱惑力），可能会认为广告宣传的产品质量非同一般。但如果直接译为 "禁用的香水"，中文消费者可能少人问津。译者对原文做了变通调整，译为 "凡人禁用的香水"。这 "凡人" 一进，广告就产生非凡的效果。它表明产品具有独特魅力，引人遐想：这香水非凡人使用，使用者必为非凡之人。

（4）Exclusively Fine Champagne Cognac

人头马一开，好事自然来。

这是世界名酒人头马 XO（Remy Martin XO）1993 年打入中国市场所使用的广告口号。原文是一个由四个英语单词构成的词组，言简意赅，字里行间突显商家的自信，足以让西方消费者相信其产品质量上乘。但如果直译为"超好的香槟酒"、"最佳香槟酒"等，恐怕难以吸引中国消费者。译者（香港著名作家黄沾先生）仔细分析中国消费者的认知环境，将他们喜爱的"吉祥"、"好运"等文化元素融入广告中，以其特有的天赋和灵感，提炼出备受人们称道的译文——"人头马一开，好事自然来。"此译文如果称不上"广告译家之绝唱"，也足可称为"广告译界之珍品"。译者创造的不仅仅是一句对仗、押韵，读起来朗朗上口的广告词，而是一件蕴涵丰富文化价值的无价之宝。人头马 XO 的商家在中国市场大获成功，赢得滚滚财源，不能不说译者是其大功臣。

（三）交际维的适应性选择转换

交际维的适应性选择转换（adaptive transformation from the communicative dimension），即译者在翻译过程中关注双语交际意图的适应性选择转换。这种交际维的适应性选择转换，要求译者除语言信息的转换和文化内涵的转递之外，把选择转换的侧重点放在交际的层面上，关注原文中的交际意图是否在译文中得以体现（胡庚申，2008）。

根据语用翻译理论，翻译就是译意。这个"意"指的就是意图，原文作者的意图。广告翻译中，译者可以根据源语广告提供的信息以及自己对译文读者认知环境和认知能力的评估，充分发挥自己的主观能动性，做出一系列适应性选择。但译者对源语广告信息的处理、语境假设的判断、翻译策略的采用、表达方式的调整等，都应以"效果优先"为原则，力求最有效地实现广告主的意图。例如：

（1）When you have the occasion, we have the coffee.

偷得浮生半日闲，享受雀巢好时光。

这是雀巢咖啡的广告。原文由一个分句和一个主句构成，语言直白朴实，但突显商家热情周到、真诚服务的态度，交际意图显而易见。译者改变了原文句法结构，采用对偶形式将其译出。第一句前部分仿唐朝李涉《登山》中"又得浮生半日闲"的诗句，尤其能抓住一般中国人忙里偷闲的心态，营造了接受者需要的语境效果。译文整体句式工整，音律和谐，节奏感强，读起来朗朗上口，给人以怡悦之感，仿佛"咖啡未沾唇，已觉满口香"，具有强烈的吸引力。译文以原文提供的信息为依托，巧妙表达，充分体现了其语用意图，十分有利于促销。

（2）Start Here. Make a Difference.

　　　从这里开始，不一样的精彩。

这是深圳第 26 届世界大学生夏季运动会的口号，也是其核心理念，突出了中国文化中"和而不同"的价值取向，表达了尊重世界各国文化多样性、倡导不同宗教信仰、不同民族文化的人们平等交流、和谐相处的核心价值观（王攀等，2011）。原文中的"make a difference"在一般汉英词典中的释义是"区别对待"、"有关系"、"有影响"、"起（重要）作用"，这几条释义中的任何一条都无法传达出原文的真实含义，即不能传达此次大运会的核心理念。这里的译文从交际功能来讲，把握精准，极其成功地实现了原文交际意图的转换。

（3）Live and Let Live.

　　　相互关爱，共享生命。

这是 2003 年第 16 个世界艾滋病日的主题广告语。这一主题旨在鼓励艾滋病病人和感染者鼓起生活的勇气，消除耻辱感，勇敢面对现实，提高生活质量；强调以消除歧视、倡导关爱的精神来鼓励全社会积极行动，采取更为有效的措施，为艾滋病病毒感染者和病人创造更为宽松和谐的生活环境（张寒梅，2003）。在一般的英汉词典中，原文译为"自己活着也让别人活着"。如果将其用于世界艾滋病日主题广告语的译语，未免过于口语化，显得平淡无奇，缺乏一种广而告之的严肃性和整体性，因而不具备感召力和号召力，无法让广告受众信服、接受并付诸行动。译文"相互关爱，共享生命"利用了汉语的四字结构和对仗、排比句式，不仅体现了汉语语言的对称美和平衡美，还体现了一种轻松、和谐的社会语用环境，凸显了广告的亲和力和宣传力，易于被广告受众认同、接受，从而实现了广告的交际意图。

（4）回馈乘客，共渡时艰。

　　　MTR helps relieve passengers' burdens.

这是香港地铁公司曾使用的广告标题。正文的大致内容是：鉴于香港经济环境持续困难，香港地铁公司决定从 2001 年 12 月 10 日至 2002 年 6

月 9 日，推行"十送一"车费优惠，与乘客共渡时艰。乘客在一周内搭地铁十次，可免费获赠一张单程车票。这则广告具有明显的"促销"意图和功能。原文中，"回馈乘客"体现了广告主施惠于乘客的意图，有一定的吸引力；"共渡时艰"体现了广告主意欲与乘客风雨同舟的心愿，颇具人情味，能引起乘客的共鸣。译文不囿于原文形式，从交际维入手，用释意手段径直传达广告主的交际意图。正如胡庚申先生认为的那样，"help"、"relieve"、"burdens"与原文宏旨可以说异"曲"同"工"，适应性地传达了广告人的交际意图，较好地实现了广告原文的交际功能（胡庚申，2006）。

　　翻译是译者适应翻译生态环境的选择活动，而翻译生态环境是由多个维度、多种元素构成的，各维度、各元素之间是有机联系、相互联动的，不能断然分开。因此，我们谈到的语言维、文化维、交际维应该是一个整体翻译过程的三方面而非独立的，具体操作时要全面综合考虑。正如沃尔夫拉姆·威尔斯（Wolfram Wilss）所认为的那样，对输入文本的操纵通常是多层次的，需要参照译语读者的各项环境特征，以最后形成的语的文本输出（Wilss, 1996：123）。所以，在广告翻译中，译者要从整体翻译生态环境出发，不仅要从语言维、文化维去理解原文的字面意义和文化内涵，还要从交际维去把握广告主的真实意图，在不断的"选择性适应"和"适应性选择"过程中进行恰当转换，力求创造出生态翻译学理论中理想的"整合适应选择度"最高的译文。

第十三章

从《周易》看广告翻译

《周礼·春官·宗伯》记载:"太卜……掌三易之法,一曰连山,二曰归藏,三曰周易。"(刘蔚华,2007:16)王应麟《三字经》中也说:"有连山,有归藏;有周易,三易详。"由此可见,《易》有《连山易》、《归藏易》和《周易》。因《连山易》、《归藏易》原典早佚,现在唯有《周易》存世,所以我们所说的《易》或《易经》系指《周易》。关于《周易》的形成,班固《汉书·艺文志》概括为:"人更三圣,世历三古。"上古时,伏羲创八卦;中古时,周文王作卦辞;近古时,孔子著《易传》,对《周易》作了权威性解释(刘蔚华,2007:22)。

《周易·系辞传》说:"夫《易》为何者也?夫《易》开物成务,冒天下之道,如斯而已者也。"(《周易·系辞上传》)"夫《易》广矣大矣!以言乎远则不御,以言乎迩则静而正,以言乎天地之间则备矣。"(同上)"易有圣人之道四焉:以言者尚其辞,以动者尚其变,以制器者尚其象,以卜筮者尚其占。"(同上)"《易》之为书也,广大悉备。有天道焉,有人道焉,有地道焉。"(《周易·系辞下传》)一句话,易道广大精微,无所不包。

《周易》是解开宇宙人生密码的宝典,"是经典中之经典,哲学中之哲学,智慧中之智慧"(南怀瑾,2008:5)。《周易》是"仰观天文、俯察地理、中通万物之情,究天人之际,探索宇宙人生之必变、应变、不变的大原理,阐明人生知变、应变、适变的大法则"(雷士铎,1993:4)。知《易》明道,悟《易》启智,用《易》获益。我们研究广告翻译,不妨"偷《周易》的火",借《周易》的智慧光芒,照亮我们的研究道路。

一　《周易》中的"易"

关于《周易》中"易"的解释，历来有多种说法。有的说："易之为字，从日从月，阴阳具矣。""易者，日月也。""日月为易，刚柔相当。"有的说："易，飞鸟形象也。"有的说："易，即蜴。蜥蜴因环境而改变自身颜色，曰之易，取其变化之义。"（祖行，2010：20）清代的陈则震著《周易浅谈》，则将"易"的定义分为两种："一称交易，阴阳寒暑，上下四方对待是也；二称变易，春夏秋冬，循环往来是也。"（同上）郑玄注《易纬·乾凿度》开头则说："孔子曰：易者，易也，变易也，不易也。"孔颖达在《周易正义》中说："郑玄依此义作《易赞》及《易论》云：'易一名而含三义，易简一也，变易二也，不易三也。'"（刘蔚华，2007：27）这就是"易含三义"的原理。

（一）易简

"易简"即"容易和简单"。《易》的道理是简易的，并不是烦琐的学问，而是抓住了宇宙根本原理简明而易于把握的道理。它告诉我们，大道至简。无论宇宙间的事物怎么变化，我们都可以通过自己的智慧去了解其内在的原理，即使是最奥妙多奇的事物也会变得平凡淡然，简单容易。"易简而天下之理得矣。"（《周易·系辞上传》）正如我国古人所言："若能了达阴阳理，天地尽在一掌中。"（易正天，2009：16）

（二）变易

《周易》曾叫《变经》，因为它研究的是变化的道理。"夫易者，变化之总名，改换之殊称。"（孔颖达《周易正义》）"《易》之为书也，不可远。为道也屡迁，变动不居。周流六虚，上下无常，刚柔相易。不可为典要，唯变所适。"（《周易·系辞下传》）《周易》一书以"变易"为纵贯主线，始终阐述的就是"大道变化不已，万物流动不居"的道理（易正天，2009：93）。日月盈昃，寒暑往来，云行雨施，花开花谢，宇宙间的万事万物，都在运动变化着，没有哪个是不变的。

（三）不易

所谓"不易"则指阴阳变化的规律，也就是阴阳易理是永远不会改变的。"天地之道，恒久而不已也……日月得天而能久照，四时变化而能久成。圣人久于其道而天下化成。观其所恒，而天地万物之情可见矣。"（《周易·象传》）"这是确定不移之理，就是说可变性的规律本身是不变的，现代哲学中把这种特性叫'常住性'，中国哲学把它叫做'常道'，说的都是永恒范畴。"（刘蔚华，2007：27）

二　广告翻译中的"易"

细研易之三义，对我们探究广告翻译大有裨益。我们不妨以《周易》中的"易"为切入点来推演广告翻译中的"易"。

（一）言语换易

不同的民族往往使用不同的语言，他们要相互交流、相互了解就要有一个桥梁，这个桥梁就是翻译。翻译是译者将一种语言传达的信息用另一种语言传达出来的有目的的跨文化交际活动。只要是翻译，就涉及言语换易。正如唐贾公彦在《周礼义疏》中所言："译即易，谓换易言语使相解也。"宋赞宁在《义净传系辞》中说："译之言易也，谓以所有易所无也。"（罗新璋、陈应年，2009：92）"从词源上来讲，英语中的 translate 就是 carry over，将某东西从 A 带到 B 方；就汉语而言，"译，易也"，易就是转换，'换个地方'，'换个说法'"（赵彦春，1999），也就是把一种语言文字的意义用另一种文字表达出来。广告翻译是翻译这个全集中的一个子集，其活动始终离不开言语换易，否则就谈不上广告翻译了。

（二）文化交易

文化交易，这里指文化交际、文化交流、文化转换。人类文化从整体来说，是各国、各民族文化会聚、交流的产物。"广告通常是由确定的广告主以付费的方式而且在本质上颇具说服力地通过各种传播媒体对产品、服务或观念等信息所进行的非个人传播。"（美国市场营销协会，转引自刘玉秀，2002：3）广告翻译是广告信息在异域文化中的再传播，本质上是一种文化转换活动。通过这种转换，不仅语言发生了变化，时间发生了变化，空间也发生了变化，文化土壤有别于从前。广告翻译与其说是语言的转换不如说是文化的易位，是广告跨文化的交际、合作或交融，是源语文化与的语文化的相遇、相摩、相荡、相融。由此可见，广告翻译的本质是文化交易。

213

（三）表达简易

表达简易是广告文体规范重要因素。一般消费者看或听广告并无明确的目的，对广告的记忆是在无意识中形成的。这就要求广告尽量减少记忆材料，浓缩广告信息，并将其明白清晰地表达出来。从广告预算方面来考虑，广告也要求做到简洁凝练，高度浓缩，言简意赅。这从英语广告创作的 KISS（Keep it short and sweet）原则中看得分明。"易则易知，简则易从；易知则有亲，易从则有功。"（《周易·系辞上传》）正如老子在《道德经》里所言："少则多，多则惑。"以简驭繁，以易取胜，方显高明。由此可推知，广告译者必须深研原文，把握其本真意义，下笔时惜墨如金，力图创作语约意丰、简洁明了的译文。广告译文越是语约意丰、简洁明了，越能使人耳熟能详，过目不忘，记忆深刻，从而实现广告翻译的预期目的。

（四）情感移易

情感移易，相当于西方美学中的"移情"，即"由我及物"和"由物及我"实现"物我合一"。广告翻译中，主体"我"是广告译者，客体"物"是源语广告的审美构成。客体受主体的情感投射即是"由我及物"，投射的反馈即是"由物及我"，投射和反馈是相互交织、不断进行的，以求实现"物我合一"。广告译文之出不是从源语到译语简单的、机械的形式转换，它是翻译审美移情的结晶。审美移情的目的是实现情感的成功转化，即审美再现，这要求译者沿情而表，做到文辞相应，情景相切，以译文造原文之境，以译文托原文之情（刘宓庆，2005：226）。

"语言之用处实不只所以表示意象，亦所以互通情感；不但只求一意之明达，亦必使读者有动于中。"（林语堂，2009：500）"能移人情，乃书之极致。"（康有为，转引自张学棣，1987）我们也常说："感人心者，莫先乎情。"世上没有什么比情更能震撼人心的了。广告翻译不同于一般的文学作品，它不仅要供人欣赏，更重要的是吸引消费者，刺激他们的购买欲望，促使他们采取购买行动。所以广告翻译更须注重读者的情感需求，突出"以情传意"的原则。为此，广告译文之出必须使读者"知之、好之、乐之"，既能移人之情，又能怡人之性，此所谓"译者，移也；译者，怡也。"

（五）译法灵易

灵易，即灵活易动，灵活变动。广告翻译是一项目的性非常明确的行为活动。它所遵循的首要原则是翻译的"目的性原则"：翻译行为所要达到的目的决定整个翻译行为的过程，即结果决定方法（Nord，2001：29）。为达到广告译文的预期目的，译者可调整翻译策略，灵活运用翻译方法和技巧对原文进行处理。有句英语谚语说："The end justifies the means."（只要目的正当，可以不择手段。）正如我们日常所说："不管白猫黑猫，捉到老鼠就是好猫。"能直译的就直译，保留原文的"洋气"或异国情调，传达原文的形象、比喻和民族特色等；不宜直译的就不拘泥于原文的形式，把握整体，进行适当的变通和调整，或意译，或转译，或仿译，或改写。"只要译出的东西能为读者所知、所好并最终达到促销的目的，那么所选择的方法就是好的合适的方法。"（杨金红，1996：26）所以，广告翻译可不拘泥于某一译法，可穷琳琅译技之大观，择其宜者而用之。

（六）意图不易

此处的意图指交际意图，即广告主的意图。翻译是一个涉及信息意图和交际意图的双重明示—推理过程（Gutt，2004：199）。广告翻译的实质是语际间对源语广告的明示—推理阐释，其效果讲究的是广告主意图与接受者期待的吻合。广告翻译中，译者可以根据源语广告提供的信息以及自己对译文读者认知环境和认知能力的评估，充分发挥自己的主观能动性，自由选择适当的翻译策略和表达方式。但译者对源语广告信息的处理、语境假设的判断、翻译策略的选择、表达方式的调整等，都应寻求"最佳关联"（Gutt，2004：237），以实现广告主的意图为宗旨，不应有所偏离，诚所谓"译者，依也。"

（七）复译适易

易即变，复译适易即复译适变。复译，又称重译，有重新翻译，再次翻译的意思。从时间角度看，复译的情况有两种：一种是不同时期出现不同的译本，另一种是同一时期出现不同的译本。复译是事物发展的必然，而且也是十分必要的。贝尔曼（Antoine Berman，1995）就曾把复译的必要性归纳为两点："一是原译中存在过多的失误和不足；二是原译过于陈旧。"（张锦兰，2003）我国著名文学家、翻译家鲁迅毫不含糊地说："即使已有好的译本，复译也还是必要的……取旧译的长处，再加上自己的新心得，这才会成功一种近于完全的定本。但因语言跟着时代的变化，将来还可以有新的复译本的……"（陈福康，2000：303）

"道者，与时迁移，应物变化。"（易正天，2009：118）广告翻译具有历史性，一方面的原因是读者期待视野的变化，另一方面的原因是广告文本的潜在意义不可能挖掘穷尽，须在不断延伸的接受链中由读者展开。广告文本是一个未完成的召唤结构，有着被"无限解释的可能性"，其美学价值永远是一个"非稳态系统"，它的生命力来自读者的认同（陈东成，2007）。随着时间的推进，广告文本被赋予新的意义，其翻译也要适时而变，与时偕进。

（八）促成交易

"《易经》的道理，过去有所谓三易，就是交易、变易、简易……实际上，《易经》的道理是'交易'、'变易'。一切的变化都是从交互中来的，变化之中有交互，交互之中有变化，从变化交互中看到万物的复杂性。"（南怀瑾，2008：271）商业中的交易，即卖方愿意出售商品的同时买方愿意购买商品并采取了购买行为，是买卖双方意愿相触、相摩、相融的结果，是商业行为变化交互的普遍现象。交易达成，广告主的愿望实现，从而获得利益。促成交易是广告翻译的终极目标，广告活动所有的努力，包括调研、设计、发布、推广等，都是为这一目标服务的。商业广告翻译如果没有促成交易，无论做何种努力，其结果往往令人失望。商业广告翻译是否成功，关键是看其实际效果，看是否促成交易。促成预期交易的广告译文便是成功的译文。

215

　　《周易》是一部蕴藏无穷智慧的宝典，易理揭示了事物发展的规律，可应用于人类活动的方方面面，广告翻译研究者无疑可从中得到十分有益的启示。本章所讨论的广告翻译中的"易"是《周易》中"易"之大义的推演，无论形式怎样，表达如何，万变不离其宗——易简、变易、不易。

216

参考文献

Assael, Henry. *Marketing : Principles & Strategy.* Chicago: The Dryden Press, 1990.

Ayling, G. *Rapid Response Advertising.* Warriewood, N. S. W. : Business & Professional Pub, 1998.

Barthes, R. *S/Z.* Paris: Seuil (trans). London: Cape, 1970.

Blackmore, S. *The Meme Machine.* Oxford: Oxford University Press, 1999.

Brodie, R. *Viruses of the Mind : The New Science of the Meme.* Seattle: Integral Press, 1996.

Bühler, Karl. *Theory of Language : the Representational Function of Language.* Trans. Donald Fraser Goodman. Amsterdam/Philadelphia: John Benjamins, 1990.

Cook, G. *The Discourse of Advertising.* London: Routledge, 1992.

Dawkins, R. *The Selfish Gene.* New York: Oxford University Press, 1976.

Gutt, Ernst-August. The So-what Factors and the New Audience. Paper presented at the Bible Translation Conference, The Bible Translator and Audience Consideration, 5 – 6 Feb. , 2008.

Gutt, Ernst-August. *Translation and Relevance : Cognition and Context.* Shanghai: Shanghai Foreign Language Education Press, 2004.

Hall, E. T. *Beyond Culture.* New York: Anchor Books, 1977.

Hatim, Basil and Ian Mason. *Discourse and the Translator.* London and New York: Longman, 1990.

Heath, C. Emotional Selection Memes. *Journal of Personality and Social*

Psychology, 2001, 81 (6).

Ho, George. Translating Advertisements across Heterogeneous Cultures. *The Translator*, 2004, (2).

Holland, Norman. *The Dynamics of Literary Response.* New York: Oxford University Press, 1968.

Katan, David. *Translating Cultures: An Introduction for Translators, Interpreters and Mediators.* Shanghai: Shanghai Foreign Language Education Press, 2004.

Kelly, Louis. *The True Interpreter: A History of Translation Theory and Practice in the West.* Oxford: Blackwell, 1979.

Kristeva, J. *Desire in Language: a Semiotic Approach to Literature and Art.* Oxford: Blackwell, 1969.

Lemke, J. L. Ideology, Intertextuality and the Notion of Register. J. D. Bensen et al. *Systemic Perspectives on Discourse* (Vol. 1). Norwood, N. J.: Ablex, 1985.

Munday, Jeremy. *Introducing Translation Studies: Theories and Applications.* London and New York: Routledge, 2001.

Newmark, Peter. *Approaches to Translation.* Shanghai: Shanghai Foreign Languages Education Press, 2001a.

Newmark, Peter. An Approach to Translation. *Babel*, 1973, 19 (1).

Newmark, Peter. *A Textbook of Translation.* Shanghai: Shanghai Foreign Languages Education Press, 2001b.

Nida, Eugene A. *Toward a Science of Translating.* Shanghai: Shanghai Foreign Language Education Press, 2004.

Nida, Eugene A. Approaches to Translating in the Western World. *Foreign Language Teaching and Research*, 1984, (2).

Nida, Eugene A. and Charles R. Taber. *The Theory and Practice of Translation.* Leiden: E. J. Brill, 1969.

Nida, Eugene A. and William D. Reyburn. *Meaning Across Cultures.* New York: Orbis Books, 1981.

Nida, Eugene A. *Language and Culture: Contexts in Translating.* Shanghai: Shanghai Foreign Language Education Press, 2001.

Nida, Eugene A. *Language, Culture, and Translating.* Shanghai: Shanghai Foreign Language Education Press, 1993.

Nord, Christiane. *Translating as a Purposeful Activity: Functionalist Approaches Explained.* Shanghai: Shanghai Foreign Language Education Press, 2001.

Reiss, Katharina. *Translation Criticism: The Potentials & Limitations.* Trans. Errol F. Rhodes. Shanghai: Shanghai Foreign Language Education Press, 2004.

Rokeach, M. *Beliefs, Attitudes and Values.* San Francisco: Jossey-Bass, 1968.

Sitaram, K. S. & Roy T. Cogdell. *Foundations of Intercultural Communication.* Ohio: Charles E. Merrill Publishing Co., 1976.

Snell-Hornby, Mary. *Translation Studies: A Integrated Approach.* Shanghai: Shanghai Foreign Language Education Press, 2001.

Sperber, Dan and Deirdre Wilson. *Relevance: Communication and Cognition.* Beijing: Foreign Language Teaching and Research Press, 2001.

Venuti, Lawrence. *The Translator's Invisibility.* London and New York: Routledge, 1995.

Verneer, Hans. What Does it Mean to Translate?. *Indian Journal of Applied Linguistics.* 1987, 13 (2).

Verschueren, J. *Pragmatics as a Theory of Linguistic Adaptation.* IPrA Working Document 1, 1987.

Verschueren, J. *Understanding Pragmatics.* Beijing: Foreign Language Teaching and Research Press, 2000.

Vestergaard, Tobern and Kim Shroder. *The Language of Advertising.* Oxford: Blackwell, 1985.

Waard, Jan de and Eugene A. Nida. *From One Language to Another.* Nashville: Thomas Nelson, 1986.

Wilss, W. *Knowledge and Skills in Translator Behavior.* Amsterdam/Philadelphia: John Benjamins, 1996.

蔡新乐:《〈翻译适应选择论〉简评》,《中国科技翻译》2006 年第 1 期。

曹顺庆：《中西比较诗学》，北京出版社 1988 年版。

曹英华：《接受美学与文学翻译中的读者关照》，《内蒙古大学学报》2003 年第 5 期。

柴同文：《试论顺应论对汉语翻译的解释力》，《山东师大外国语学院学报》2002 年第 4 期。

陈定家：《艺术消费意识与广告的文化意味》，《山西师大学报》2000 年第 4 期。

陈东成：《从接受美学看广告复译》，《湖南大学学报（社会科学版）》2007 年第 2 期。

陈福康：《中国译学理论史稿》，上海外语教育出版社 2000 年版。

陈国庆、何宏注译：《论语》，安徽人民出版社 2005 年版。

陈晶瑛：《广告文化研究》，《商业研究》2000 年第 8 期。

陈琳霞、何自然：《语言模因现象探析》，《外语教学与研究》2006 年第 2 期。

陈琳霞：《广告语言中的模因》，《外语教学》2006 年第 4 期。

陈喜华：《试论翻译中的语境顺应》，《湖南大学学报（社会科学版）》2001 年第 4 期。

陈新：《广告词与修辞》，《高中生》2005 年第 3 期。

陈琰：《论朱光潜的移情观》，《四川师范大学学报》2001 年第 1 期。

陈永丽：《接受美学对文学翻译的启示》，《温州职业技术学院学报》2003 年第 1 期。

程锡麟：《互文性理论概述》，《外国文学》1996 年第 1 期。

崔薇：《商业广告的特点及其翻译技巧》，《邵阳学院学报》2002 年第 4 期。

［美］大卫·奥格威：《一个广告人的自白》，林桦译，中国物价出版社 2003 年版。

邓惠兰、龚轶白：《试论幽默广告》，《江汉大学学报》2000 年第 2 期。

第 16 届亚运会官方网站：《广州亚运理念：激情盛会　和谐亚洲》，http//www. gz2010. cn/08/0304/16/4674CEUN0078 001H. html，2008 - 01 -15。

丁衡祁：《翻译广告文字的立体思维》，《中国翻译》2004 年第 1 期。

东昌：《广告切勿搭错文化车》，《企业研究》1999 年第 8 期。

董莉：《"诗言志"与"模仿说"比较之我见》，《语文学刊》2004 年第 6 期。

董希文：《文学文本互文类型分析》，《文艺评论》2006 年第 1 期。

范学新：《浅析幽默广告及其辞格运用》，《伊犁师范学院学报》1994 年第 4 期。

戈公振：《中国报学史》，三联书店 1955 年版。

戈玲玲：《语境关系顺应论对词义选择的制约》，《中国科技翻译》2001 年第 4 期。

关世杰：《跨文化交流学——提高涉外交流能力的学问》，北京大学出版社 1995 年版。

郭遂芝：《论关联理论在翻译中的应用》，《湖南科技学院学报》2008 年第 10 期。

郭绪文、邓琪：《广告文稿幽默产生的语言机制研究》，《重庆大学学报》2003 年第 6 期。

郭震：《婚礼习俗》，《晶报》2004 年 3 月 18 日。

韩金龙：《广告语篇互文性研究》，《四川外语学院学报》2005 年第 1 期。

郝钦海：《广告语言中的文化内涵——中英广告语言的文化对比》，《山东外语教学》2000 年第 2 期。

何自然、于国栋：《〈语言学的理解〉——Verschueren 的新作评价》，《现代外语》1999 年第 4 期。

何自然：《语言模因及其修辞效应》，《外语学刊》2008 年第 1 期。

何自然：《语言中的模因》，《语言科学》2005 年第 6 期。

何自然：《语用学与英语学习》，上海外语教育出版社 1999 年版。

胡庚申：《从术语看译论——翻译适应选择论概观》，《上海翻译》2008 年第 2 期。

胡庚申：《傅雷翻译思想的生态翻译学诠释》，《外国语》2009 年第 2 期。

胡庚申：《例示"适应选择论"的翻译原则和翻译方法》，《外语与外语教学》2006 年第 3 期。

胡家浩：《商业广告文本语言模因浅论》，《商业现代化》2008 年第

221

32 期。

胡经之、王岳川：《文艺学美学方法论》，北京大学出版社 1994
年版。

黄成夫：《顺应理论在中国研究的回顾与展望》，《长沙大学学报》
2008 年第 3 期。

黄诞平：《选择与顺应——从语言顺应论角度看广告语言创作》，《海
南广播电视大学学报》2006 年第 2 期。

黄得莲：《广告语言与品牌文化》，《青海民族学院学报》1998 年第
3 期。

黄念然：《当代西方文论中的互文性理论》，《外国文学研究》1999
年第 1 期。

黄寿祺、张善文：《周易译注》，上海古籍出版社 2007 年版。

黄忠廉：《翻译变体研究》，中国对外翻译出版公司 2000 年版。

贾文波：《"英译汉化"：对外旅游景介翻译之大敌》，修月祯、王颖、
吕和发编《首届全国旅游暨文化创意产业翻译研讨会论文集》，知识产权
出版社 2008 年版。

贾文波：《应用翻译功能论》，中国对外翻译出版公司 2004 年版。

蒋骁华：《互文性与文学翻译》，《中国翻译》1998 年第 2 期。

［美］杰勒德·特列斯：《广告与销售战略》，张红霞、王晨译，云南
大学出版社 2001 年版。

金雅：《革新与复归："模仿说"及其在西方文论中的发展》，《浙江
社会科学》1998 年第 4 期。

老子：《道德经》，韩宏伟、何宏注译，安徽人民出版社 2005 年版。

雷士铎：《10 分钟周易》，中山大学出版社 1993 年版。

黎海斌：《商务人员看广告学英语》，中国纺织出版社 2003 年版。

李朝龙：《接受美学述评》，《黔南民族师专学报》1995 年第 4 期。

李金英：《广告语言的跨文化探析》，《石家庄经济学院学报》2001
年第 5 期。

李克兴：《广告翻译理论与实践》，北京大学出版社 2010 年版。

李文革：《西方翻译理论流派研究》，中国社会科学出版社 2004
年版。

李亚舒、黄忠廉：《别开生面的理论建构——读胡庚申〈翻译适应选

择论〉》，《外语教学》2005 年第 6 期。

李长栓：《非文学翻译理论与实践》，中国对外翻译出版公司 2004 年版。

连淑能：《论中西思维方式》，《外语与外语教学》2002 年第 2 期。

梁婷、夏天：《英文广告实用手册》，西南财经大学出版社 2003 年版。

廖七一：《当代英国翻译理论》，湖北教育出版社 2001 年版。

林宝珠：《翻译中的文化对等》，《福建商业高等专科学报》1999 年第 5 期。

林语堂：《论翻译》，罗新璋、陈应年编《翻译论集》，商务印书馆 2009 年版。

刘虹云：《论文学翻译批评的多元功能》，《中国翻译》2002 年第 3 期。

刘宓庆：《当代翻译理论》，中国对外翻译出版公司 1999 年版。

刘宓庆：《翻译美学导论》，中国对外翻译出版公司 2005 年版。

刘琦：《互文性理论对文学翻译的意义》，《西南民族大学学报》2004 年第 5 期。

刘卫东：《寻求广告翻译的最佳关联》，《广西大学梧州分校学报》2001 年第 1 期。

刘蔚华：《刘蔚华解读周易》，齐鲁书社 2007 年版。

刘秀玉：《新编简明英语广告写作手册》，知识出版社 2002 年版。

刘云虹、许钧：《一部具有探索精神的译学新著——〈翻译适应选择论〉评析》，《中国翻译》2004 年第 6 期。

刘正光、吴志高：《选择—顺应——评 Verschueren〈理解语言学〉的理论基础》，《外语学刊》2000 年第 4 期。

卢泰宏等：《广告创意 100》，广州出版社 1995 年版。

［英］罗杰·福勒：《语言学与小说》，於宁、徐平、昌切译，重庆出版社 1991 年版。

罗婷：《论克里斯多娃的互文性理论》，《国外文学》2001 年第 4 期。

罗新璋、陈应年：《翻译论集》，商务印书馆 2009 年版。

吕和发等：《文化视域下的旅游翻译》，外文出版社 2011 年版。

马芝兰：《浅谈广告语言的艺术表现》，《湖北师范学院学报》2000

223

年第 2 期。

南帆：《双重视域》，江苏人民出版社 2001 年版。

南怀瑾：《南怀瑾选集（第三集）》，复旦大学出版社 2008 年版。

倪宁：《广告学教程》，中国人民大学出版社 2001 年版。

彭劲松：《外宣翻译中变译的语言顺应论阐释》，《广西师范大学学报（哲学社会科学版）》2010 年第 1 期。

戚云方：《广告与广告英语》，浙江大学出版社 2003 年版。

钱林娜：《广告与文化心态》，《华夏文化》1999 年第 3 期。

秦文华：《在翻译文本新墨痕的字里行间》，《外国语》2002 年第 2 期。

任秀芹：《现代商业广告创意中的文化背景探寻》，《云南财贸学院学报》2001 年第 4 期。

申顺典：《文本符号与意义的追寻——对互文性理论的再解读》，《青海大学学报》2005 年第 6 期。

沈继诚：《目的论与广告语篇汉英翻译的策略》，《浙江师范大学学报》2005 年第 2 期。

〔美〕斯坦利·费什：《诸者反应批评：理论与实践》，文楚安译，中国社会科学出版社 1998 年版。

宋玉书：《广告的文化属性与文化传播意义》，《辽宁大学学报》2005 年第 1 期。

苏淑惠：《广告英语的问题功能与翻译标准》，《外国语》1996 年第 2 期。

谭小平：《名著重译浅谈》，《台州学院学报》2003 年第 2 期。

谭载喜：《新编奈达论翻译》，中国对外翻译出版公司 1999 年版。

唐艳芳：《论广告翻译的美学策略》，《浙江师范大学学报》2003 年第 2 期。

王秉钦：《20 世纪中国翻译思想史》，南开大学出版社 2004 年版。

王纯菲：《广告传播的民族文化功能》，《辽宁大学学报》2005 年第 1 期。

王辞、陈宁：《广告翻译中的情感传递与文化内涵》，《嘉兴学院学报》2000 年第 2 期。

王东风：《论翻译过程中的文化介入》，《中国翻译》1998 年第 5 期。

224

王冬梅：《商业广告翻译漫谈》，《江苏技术师范学院学报》2005 年第 1 期。

王福雅：《中国"移情"理论辨析》，《湘潭师范学院学报（社会科学版）》2001 年第 2 期。

王国文：《语篇分析的理论与实践——广告语篇研究》，上海外语教育出版社 2001 年版。

王建国：《关联理论与翻译研究》，中国对外翻译出版公司 2009 年版。

王丽萍：《王佐良诗歌译论与生态翻译学的巧合》，《湖北函授大学学报》2011 年第 7 期。

王攀、乌梦达、王浩明：《第 26 届世界大运会核心理念解读：不一样的精彩》，http://www.xinhuanet.com/chinanews/2011 - 04/16/content_22538758.htm，2011 - 04 - 16。

王水莲：《翻译功能理论的可释性》，《湘潭师范学院学报（社会科学版）》2003 年第 6 期。

王晓丽：《伽达默尔哲学诠释学与复译策略》，《齐齐哈尔大学学报》2002 年第 4 期。

危磊：《幽默广告艺术探奥》，《广西师院学报》1994 年第 4 期。

文珍、荣菲：《谈现代英语旅游广告口号的功能特色与语言风格》，《北京第二外国语学院学报》2000 年第 3 期。

夏家驷、时汶：《模因论与人文社会科学》，《科学进步与对策》2003 年第 9 期。

肖川：《教育与文化》，湖南教育出版社 1990 年版。

肖华：《论实现"翻译'多维度适应'"的语用顺应途径》，《宜春学院学报》2011 年第 6 期。

谢建平：《试论民族心理与商标语言创意》，《外语与外语教学》2001 年第 12 期。

徐祝林：《中华现代广告文化艺术特征》，《鞍山师范学院学报》1997 年第 3 期。

许少康、王振华：《论文化因素对现代广告的作用》，《上海科技翻译》1994 年第 4 期。

郇春雷：《从顺应论看中国高校简介的英译过程研究》，《佳木斯教育学院学报》2011 年第 2 期。

　　娅喆:《接受美学》,《中国远程教育》1994 年第 3 期。

　　杨海军:《论广告的起源问题》,《史学月刊》2000 年第 4 期。

　　杨海涛:《现代广告文化的阐释及其功能》,《内蒙古财经学院学报》1996 年第 3 期。

　　杨金红:《英文广告口号的特点及其翻译》,《上海科技翻译》1996 年第 4 期。

　　杨胜宽:《用典:文学创作的一场革命》,《复旦学报(社会科学版)》1994 年第 6 期。

　　杨永和、周冬华、鲁娅辉:《语用学视角下的广告语言研究》,西北工业大学出版社 2010 年版。

　　[德] 姚斯、贺拉勃:《接受美学与接受理论》,周宁、金元浦译,辽宁人民出版社 1987 年版。

　　叶苗:《应用翻译语用观研究》,上海交通大学出版社 2009 年版。

　　叶子南:《高级英汉翻译理论与实践》,清华大学出版社 2001 年版。

　　易正天:《易经的智慧阅读》,西苑出版社 2009 年版。

　　余明阳、陈先红:《广告学》,安徽人民出版社 2000 年版。

　　袁建军、梁道华:《论关联理论视角下的广告及其翻译》,《江苏外语教学研究》2010 年第 1 期。

　　袁文彬:《论西方文论对翻译研究的影响》,《西安联合大学学报》2004 年第 1 期。

　　张沉香:《功能目的理论与应用翻译研究》,湖南师范大学出版社 2008 年版。

　　张寒梅: 《相互关爱 共享生命》,http://www.jl.xinhuanet.com/news/2003-12/01/content_ 1275332. htm,2003-12-01。

　　张杰:《读者理论建构的逻辑起点:作品观念的调整》,《萍乡高等专科学校学报》1994 年第 2 期。

　　张金海、姚曦:《广告学教程》,上海人民出版社 2003 年版。

　　张锦兰:《接受美学与复译》,《甘肃教育学院学报》2003 年第 4 期。

　　张美芳:《翻译研究的功能途径》,上海外语教育出版社 2005 年版。

　　张南峰:《走出死胡同,建立翻译学》,《外国语》1995 年第 3 期。

　　张学棣:《论书法的抒情功能》,《南京师大学报》1987 年第 2 期。

张莹：《从觅母的角度谈异化翻译的趋势》，《深圳大学学报（人文社会科学版）》2003 年第 6 期。

赵彦春：《关联论对翻译的解释力》，《现代外语》1999 年第 3 期。

钟文：《顺应论对翻译研究的启示》，《新疆大学学报（哲学·人文社会科学版）》2010 年第 6 期。

朱光潜：《我们对于一棵古松的三种态度》，张采鑫、滕刚编《受益一生的人生智慧书》，九州出版社 2007 年版。

朱光潜：《朱光潜全集（卷 1）》，安徽教育出版社 1996 年版。

朱立元：《接受美学》，上海人民出版社 1989 年版。

朱晓明、李宁：《文化载广告深入人心》，《市场观察》2005 年第 5 期。

朱燕：《从最佳关联性看广告翻译的效度》，《四川外语学院学报》2007 年第 4 期。

朱志瑜：《类型与策略：功能主义的翻译类型学》，《中国翻译》2004 年第 3 期。

祖行：《图解易经》，陕西师范大学出版社 2010 年版。

索　引

F

G

索　引

S

T

W

X